# 新しい公共と自治の現場

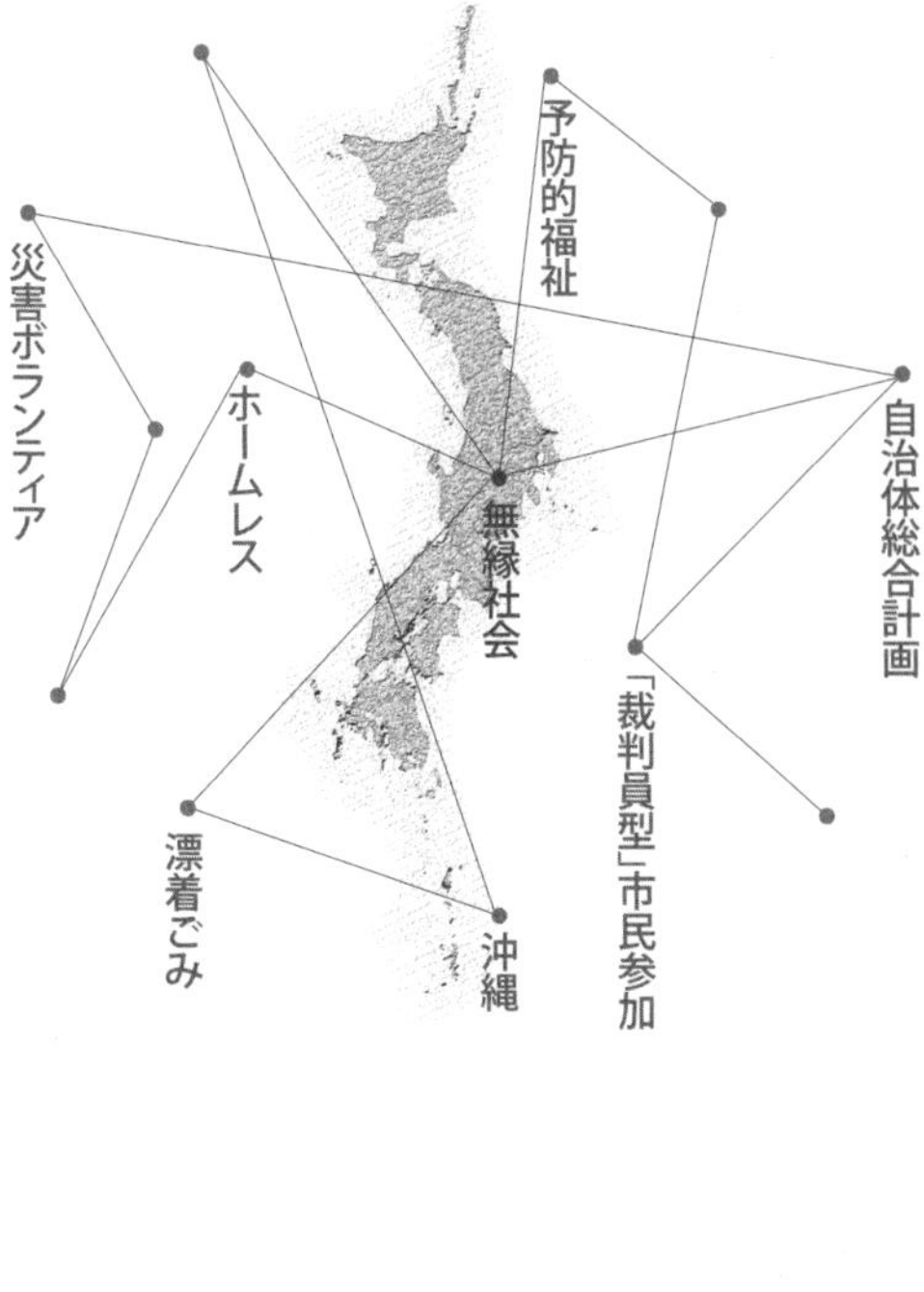


寄本勝美・小原隆治 編

コモンズ

新しい公共と自治の現場●もくじ

## 第Ⅱ部 自治の現場、自治体の現場



## 第Ⅲ部 問われる自治の仕組み

装幀　日高真澄

序論

# 新しい公共と自治をめぐる論点

小原　隆治

本書の前作にあたる『公共を支える民――市民主権の地方自治』（寄本勝美編著、コモンズ、二〇〇一年）が公刊されてから、ちょうど一〇年が経過した。この間、わたしたち市民の自治と自治体を取り巻く状況がどう変化したかを、まず簡単にスケッチしておきたい。

第一に、小泉純一郎内閣以降の自民党を中心とした政権によって、小さな政府とそのもとでの市場に対する規制緩和をねらった新自由主義的な政策が基本的には一貫して推進されてきた。その結果、所得階層間でみても都市・農山村地域間でみても、強者と弱者の格差が拡大し、弱者切り捨てが進行している。一〇年前「格差社会」はまだ論争上の概念にとどまっている感があったが、いまでは格差さらに貧困が、曇りさえなければ誰の眼にも明らかなすぐ目の前にある現実になった。

第二に、少子高齢化が引き続き進展し、それと関連して、地域社会の基盤となる家族の構成にもはっきりした変化が現れている。世帯構造の内訳をみると、核家族世帯が現在もなお全体のおよそ六割と多数派を占めるが、そのなかで夫婦と子からなる世帯の割合が減少するのと入れ替わりに、父子・母子世帯や夫婦のみ世帯の割合が増大している。また、核家族世帯以外では三世代世帯が減少するのと入れ替わりに、世帯員が一人だけの単独世帯が増大している。今日、都市部の自治体では、すでに単独世帯が全世帯のうちで多数派を占めるに至ったところも決して珍しくない。

こうした変化が第一の状況変化とあいまって、地域社会の力を弱める結果を招いている。農山村地域で「限界集落」「買い物難民」、都市地域で「限界団地」「孤独死／無縁死」などといわれる現象が起きているのも、そのあらわれである。

第三に、自治体そのものに生じた変化である。小さな政府路線に沿って進められた平成大合併によって、市町村数は二〇〇〇年三月末現在の三二二九から二〇一〇年三月末現在の一七二七へと半数近くにまで縮減し、住民にとってはもっとも身近であるはずの市町村が物理的にも心理的にも遠い存在になった。また、合併ブームのあとを追って始まった三位一体改革の一環として国から地方に相当規模の税源が移譲され、自治体の歳入に占める自主財源構成比が高まったが、その一方で地方交付税が大幅に削減されるなど、改革には自治体財政に負の効果を及ぼす側面もあった。それが長らく続く景気低迷の影響と重なって、この間、自治体財政の規模はほぼ一貫して縮小傾向を示し、合併した自治体もしなかった自治体も減量経営路線を余儀なくされている。

こうした状況変化のもとで、自治体には正規職員の採用を抑制し、非正規職員を雇用するかたちが広がるとともに、小泉政権下で導入された指定管理者制度を活用するなどして仕事のアウトソーシングをいっそう進める動きが強まった。その一つの結果としてもたらされたのが、一方では非正規職員やアウトソーシング先で働く者の「官製ワーキングプア」問題であり、他方では正規職員を覆う日常的な労働ストレスの強化である。

第四に、しかしこのような状況を反転させるための取り組みも、これまでさまざまなかたちで進められている。まず、全国レベルや地域レベルで市民の力、社会の力により問題を乗り越え、またそのためにネットワークづくりをする試みが大きく広がった。それを代表するのが、二〇〇七年一〇月に結成された「反貧困ネットワーク」であろう。(1) 二〇〇九年八月の総選挙で自民党が下野し、民主党を中心とする政権が誕生したが、それを根もとから支えたのは市民社会のこうした運動の蓄積である。

また、平成大合併の渦中にあって政府に反旗を翻し、合併せず自立することをめざした自治体が二〇〇三年二月「小さくても輝く自治体フォーラム」に結集した。このフォーラムの活動は今日まで継続している。くわえて、合併ブームのなか、少なからぬ自治体で住民投票条例が制定され、合併の可否や組み合わせの判断を直接住民に問う試みが見られたことにも注目したい。

さらに、減量経営路線を歩む自治体のもとで、市民自治の新たなかたちを模索する動きが広がった。自治体の憲法ともいわれる自治基本条例や、ともすれば悪者扱いされがちな自治体議会を立て直すための議会基本条例が、全国各地の自治体で制定されている。また、総合計画をはじめとした自治体行政計画の策定や事業仕分けなどの政策決定に、市民参加のステージを織り込む手法も、いっそう広く見られるようになった。市民参加といえば従来、町内会・自治会など各種関係団体代表と公募市民によって参加を調達するのが一般的だったが、最近では参加市民の無作為抽出方式など斬新な技法も開発されている。

本書は、各執筆者が研究者やジャーナリスト、自治体公務員などとして、それぞれの切り口から右にスケッチしたような問題状況を切り取り、観察した論文によって構成されている。

論文は大きく三つのグループに分かれる。第Ⅰ部では、地域社会の危機の現状と、市民の力、社会の力によるその再生の展望が示される。第Ⅱ部では、市民と自治体行政が接点をもち、ともに働く場所という意味での「現場」に即して、第Ⅰ部と同様の課題に考察が加えられる。第Ⅲ部では、市民自治や市民参加の場としての自治体で意思決定の仕組みはどうあるべきか、さらにそもそも基礎自治体の姿はどうあるべきかが論じられる。

本書のタイトルには「新しい公共」という言葉を使っている。その点についても、ここでひとこと言及しておきたい。

新しい公共は、語義上、同系列に属するガバナンス(governance)、官民パートナーシップ／公民協働(public-private partnerships = PPPs)、市民社会(civil society)といった言葉と異なり、おそらく純粋に和製の造語である。(2) この言葉は、研究者や市民活動家の間では以前からある程度流通していたが、広く世間に知られるようになるきっかけをつくったのは、二〇〇九年の政権交代後、鳩山由紀夫首相が第一七三国会で行った所信表明演説であろう。関係箇所を以下に一部引用する。

「私が目指したいのは、人と人が支え合い、役に立ち合う『新しい公共』の概念です。『新しい公共』とは、人を支えるという役割を、『官』と言われる人たちだけが担うのではなく、教育や子育て、街づくり、防犯や防災、医療や福祉などに地域でかかわっておられる方々一人ひとりにも参加していただき、それを社会全体として応援しようという新しい価値観です。
国民生活の現場において、実は政治の役割は、それほど大きくないのかもしれません。政治ができることは、市民の皆さんやＮＰＯが活発な活動を始めたときに、それを邪魔するような余分な規制、役所の仕事と予算を増やすためだけの規制を取り払うことだけかもしれません。しかし、そうやって市民やＮＰＯの活動を側面から支援していくことこそが、二十一世紀の政治の役割だと私は考えています」

この引用だけでも、新しい公共の意味するところが、公共政策によって実現するその政策内容ではなくて、ほとんどもっぱら政策の担い手の問題に関連していることがわかる。つまり、これまでのように公共政策を政府だけが担うのはやめ、市民も進んでその担い手に加わるべしという意味である。(3)

言葉の意味をめぐってまず最初に問われるべき点は、なぜわたしたち市民が中央・地方の政府をつくったのかということである。利潤動機で動く市場を通じては調達できなかったり、無理にそうしようとすれば社会にひずみが生じる財やサービスが存在する。だから、わたしたちは信託に基づいて政府をつくり、その政府が強制徴収した租税を元手に、そうした財やサービスを公共政策のかたちで提供するよう求めている。新しい公共の旗手ともいうべき反貧困ネットワーク事務局長の湯浅誠が、なおこう指摘していることに注意したい。

「相互扶助の取組みは、真に社会的に必要とされているものほど、行政の補完的役割を担わされやすい。相互扶助(共助)の顕彰(「美しい助け合い」)は、しばしば公的責任(公助)の不在を正当化するために〝活用〟されがちだ。しかし私たちの取組みは、決して公的責任の不在を正当化するものではない。私たちは常に問うている。『私たちでさえ可能なことを、なぜ行政がやらないのか』と」[4]

しかし、その一方でつぎに問いたい点は、政府を通じては提供しにくかったり、市民の手を通じて提供するほうが効果的で自治の原則にも適う公共政策があるのではないかということである。

一例として、ホームレスの自立を支援する雑誌『ビッグイシュー』の試みをあげたい。『ビッグイシュー』はもともと一九九一年に英国ロンドンで創刊され、二〇〇三年からは日本版が発刊されている。日本版に即して説明すると、自立を望むホームレスの市民が現在一冊定価三〇〇円の『ビッグイシュー』をまちなかで売れば、仕入れ値一四〇円を差し引いた残り一六〇円が手元に収入として残る仕組みである。これを『ビッグイシュー』を買う市民の側から見るなら、売り買いのほぼフラットな関係のなかで、ホームレス市民に対して一冊あたり一六〇円の支援を直接かつ確実に届けることができる。こうした経路で流れるお金を租税と同じくパブリックマネーと呼び、それによって実現するホームレス支援を公共政策とみなしても、なんら差し支えないように思える。[5]

新しい公共は、両義的できわどい言葉である。その言葉に寄り添って展開する本書の議論もきわどいものにならざるをえない。さらに率直にいえば、本書のタイトルに新しい公共を冠することについて、執筆者全員から完全な同意を得たわけでは必ずしもない。そのため、政府のあり方と市民社会のあり方のどちらをより問うかという点で、執筆者によって軸足の置きどころに一定程度の違いと幅がある。

だが、この一〇年でより顕著になった市場の失敗ばかりでなく、それ以前の歴史で明らかになった政府の失敗を踏まえ、今日、政府と市民社会のあり方をあらためてまじめに問おうとするなら、それはどうしてもきわどい議論にならざるをえないし、また、集団で議論をすればそこに振れ幅が生じるのは避けがたいともいえる。

本書が政府とはなにか、市民社会とはなにか、そして自治とはなにかを問い直す材料を提供する役割を果たしていれば幸いである。

（1）湯浅誠『反貧困――すべり台社会からの脱出』（岩波書店、二〇〇八年）二一三～二二〇ページを参照。
（2）小原隆治「地域と公共性」（齋藤純一編『公共性の政治理論』ナカニシヤ出版、二〇一〇年）一六七～一六八ページを参照。また、とくに市民社会という言葉に即して概念史を丹念に整理した文献として、植村邦彦『市民社会とは何か』（平凡社、二〇一〇年）の参照を求める。
（3）これまで見聞きしたかぎりで、新しい公共の英訳に“a new (form of) public sector”をあてている例があったが、的確な表現だと思える。一方、本文で引用した所信表明演説に基づき、政府に設けられた「新しい公共」円卓会議の「『新しい公共』宣言」（二〇一〇年六月四日）英語版では“new public

commons"の訳があてられているが、にわかには理解しがたい表現である。

（4）前掲（1）一六七ページ。なお、植村前掲（2）三〇七ページも、同じ箇所を引用しながら説明を加えているので参照されたい。

（5）稗田和博『ビッグイシュー　突破する人びと――社会的企業としての挑戦』（大月書店、二〇〇七年）、佐野章二『ビッグイシューの挑戦』（講談社、二〇一〇年）を参照。ちなみに、ビッグイシュー日本代表である佐野章二は、「新しい公共」円卓会議のメンバーをつとめている。

なお、小原隆治「小さな自治体と大きな市民自治」（前掲『公共を支える民――市民主権の地方自治』）や「英国の地方選挙事情」（『自治総研』二〇〇三年七月号）ではふれる機会を得なかったが、そこで述べているような市民自治の考え方をしはじめたのは、一九九八〜二〇〇〇年の英国滞在中、まちなかで『ビッグイシュー』売りをするホームレス市民に出会い、その臆せぬ様子に強い印象を覚えたことが、重要なきっかけになった。

# 第I部——地域社会の危機と再生

# 1 「ワーキングプア」から「無縁社会」へ
## ――見えてきたこの国のかたち

鎌田　靖

### 1　どれだけ苦しい生活をしていますか

秋田県の山間地、山形県との県境にまたがる湯沢市谷池ノ沢集落。市の中心部から車で一時間あまり。冬は雪で通行できなくなるほどの山深い土地を切り開いてつくられたこの集落を二〇〇六年七月、私は訪れた。ここに住むイチゴ農家の佐藤喜一郎さん（当時四九歳）一家を取材するためだ。現在では全国に八〇〇〇近くあるといわれる「限界集落」（人口の五〇％が六五歳以上の高齢者となり、共同生活の維持が困難になった集落）の、ひとつである。いまここで暮らすのは五軒のみ。第二次世界大戦前、祖父が開拓農家としてこの地に入り、以来約一haの農地で米、大根、イチゴと栽培作物を替え、たいへんな苦労をしながら生計をたててきた。冬はもちろん出稼ぎだ。

佐藤さんの家族は、孫二人を含めて一〇人。中国や韓国から安い輸入野菜が入ってきて、大根の価格は下落。代わりに栽培を始めたイチゴも、同じような状況である。グローバル化の波はここにも押し寄せている。家族がパートに出たり工事現場で働いたりして家計を支えているが、取材した当時、一家の年収は年金を含めて六〇〇万円足らず。農機具や農業資材の借金もあり、生活は苦しい。「今日がダメなら、明日。明日がダメなら、そのまた明日。そうやって毎日過ごしてきた」と佐藤さんは話す。深刻に聞こえるかもしれないが、生まれたばかりの孫を抱く佐藤さんの表情は明るい。家族が支えになっていることを強く感じた。

佐藤さんを取材する目的。それは「どれだけ苦しい生活をしていますか」と聞くことだ。きわめて失礼な質問だと思う。一〇人以上のＮＨＫの取材スタッフが全国で同じ質問を重ねた。もちろん、取材拒否もある。しかし、カメラを前にした取材も含めて多くの方々が、自らが置かれた厳しい現状を語ってくれた。なぜ、こうした取材をスタートさせたか。話はさらに半年あまり前にさかのぼる。

二〇〇五年一二月、東京・渋谷の居酒屋。いつものようにスタッフが議論を始めていた。その日の話題は「格差」。そのころ、格差社会ということが問題になっていた。「本当に格差はあるのか」「働く現場でいったい何が起きているのか」などが議論の中心。そして、「じゃあ現場を取材してみよう」という、これもまたいつもの結論でお開きになった。後日、取材体制が整えられ、ほどなく私も取材者兼キャスターとして番組にかかわることになる。

当時の状況を思い出してほしい。バブル経済崩壊後の長引く不況。そこに誕生した小泉純一郎政権下での構造改革と規制緩和。市場経済重視と新自由主義がもてはやされ、私たちにとってあまり実感のない経済成長が続いていた。そこで取り上げる格差問題。富める者と貧しき者の比較という安易な番組にするつもりは、もとよりない。

だが、格差そのものを直接のテーマにするのであれば、まず実態をルポする前提として「格差はあるのか」「格差の何が問題なのか」という議論が必要だ。とすると、スタジオで解説したり、有識者が集まって討論したりしなければならない。

私たちはこの部分を、内輪の言葉で「お勉強」と呼んでいる。視聴者にとっては退屈で、テレビ的にはあまり魅力的ではない。もちろん、勉強を軽視しているわけではない。そうではなくて、テレビの特性を生かすには、解説は省いて一気に実態に迫りたいのだ。

議論を重ねた結果、格差問題とは貧困の問題であり、貧困の実態に迫ることで格差問題の本質が見えてくるはずだという結論に達した。格差をめぐる議論はなしである。実は当初、番組の仮タイトルは「日本の貧困」だった。当然、「古典的すぎる。目新しさがない」という意見が多く、「これでは視聴者は見てくれないだろう」と私も思った。ただし、各地で取材を進めるうちに、実は新しい貧困とでもいうべき事態が深く進行している実態がわかってくる。われわれメディアだけが気づいていなかったのでは、という自戒の念も抱くようになった。

## 2　ワーキングプアの実態

そんななかで出会った言葉が「ワーキングプア」である。まじめに働いても、生活保護水準以下の暮らししかできない、働く貧困層とでもいうべき人びとのことだ。正確な数字はない。五〇〇万世帯とも六〇〇万世帯とも、それ以上ともいわれている。貧困を表す言葉として欧米では普通に使われており、研究者にはよく知られた概念だ。この言葉を私たちに教えてくれたのは、番組の準備段階から貴重なアドバイスをいただいた宮本みち子さん（放送大学教授）。初めて接した言葉だったが、新たな貧困問題を取り上げる番組のタイトルとして、これ以上のものはないと直感した。

二〇〇六年七月二三日、NHKスペシャル「ワーキングプア〜働いても働いても豊かになれない〜」放送。当初は一回の予定だったが、視聴者からの反響が大きく、続編の制作が急きょ決まった。この年の一二月と翌年の一二月に「ワーキングプアII」「ワーキングプアIII」を放送し、結局三本のシリーズ番組となる。そこで紹介したのは、さまざまな貧困の実態だ。

東京でホームレス生活を送る宮城県出身の三〇代男性。高校卒業は一九九二年。バブル崩壊後で希望する事務職には就けず、契約社員として警備会社や工場で働いてきた。これまでに経験した仕事は二〇を超える。定職に就けず、若者向けのハローワークで職を探す日々を送っていた。履歴書に住所を書き込めないので会社から不審がられたり、見つかった会社が神奈川県や埼玉県にあり、交通費がないので面接に行けなかったり。ようやく見つかった駐車場での洗車の仕事は、時給八〇〇円。毎月の手取りは一〇万円にしかならず、ワーキングプアから抜け出せない。「望みなんかない。俺はもうダメだ」とつぶやく言葉が、事態の深刻さを表していた。

地方経済の疲弊もワーキングプアを生む。秋田県仙北市角館《せんぼくしかくのだて》で洋服の仕立屋を営む七〇代の男性は、売り上げが激減。その年の収入はわずか二四万八〇〇〇円。税金も払えず、食費は一回につき一〇〇〜二〇〇円に切り詰めていた。妻はアルツハイマー病で入院しており、男性の年金はその入院費で消えてしまう。生活保護を受けるには、妻の葬儀代として取ってある一〇〇万円の貯金を取り崩さなければならなかった。財産とみなされるからだ。男性の言葉が私たちの胸に突き刺さる。

「貧乏人は早く死ねっていうのか。昔と同じだな」

働く女性の現実もきびしい。福島県に住む三〇代の女性は、小学校六年生と四年生の二人の息子と暮らす。昼間は建設会社の事務のパート。夕方家に帰って息子たちの食事の支度をした後、コンビニの弁当工場で深夜まで働く。睡眠時間は四〜五時間しかないが、二つの仕事を掛け持ちしなければ生計がたたない。

当時、国は母子家庭の児童扶養手当を減額し、代わりに母親が資格を取るための費用を一部支給するという制度を設けた(自立支援教育訓練給付金や高等技能訓練促進費)。〝自助努力〟した人を重点的に支援しようというものだ。この女性も介護福祉士の資格を取ろうとしたが、専門学校の卒業が条件となっており、断念せざるをえなかった。仕事を一つ辞めるわけにはいかないからだ。女性は疲れ切った表情でインタビューに答えてくれた。

「行きたくても行けない。勉強したくてもできないのに、自助努力と言われてしまったら……。じゃあ、こうして生活している私たちは、自助努力が足りないっていうことですか」

私たちが取材した人は一〇〇〇人を超えた。三回の番組で紹介できた人は、ほんの一部だ。それでも、この国でひそかに進行している事態に対して警鐘を鳴らすことはできたと思っている。番組に対して「自己責任が足りない。努力が足りない」という批判も寄せられたが、多くの視聴者が深刻な問題だと受けとめてくれた。「何かおかしい」と人びとが薄々感じていた現実を切り取って、新しい言葉で提示できたからなのかもしれない。

ワーキングプアという〝新たな貧困〟を生んだ背景には、雇用を取り巻く環境の大きな変化がある。契約社員やアルバイトなど非正規雇用が年々増え続け、いまでは労働者の三人に一人が正社員ではない。グローバル化の進展に対応するため、企業の多くが人件費を削ってきた。雇用調整がスムーズに行えるように、労働者派遣法の改正も行われた（派遣対象業務の原則自由化＝一九九九年。製造業への派遣解禁＝二〇〇四年）。企業に利益はもたらされたものの、不安定な雇用が広がることで働く人がワーキングプアに陥る〝素地〟も生まれたのだ。

## 3　働くことの意味

では、どうするのか。社会保障の充実、就労の支援、労働法規の見直しなど多くの論点があるが、ここでは言及しない。代わりに、取材のなかでもっとも印象に残った男性についてふれておきたい。そこにワーキングプア問題の本質があると考えるからだ。

二〇〇六年二月、私たちは東京・池袋の路上で当時三四歳のホームレスの男性と知り合う。男性はごみ箱から拾った雑誌を売って暮らしていた。東京都足立区の出身で、中学時代に両親の離婚で家族はバラバラになり、高校からアルバイトで自活。しかし、三〇歳を過ぎて仕事が見つからなくなり、路上生活に追い込まれた。「誰も信用できない。生まれてこないほうがよかった」と語る。社会や家族に絶望し、自ら関係をもつことを拒絶していた。この現実を番組の第一弾で伝え、担当した女性ディレクターはその後も取材を続ける。

そして一年半後、男性は東京都三鷹市で歩道を清掃する仕事を始めた。ホームレスの仲間たちが集まってグループをつくり、三鷹市の委託を受けて働いているのだ。市から受け取る日当は七〇〇〇円。「通る人が〝ご苦労さま〟と暖かい声をかけてくれるのはいいなあ。雑誌のときは白い目で見られていたから。やりがいもある」とおだやかな表情で語る姿は、かつてとは別人のようだった。仲間のホームレスの炊き出しも手伝う。そんな彼に、ディレクターが「以前、生まれてこないほうがよかったと言ってましたね」と聞いたときだ。

突然、男性が目頭を押さえてうずくまり、涙を流し始めた。ディレクターによると、彼がそんな反応を見せたことはなく、一瞬何が起きたかわからなかったそうだ。社会との関係を断ち切り、誰にも明かさなかった感情が、一気に噴き出したのだろう。肩を震わせながら静かに泣いていた彼は、こう話したという。

「人間としての普通の感情が戻ったんじゃないかな。人を信じられなくなっていたので、前だったら絶対泣かない。でも、いまは人を信じられる」

男性はその後就職が決まり、いま民間の清掃会社で働いている。

ワーキングプアの問題というのは、単に働く場がないとか収入がないということではない。働くというのは社会とつながるということであり、他者に認めてもらえるということなのだ。つまり、それは人としての尊厳にかかわる。ワーキングプアの問題が深刻なのは、その尊厳が損なわれるからだ。だから、この問題を放置できないのである。このことを私は、ホームレスの男性から教えられた気がする。そして、さらに言えば、働くことの意味を問いかけることで社会のあり方を考える。それが、三回にわたる「ワーキングプア」の番組のメッセージでもある。

## 4　三万人を超える〝無縁死〟

ワーキングプアが〝働くことの意味を問いかけることで社会のあり方を考える〟とすれば、「無縁社会」は〝家族、地域、会社との関係性を問いかけることで社会のあり方を考える〟ことだ。紹介した男性のように、貧困と社会的な孤立はリンクしやすいとされる。つまり、ワーキングプアと無縁社会は密接に関係しているのだ。ワーキングプアが無縁社会という番組につながっていった具体的な経緯は、さらにシンプルである。

　ワーキングプアの担当ディレクターは、その後もこの問題を追い続けた。二〇〇八年の暮れに取材していたのは、派遣の仕事を失った五〇代のホームレスの男性だ。東京都出身で、大学卒業後は食品会社に二〇年近く勤めたが、経営不振で早期退職。その後、派遣会社に登録して仕事を続けたものの、ついに仕事がなくなり、東京・新宿の公園のベンチで暮らしていた。

　リーマンショックの後、派遣切りが問題となり、この年末から翌年正月にかけて一週間、日比谷公園（千代田区）で失業者のため「年越し派遣村」が開かれる。ディレクターが男性と知り合ったのは、この日比谷公園だ。身の上話をする彼は、口癖のように「自分のことで迷惑かけたくない」と言っていたという。

　男性とはその後も会うことになっていた。しかし、年が明けて連絡が取れなくなる。新宿の公園をいくら探しても、見つからない。路上生活者を支援するＮＰＯに聞くと、探すのはむずかしいと言う。そして、「路上で亡くなったら行旅《こうりょ》死亡人になるから」と聞き慣れない言葉を発した。

　行旅死亡人。身元がわからないまま亡くなり、遺体の引き取り手もいない人を指す。休日を除いて毎日国が発行する官報に掲載されている。インターネットでも閲覧できる。官報には性別や服装、所持品などわずか数行の記述があるだけだ。

　掲載された人びとは、さまざまな人生を送ってきたはずである。にもかかわらず、人生の最後に誰にも看取られず亡くなり、生きてきた痕跡は数行の記述ですまされる。ディレクターはいいようのない怒りを感じたという。取材を進めると、警察でも自治体でも身元がつかめず、引き取り手のない遺体が急増していることがわかった……。

二〇〇九年一月、再び渋谷の居酒屋。ワーキングプアの問題を取材した記者やディレクターたちが久しぶりに集まり、女性ディレクターからこの話を聞いた。議論が進むうち、別のディレクターが「つながりのない社会、縁のない社会だね。言ってみれば〝無縁社会〟だ」とつぶやく。無縁社会という造語はこうして生まれ、すぐにその取材チームができる。

取材チームは、一人孤独に亡くなり、引き取り手のない死を「無縁死」と呼ぶことにした。行旅死亡人として官報に掲載されるほかにも、親族が遺体の引き取りを拒み、自治体が火葬するケースもあるからだ。無縁死がどれくらいあり、なぜ起きているのか。まず全国約一七〇〇の市町村を取材し、公費で火葬・埋葬された遺体の数を調査した。町村合併などで数を把握できていない自治体もあったが、無縁死は少なくとも年間三万二〇〇〇人にのぼることが明らかになる。年間の自殺者に匹敵する規模で、率直に言って驚かされた。

この調査と並行して、なぜ亡くなったのか具体的なケースの追跡取材を続ける。また、家族や地域とのつながりが薄れていく社会の現実にも取材を広げていった。こうした取材の結果を番組としてまとめたのが、二〇一〇年一月三一日放送のＮＨＫスペシャル「無縁社会～〝無縁死〟三万二〇〇〇人の衝撃～」である。

番組では、行旅死亡人の記事をもとに、ある男性の身元を探り出し、秋田県から東京に出てきて給食センターなどで働き、孤独な状況で亡くなった生涯を伝えた。彼は高校卒業後、地元の木工所に勤務していたが、三二歳のときに木工所が倒産。両親を残して、東京に働きに出た。両親の死亡後は故郷とのつながりをなくしていたものの、亡くなる直前まで両親の供養料を故郷の寺に送り続けていたという。

男性が亡くなったのは東京都内の自宅アパートの居間。官報では推定年齢六〇〜八〇歳と記されたこの男性は、私たちの取材で享年七三歳とわかった。テレビのある居間で、あぐらを組んで倒れこむようにして、腐乱死体で見つかったのだ。死後一〇日近く経っていたという。遺体の引き取り手は見つからず、行旅死亡人とされ、都内の無縁墓地に埋葬された。故郷・秋田には戻れないままだ。

頼れる家族がいない人たちがＮＰＯの窓口に殺到している実態も紹介した。名古屋が本部のＮＰＯ「きずなの会」は、家族に代わって亡くなった後の手続きを行っている。通常は一七五万円、生活保護世帯からは二四万円の預託金を預かり、身元の保証を引き受ける。弁護士が管理するこのお金で、葬儀や生前のサービスを行う。会員は年々増え続け、最近では五〇代の入会者もいるという。

その一人、会社を定年退職したとたん社会との唯一の接点を失った男性は、いま老人ホームで暮らしている。北海道小樽市出身で六三歳。五〇代で熟年離婚し、頼れる家族はいない。会社中心の生活で、仕事で築いた人間関係がほとんどだ。仕事で無理を重ねて体をこわし、仕事のストレスからうつ病にもなっている。宝物は、小学生だった息子が修学旅行のお土産だと言って買ってきたキーホルダー。男性の名前が書いてあり、いつも持ち歩いている。これが唯一のよりどころだ。家族より会社を優先して生きてきた人生。会社とのつながりがなくなり、家族とのつながりを失ったとき、無縁化は必至なのである。私も含めて、それは決して他人事ではない。

## 5　広がる無縁社会ビジネス

番組には大きな反響があった。高齢者からの反響が多いだろうと予想していたが、意外だったのは、三〇代や四〇代という比較的若い世代からの反響の多さだ。「無縁社会、ひと事ではない」「このままいくと私も無縁死になる」「アラフォーで独身、チャンスがない、がけっぷち」。いずれもツイッターでの視聴者の受けとめだ。こうしたインターネット上の番組への反応はすさまじく、合わせて三万件を超える書き込みがあった。

無縁社会の問題を取材チームはその後も継続して取り上げていく。私が担当している「追跡ＡｔｏＺ」という報道番組では、無縁社会の到来を見込んだかのように、次々と生まれる新しいビジネスを取材した。

私が訪れたのは埼玉県草加市内の団地の一室。有料で話相手をする電話サービスの現場だ。会社のパンフレットには「心のサプリをお届けします」と書いてある。この日ヘッドセットをつけて電話を受けていたのは、男性二人と女性一人。カウンセラーもいるが、専門知識をもつスタッフは少ない。スタッフは年輩から若手まで合わせて一一人。二四時間体制で電話を受け付けている。指名をしてくる利用者もいるそうだ。

電話の内容を聞いてみると、アドバイスを求めるというよりは、仕事や家庭の悩みについて本音を聞いてほしいという人がほとんどだ。料金は一〇分あたり一〇〇〇円。なかには一カ月に二〇万円近く使う人もいるという。サービスを始めたのは元美容師の男性。二〇〇六年に起業し、〇九年ごろから急に利用者が増え、当初の一〇倍ほどになったそうだ。理由はわからないと言う。

部屋には利用者のファイルが色分けされて、ずらりと並んでいた。電話をかけてくるのは二〇代から五〇代の働き盛りの世代が多いようだ。ファイルの一部を見せてもらう。

「四六歳の会社員。独身生活に孤独を感じ、毎日味気ない」

「四〇歳の看護師。中間管理職としての立場がつらい」

〝まったくのひとりぼっち〟というわけではなく、ほとんどは家族や友人がいるという。では、なぜ電話をかけてくるのか。どうしても理由がわからない。

そこで、電話をかけてきた人に事情を話して、取材を試みた。取材に応じたのは三三歳の会社員の男性。思いを寄せていた女性のことを初めて相談したところ、印象がよかったので、その後も仕事で上司に叱責されたり、ちょっと愚痴を言いたいと思ったりしたとき、利用しているという。

「そんなこと、身近な友人や家族に相談すればいいじゃないですか」

「友だちとか家族に言うと、心配をかけてしまうのかなと思って。何度も同じ話をすると迷惑がられるかもしれないから。こっちはそんな気兼ねをしなくて話せるし、お金を払ってでも利用したいという感じです」

静かな団地の一室にときおりかかってくる電話。スタッフとの間に小声で交わされる会話は、率直に言ってたわいのないものがほとんどだ。けれども、たしかにビジネスとして成立している。人と人とのつながりが希薄になる無縁社会が生んだ奇妙な空間がそこにある。

家族に代わって保証人を引き受けるビジネスも、広がりを見せていた。保証人が見つからない人が利用する保証人サービス。たとえば保証料三万円を払えば、アパートを借りるときの保証人を見つける必要がなくなる。

新宿の高層ビル街に本社がある、大手の保証人サービス会社を取材した。社員は三〇〇人あまり。全国の不動産会社と提携し、保証人を求める人からの電話を受け付けている。年間の契約数は一〇万件、年商は三〇億円を超えるという。実は、この会社で新たな問題が起きている。契約した人が部屋で孤独死するケースが増えているというのだ。亡くなった後、家族が現れなかったり遺品の引き取りを拒否したりするケースもあるという。会社の幹部が語った。

「本当に家族との関係が希薄になっていると感じます。無縁社会の縮図を見ているようです」

この保証人サービス会社と契約していて、二〇一〇年二月に埼玉県内で亡くなった七〇代の男性が住んでいたアパートを訪ねた。不動産会社の社長に鍵を開けてもらい、室内へ入る。二ＤＫの古い木造アパート。一人暮らしの部屋の中はガランとしていて、人の気配はもうない。家具や洋服など遺品は、保証人サービス会社がすべて処分していた。最近では、親族に連絡しても、そちらで処分してほしいというケースが増えているそうだ。会社では、遺品を処分するときには権利を放棄する「放棄書」に親族にサインしてもらっている。

亡くなった男性には、離れて暮らす息子がいた。会社が連絡したところ、息子からはサインのある放棄書が送られてきただけだったという。家族との思い出がつまったアルバムは、ごみとして処分された。「家族がいてもあてにならない」。不動産業界ではいま、保証人サービスを使った契約が当たり前になりつつあるといわれる。

## 6　新たなつながりを創り出す

無縁社会が広がる背景には何があるのか。まずあげられるのが、家族形態の変化だ。かつての大家族から核家族化が進み、いまや「単身化」という新たな段階に進んでいる。国立社会保障・人口問題研究所の推計によると、二〇三〇年には、単身世帯が一般世帯（施設の入所者や長期の入院患者を除く世帯）の四〇％近くを占める。東京都では二世帯に一世帯が単身世帯になると推計されている。その背景にあるのは少子高齢化だ。

だが、単身化するのは高齢者だけではない。生涯未婚率という数字がある。五〇歳の時点で一度も結婚したことのない人の割合で、急速に増えるとみられている。男性の場合、二〇〇五年に一六

%だったが、三〇年には約三〇%、三人に一人にのぼるという推計だ。女性は二三%と男性より低いが、それでも二〇〇五年の七%と比べると三倍以上に増えることになる。つまり、結婚の時期が遅くなるだけでなく、生涯結婚せずに一人で暮らす人が珍しくはない時代をむかえるのである。

背景としてもうひとつあげられるのが、働き方の変化だ。前述したように、企業の終身雇用がくずれ、リストラや非正規雇用といった不安定な働き方が広がった。国に代わって企業が担ってきた社会保障の機能も低下し、それに伴って会社と社員を強く結び付けてきた〝社縁〟も薄れてきている。

単身世帯の激増、生涯未婚率の増加、そして雇用の変化に伴う社縁の希薄化。こうした要素をあげていくと、若い世代が直感的に無縁社会は自分たちの問題だと受けとめた理由がよくわかる。別の言い方をすれば、無縁社会とは、いま起きている問題というよりは、これから本格化していく問題なのだ。だから、いまから考えておかねばならない。

では、この問題を乗り越えていくにはどうすればいいのか。ワーキングプアのときは、社会保障や雇用政策を視野に入れて議論した。一方、無縁社会はさらに広がりのあるテーマである。どのような生き方を望ましいと思うかという個人の価値観にかかわることも含まれるからだ。それだけに、具体的な解決策を示すのがむずかしい。なかには、生涯一人で生きていけるという強固な意志をおもちの方もいらっしゃるだろう。「おひとりさま」という言葉も流行した。そんな人びとにとって、無縁社会は問題ですらないかもしれない。ただ、そうではない多くの人びとは、やはり何らかのつながりを求めている。だから、無縁社会を取り上げた番組は大きな反響を呼んだのだろう。

家族や地域とのつながりが濃密なかつての社会に戻ればいいではないか、という意見もある。そうした意見は番組にも寄せられた。しかし、かつての社会はよりよかったのだろうか？　大家族制度のもとで女性の存在は軽視されていなかったか？　私たちは古い人間関係に束縛されない自由と仕事を求めて、都会に出てきたのではなかったか？　都市部の労働力を確保するために、社会もそれを要請していた。

私は、かつて炭鉱地帯だった福岡県の筑豊地方に生まれ育った。炭鉱はすでになく、産業といえば公共事業だけ。故郷を捨てて東京に行かなければという切羽詰まった思いに駆られながら、鬱屈した高校時代を送った記憶がある。私たちが自由を求め、社会の要請もあった以上、以前の社会に戻ることはもはやできない。とすれば、論理的な帰結として、地縁でも血縁でもそして社縁でもない新たな縁、つながりの創出が不可欠になる。

無縁社会の一連の番組やニュースでは、新しいつながりを創り出そうというさまざまな取り組みを紹介した。横浜市のマンションでは住民たちが「園芸部」をつくり、月に二回集まって、中庭に花を植えたり雑草を抜いたりしている。きっかけは近所で起きた一人暮らしのお年寄りの孤独死。きっかけさえあれば住民同士の新しいつながりが生まれるのではないかと考えたという。都合のよいときだけ集まればいいというゆるやかなつながりにしているところがポイントだ。二年後に定年を迎える一人暮らしの会社員の男性が話していた。

「会社の縁が切れれば、私の生活基盤はこのマンションであり、この地域なのです。ここで新しい関係ができたら素晴らしい」

孤独死の問題は都会だけではない。徳島県西部の三好《みよし》市東祖谷《いや》。人口一八〇〇人の過疎地域だ。お年寄りが孤立するのを防ぐため、家の外に毎朝「赤い旗」を掲げてもらっている。一人暮らしのお年寄りが健康かどうか知らせる目印にするのだ。「幸福の黄色いハンカチ」ならぬ「健康の赤い旗」。ある住民の発案で二〇〇七年から始まり、最近では地域の人たちは旗を見るのが日課になっている。旗を掲げる高齢者も「みんなが見てくれていると思うと安心だ」と話す。単に顔見知りというつながりではなく、孤立を防ぐという明確な目的のための新たなつながりが創られつつある。

同じ墓に入ることが決まった人たちが創る新しいつながりも紹介した。先祖代々の家の墓ではなく、他人同士がいっしょに入る「共同墓」。都会に出た子どもが故郷の墓を守れなくなったために、増えている。福岡県篠栗《ささぐり》町では、地元の年金受給者でつくる組合が二〇〇二年に共同墓を建てた。費用は一三万円。すでに一四〇人近い遺骨が納められ、申し込む人が年々増えている。

年二回開かれる「墓前祭」には遺族が集まり、故人を弔う。墓に申し込んでいる人たちも集まって、新たなつながりが生まれ始めている。共同墓に入る予定者でつくったコーラスグループも誕生し、一カ月に一回集まっているという。離れた場所に住む子どもや孫と会う機会が少なくなってきた人たちが、墓を通じたつながりによりどころを求めているのだ。

いずれも、ささやかな取り組みかもしれない。だが、地域に根ざした取り組みは長続きしやすい。また、個人あるいは地域住民というように取り組みの主体が明確であり、他人任せではない点を強調しておきたい。無縁社会を乗り越える試みを通じて、新しい公共の担い手が具体的に生まれてくる可能性もあると思うからだ。

一方で、行政の役割も指摘しなければならない。二〇一〇年四月に放送した無縁社会をめぐる討論番組で、ゲストにお呼びしたＮＰＯ「北九州ホームレス支援機構」（一七四〜一七六ページ参照）の奥田知志理事長は、路上で暮らすホームレスの仕事や住宅探しを手助けし、社会復帰のための支援を続けている。奥田さんは行政の役割についてこう指摘する。

「これまで経済的貧困については、最後のセーフティネットは政府の責任だと考えられてきた。ところが、地縁や血縁といった自然発生的な絆が崩壊した現代では、国がこの部分についても何らかの仕組みをつくらなければならないと思っています。私はこれを〝絆の制度化〟と呼んでいます」

そして奥田さんは、無縁に陥らないため、家族のように持続的にかかわっていく〝伴走的コーディネーター〟を育成する制度を提案している。行政の関与について言及する場合は、必ず財源の問題がついてまわる。それでもあえて行政の責任を重視する奥田さんの指摘は、きわめて示唆に富んでいる。

## 7　個人の責任ではなく社会の問題として

戦後六五年が経ち、私たちを取り巻く環境は大きく変わった。高度経済成長から低成長へ。グローバル化の波。急速に進む少子高齢化。こうした劇的な変化に対して、「既存の制度が対応できていない。これまでのやり方を変えなければ、この国の将来はない」というもやもやとした不安を多くの国民が抱いているように思う。その思いに共鳴したからこそ、ワーキングプアと無縁社会という番組は好意的に受け入れられたのだろう。もちろん、「貧困に陥ったのも、つながりをなくしたのも、どちらも自己責任だ」という批判は承知している。そのうえで、私はこの二つの番組の終わりを次のようなコメントで結んだ。それがもっとも伝えたかったことである。

「個人の責任ということではなく、社会の責任として、この問題を考える時期にきているのではないでしょうか。とりわけ、子どもたちが未来への希望を失うことはなんとしても避けなければなりません。ワーキングプアの問題をどう考え、どのような対策をとっていくのか。それは、日本がこれからどのような社会をめざしていくのかをまさに問うことになるのです」（NHKスペシャル「ワーキングプア～働いても働いても豊かになれない～」）

「個人の責任でもなく、かつての社会に戻るということでもない新しい社会のあり方、あるいはそこへの道筋を、この国は明確に示す必要があると思います。そして、無縁社会の問題は私たち一人ひとりにも、どのような社会をめざすのか決断する覚悟を求めているのです」（追跡AtoZ「無縁社会の衝撃」）

同じような問いかけであり、視聴者に対して挑戦的でもある。しかし、いまも、このメッセージを変えるつもりはない。日本をどのような社会にしていくのか。あるいは、どのような社会に変えていくのか。そのために何が必要か。そのことを考えてもらうため、私たちは再び現場に行って取材し、できるだけ多くの材料を提供する作業を続けている。そして、これからも続けていく。


【参考文献】

ＮＨＫスペシャル『ワーキングプア』取材班編『ワーキングプア──日本を蝕む病』ポプラ社、二〇〇七年。

ＮＨＫスペシャル『ワーキングプア』取材班編『ワーキングプア──解決への道』ポプラ社、二〇〇八年。

ＮＨＫ「無縁社会プロジェクト」取材班編著『無縁社会──〝無縁死〟三万二千人の衝撃』文藝春秋、二〇一〇年。


【参考番組】

ＮＨＫスペシャル「ワーキングプア～働いても働いても豊かになれない～」二〇〇六年七月二三日放送。

ＮＨＫスペシャル「ワーキングプアⅡ～努力すれば抜け出せますか～」二〇〇六年一二月一〇日放送。

ＮＨＫスペシャル「ワーキングプアⅢ～解決への道～」二〇〇七年一二月一六日放送。

ＮＨＫスペシャル「無縁社会～〝無縁死〟三万二〇〇〇人の衝撃～」二〇一〇年一月三一日放送。

追跡ＡｔｏＺ「無縁社会の衝撃」二〇一〇年四月三日放送。

特集番組「無縁社会～私たちはどう向き合うか～」二〇一〇年四月三日放送。

# 2 「反貧困」――新たな市民活動のうねり

清川卓史

## 1 「反貧困」運動の誕生

### 3・24集会

二〇〇七年三月二四日、東京・渋谷のウィメンズプラザホール。四〇〇人を超す聴衆が、壇上に立った男性の力のこもった言葉に引き込まれていた。

「豊かといわれる日本で、食べるにも困る人が増えている。何かがおかしい、という不安を多くの人が感じている」

「たとえ経済成長のためであっても、貧困は許されない」

「労働、シングルマザー、障害者、ホームレス、多重債務。問題はすべてつながっている」

暮らしに困難をかかえた人びとと支援団体が一堂に会する初めての集会「もうガマンできない！

広がる貧困　人間らしい生活と労働の保障を求める3・24東京集会」（以下「3・24集会」という）でのひとこまだ。壇上の男性は、ＮＰＯ法人「自立生活サポートセンター・もやい」事務局長の湯浅誠氏。後に「反貧困ネットワーク」の中核となり、内閣府参与として民主党政権の雇用、福祉政策に大きな影響を与えるようになる。

私は新聞記者としてこの集会に足を運んだ。そして翌日の紙面で、竹信三恵子編集委員とともに、「時時刻刻」という特集記事にまとめ、「貧困解決へ大同団結」という見出しがついた（二〇〇七年三月二五日『朝日新聞』）。迫る締め切り時刻に焦りを感じながらも、「この集会は画期的なものではないか」という軽い高揚感を感じたのを覚えている。三月二四日は日本の反貧困運動が第一歩を踏み出し、社会にメッセージを発した日と言えるだろう。そして、七カ月後の一〇月、この日集まったメンバーを中核として、「反貧困ネットワーク」が正式に発足することになる。まず、集会の実行委員が所属する団体の一部を紹介しよう。

首都圏青年ユニオン（労働組合）、自立生活サポートセンター・もやい（ホームレス・若者支援）、しんぐるまざあず・ふぉーらむ（母子家庭支援）、全国クレジット・サラ金問題対策協議会（消費者金融問題などに取り組む法律家、被害者の会などでつくる組織）、全国公的扶助研究会（福祉事務所のケースワーカーらによる生活保護制度の研究会）、ＤＰＩ日本会議（障害者の当事者団体）、派遣労働ネットワーク（労組や法律家による派遣労働者支援）、ホームレス総合相談ネットワーク（ホームレスの法律相談）、連合（労働組合のナショナルセンター）。

いかに幅広いメンバーが集ったかがわかるだろう。実行委員の一人で、若者の自殺、労働問題をテーマとしてきた作家・雨宮処凛《あまみやかりん》さんは、この集会を「現代の米騒動」と表現した。当事者による「貧困の告発」は、どれも痛切な内容だった。

「一食二〇〇円以下に削って働いたが、年越しの生活費が同居の友人と二人で三〇〇〇円しか残らなかった」(フリーターの三〇代男性)。

「子どもの保育費を滞納し、卒園証書を一人だけ渡してもらえなかった」(ヤミ金融被害者の三〇代女性)。

もう我慢できない。それが多くの参加者に共通する怒りだ。実行委員長を務め、後に日本弁護士連合会(日弁連)会長となる宇都宮健児弁護士は、こう訴えた。

「貧困の広がりは日本社会を崩壊に導く。貧困の実態を直視する必要がある」

## 労働と貧困

反貧困という連携、協働が、なぜ求められていたのか。当事者、支援者たちはどんな思いを胸に、3・24集会に参加していたのか。当時の取材メモを開いて、少していねいに振り返ってみたい。

反貧困ネットワークが生み出した特筆すべき成果は、ホームレスなど最底辺で苦しむ生活困窮者を支援してきた活動家と、労働運動の担い手が、接点をもったことだ。集会実行委員の一人・首都圏青年ユニオン書記長の河添誠さんは当時、「労使交渉も貧困が壁になっている」と語り、こんな事例をあげた。

首都圏青年ユニオンに高校生から相談の電話がかかってきた。「母親は一人親で収入が少ない。アルバイトで学費を稼いでいたが解雇された」。組合員になって、いっしょに交渉しようと言うと、返ってきた答えは、「組合費を払うお金があったら、お母さんにあげる」。また、労使交渉に行くための交通費五〇〇円が出せない若者もいる。

労使交渉で解雇を撤回させたり、未払い賃金を支払うように要求したりすることはできる。しかし、今日明日の生活費に事欠く困窮者にとって、数カ月の時間を要する労使交渉の解決を待つゆとりはない。ワーキングプアと呼ばれる非正社員らの相談が急増するなかで、労働組合も壁に突き当たっていた。生活支援のノウハウは、労組にとって切実な情報となっていたのだ。

派遣労働者の雇用問題に取り組んできた「派遣労働ネットワーク」も、反貧困ネットワークに加わった団体の一つである。

このころ「日雇い派遣」という働き方が急速に広がっていた。人材会社から紹介された派遣先を転々とする。契約は一日単位、逆に言えば「日々失業」する雇用形態だ。連絡には携帯電話かメールを使う。労働者派遣法（労働者派遣事業の適正な運営の確保及び派遣労働者の就業条件の整備等に関する法律）の規制緩和で、派遣できる業種が広がった。就職氷河期の若者やリストラされた人が日雇い派遣に流れ込んだ。大手企業の工場にも、レストランの厨房にも、一〇〇円ショップのレジにも、引っ越しのトラックにも。あちこちに、日雇いの派遣労働者があふれた。一方、労働トラブルも相次ぐ。拘束時間の割には低賃金、雇用保険や社会保険もなく、仕事をまわしてもらえないときの補償は皆無だ。病気やけがをしたりすれば、その日から生活の糧を失う。

日雇い派遣の危険性について、真っ先に警鐘を鳴らした「派遣ユニオン」の関根秀一郎書記長は、日雇い派遣を「現代の新・日雇い」と呼んだ。大阪・釜ヶ崎、東京・山谷などの「寄せ場」に集まった日雇い労働者たち。究極の不安定雇用とも呼ばれた「日雇い」が、労働者派遣というシステムと、携帯メールの普及によって、巨大な塊として復活しつつあった。

その現代の日雇い労働者たちにとってのドヤ（簡易宿泊所）が、二四時間営業のインターネットカフェ（マンガ喫茶）だ。不安定雇用のなかで住居を失い、おもにインターネットカフェで寝泊まりする若者たちは、「ネットカフェ難民」と呼ばれた。厚生労働省は二〇〇七年八月、ネットカフェ難民が全国で約五四〇〇人にのぼるという調査を公表する。約半数は短期派遣やパートなどの非正規労働者、約四分の一が二〇代の若者だった。

少し話が回り道をした。一言で言うと、「ホームレス」問題と、「ワーキングプア」と呼ばれる非正規労働者の課題の多くは重なり、区別できなくなっていたのである。それは、後の「年越し派遣村」で鮮明になる。

## 障害者もヤミ金融被害者も

3・24集会には、障害者が人間らしく生きるための自立生活運動に取り組んできた当事者の姿もあった。DPI日本会議議長の三澤了さんは当時、生活保護をめぐる国の動きに危機感を募らせていた。社会保障抑制方針のなかで、生活保護を受けるお年寄りに上乗せされる老齢加算(東京二三区などの都市部で月額一万七九三〇円)は、二〇〇四〜〇六年度にかけて段階的に廃止されていく。さらに、ひとり親家庭に支給されてきた母子加算も二〇〇五年度から減額され、〇九年度に全廃されることが決まっていた。三澤さんが言う。

「働くことがむずかしい障害者にとって生活保護は支えだが、このままでは障害者加算も切り下げられかねない。セーフティネットを強固にするには、多くの人と共闘していく必要がある」

街の中で、人の中で暮らしたい。そのために、ねばり強い行政交渉で介助サービスを獲得してきた障害者たちが反貧困の輪に加わったことは、大きな意味があったと考える。

法律家たちも、これまでの社会運動の枠組みにとらわれない反貧困ネットに期待していた。実行委員の一人・猪股正弁護士は、埼玉県でヤミ金融被害救済や生活保護の申請同行支援などに取り組んできた法律家だ。低収入の母子世帯が追いつめられてヤミ金に手を出す現実を、目の当たりにしてきた。猪股さんは「多重債務問題の根底には貧困があると痛感していた」と話す。ひどい目にあうとわかっているのに、ほかに選択肢がない。それがヤミ金融被害の現実だった。

「法律家の支援で過酷な取り立てを止めても、一時の対処療法にすぎない。低収入で不安定な非正社員が増えているのに、社会保障が機能していない。そのすき間をついてヤミ金融が売り上げを伸ばしている」

猪股弁護士ら有志の法律家は3・24集会の約一カ月後、「首都圏生活保護支援法律家ネットワーク」を立ち上げた。暮らしに困った人から生活保護申請などの電話相談を受け付け、メンバーの法律家を紹介していこうという試みだ。このネットワークは、近畿地方など全国に広がっていく。

## 仕掛け人

反貧困運動のトップランナーとなっていく湯浅氏。一〇年以上にわたって、ホームレス支援の炊き出し、夜回り、生活保護申請者の付き添い活動などを続けてきた。その数は一〇〇〇人をゆうに超える。野宿者がアパートへ入居するときに、最大の壁になるのは保証人がいないことである。一時は、個人で三〇〇人以上の入居保証人を引き受けていた。貧困の第一線で体を張ってきた活動家だ。

湯浅氏はどんな思いだったのか。3・24集会の直前、喫茶店で話を聞いた。彼は当時、生活保護基準切り下げなどの社会保障抑制策に強い危機感を抱く一方で、運動の戦略として「最低賃金、年金、児童扶養手当など、生活保障メニュー全体を引き上げようという問題設定をしないと、社会の理解は得にくい」とも語っていた。

私の取材経験からも感じることだが、生活保護だけを問題として取り上げると、どうしてもぶつかる壁がある。少ない年金でギリギリまで切りつめた生活をするお年寄り、最低賃金水準で働く人たちなどから、「生活保護を受ける人が、なぜ自分たちよりもよい生活ができるのか」という感情的な反発を受けやすいのだ。生活保護基準は、国民健康保険料の減免や就学援助費の支給基準と連動するなど、生活保護を受けていない人たちの暮らしにも大きな影響がある。また真の問題は、年金や最低賃金の水準があまりに低く、生活保護以下の暮らしを強いられていることにあると思う。しかし、残念ながら、そうは考えない人もいる。

このほか湯浅氏の言葉で印象的だったのは、「貧困を可視化する」というキーワードだった。「表に出てくるのは、多重債務、給食費未納、自殺。背後には貧困が隠れているが、意識しないと見えない」

「派遣で働き、家賃が払えずにアパートを追い出され、福祉事務所にも追い返され、ネットカフェで暮らしつつ、精神を病んでしまうとか……。問題はひとりの人間に折り重なっている」

「反貧困」は、時代が求めた新たな市民運動の形だった。

3・24集会の約一カ月後。東京・歌舞伎町のど真ん中を練り歩くデモがあった。3・24集会実行委員会にも加わったフリーター全般労働組合のメンバーたちが呼びかけた「自由と生存のメーデー07」(二〇〇七年四月三〇日)だ。

フリーター、生活保護受給者、ニート、ホームレス、シングルマザー……。大音量の音楽とともに彼らが叫んだ言葉は、「生きさせろ」「住む場所をよこせ」

さまざまな生きづらさをかかえた人が協働する反貧困ネットワーク。雨宮処凛さんの著書のタイトルとして知られる「生きさせろ」は、多くの当事者の思いを代弁していた。そのシンプルで力強い訴えは、反貧困運動をつなぐキーワードとなっていく。

## 2 運動の広がりと「派遣村」

### 推進力となった法律家たち

急速に広がる反貧困運動の理論的な支えとなり、実践でも大きな役割を担ったのが、弁護士や司法書士という法律家グループだった。

ある弁護士のサポートを受けて、橋の下で寝起きするホームレス生活からアパート入居を果たした、六〇代の男性の自宅を訪ねたことがある。風通しのよいアパートの一室だった。壁にはビル清掃の仕事の勤務表が張ってある。彼は「住所もない人間が生活保護を受けられるなんて、最初は信じていなかった」と振り返った。部屋には、野宿生活の孤独をいやしたクマのぬいぐるみが飾られている。

一九九〇年代初め、男性は勤めていたプラスチック加工会社が倒産し、社員寮を出た。それから橋の下などで雨露をしのぎ、空き缶集めの収入と、コンビニの廃棄弁当などで命をつないできたという。支援をしたのは猪股弁護士だ。生活保護の申請に同行しただけではない。住民票が抹消されていたため、故郷の住宅地図をいっしょに見たり、卒業した小学校で名簿を見せてもらったりして、戸籍を探し出したそうだ。一〇年を越す路上生活から、人間らしい暮らしを取り戻した男性。その穏やかな顔つきが印象に残った。

暮らしに困った人たちの生活保護申請に法律家が同行する。この「申請同行」支援が急速に広がった意味はきわめて大きかったと、私は考えている。

失業や病気で追いつめられて生活保護を受けようとしても、「働いて何とかして」「家族がいるからダメ」などと突き放される。申請用紙を渡してもらえない。「水際作戦」と呼ばれる窓口規制が、一部の福祉事務所で横行していたからだ。生活保護費の四分の一を負担する自治体。増え続ける生活保護費への削減圧力が、厳しい対応の背景にある。

生活保護は「最後の安全網（セーフティネット）」と呼ばれる。「水際作戦」を放置すれば、憲法の生存権保障は「絵に描いた餅」になる。生活保護制度に精通した法律家が横にいる。それだけで、福祉事務所の窓口対応がまったく違う。「なんで、あんなに職員の態度が変わるのか」。そんな申請者の声を何度も聞いた。

支援にあたる法律家グループには、東京の森川清弁護士のように、福祉事務所で長年ケースワーカーとして働いていた人もいる。生活保護の仕組みに通じた法律家グループは、目に余る不当な対応に対しては、訴訟を起こして争っていった。二〇〇七年六月には、多重債務問題や生活保護裁判に取り組んできた法律家を中心に、「生活保護問題対策全国会議」が結成された。生活保護費を食い物にする貧困ビジネスの追及でも、多くの法律家が一線に立つ。

そして二〇一〇年三月、反貧困ネットワーク代表であり、「年越し派遣村」の名誉村長も務めた宇都宮健児弁護士が、日弁連の会長に選ばれた。宇都宮新会長は、日弁連に貧困問題対策本部を設置。ワーキングプアや子どもの貧困問題などに取り組んでいる。

## 「年越し派遣村」

二〇〇八年の大晦日。この日は、反貧困運動、そして日本の社会保障の歴史において転機となった日と言える。「派遣切り」で職と住まいを奪われた人びとに、温かな食事と眠る場所を提供する「年越し派遣村」が、東京・日比谷公園に開村したのだ。官庁街のど真ん中、厚生労働省は目の前である。村長は湯浅氏。生活困窮者の急増に手をこまぬいている行政に対して、反貧困運動の総力戦とも言える取り組みだ。

この年の秋、米国発の金融危機による世界的不況の波が、何万人もの働く場を一気に奪い去っていた。毎日こつこつ働いてきた労働者がホームレスになる。信じられないことが現実になっていた。私は大阪本社に勤務しているため、年越し派遣村の現場に足を運ぶことはできなかったが、「派遣切り」の嵐が吹き荒れたのは、関西でも変わらない。大阪や神戸などの炊き出し会場やハローワークなどで取材を続けた。当時、現場で聞いた言葉の一つ一つがいまも胸に残っている。

生まれて初めて、滋賀県のＪＲ駅近くで野宿を経験したという五〇代の元派遣社員は言った。

「月が見えたのに、深夜には雨になった。ぬれた毛布が冷たかった。まじめに働いてきて、悪いこともしていない。ここまでして生きてなきゃならんかな。正直そこまで思いました」

大阪・難波の繁華街にあるハローワークで出会った三〇代男性。彼女と二人で派遣会社を解雇され、寮を追われた。手持ち現金の大半は、消費者金融からの借り入れだという。彼女の車で寝泊まりしながら、街をさまよっていた。

「せめて気を遣わず風呂に入って、眠れる場がほしい。努力せえ言うけど、もう何を努力すればいいか、わからへん」

東京の年越し派遣村には、労働組合や市民団体、法律家など数百人のボランティアが駆けつけ、炊き出しや支援物資運びを手伝った。翌年五日の閉村まで一週間。約五〇〇人が窮地を救われ、多くが生活保護や職業紹介などの公的サービスにつながっていく。

年越し派遣村の取り組みは、まさに「貧困の可視化」だった。とくに意義があったのは、社会保障の構造的な欠陥をはっきりと示したことだ。なぜ、これほど多くの労働者が路頭に迷ってしまうのか。職を失った現役世代への「安全網」が穴だらけで、機能していないことに、国民の多くがはっきりと気づいた。

国は助けてくれない

「本当に困ったとき、国は助けてくれなかった」

栃木県の自動車部品工場の契約を打ち切られた五〇代前半の男性は、憤りを隠さなかった。貯金はなく、再就職も厳しい。派遣会社の寮を追われた後の生活の見通しは立たない。故郷の東北地方にある自治体に、生活保護の受給について問い合わせたが、担当者の答えは冷たかった。「病気でない人は働けるからダメです。六五歳までは仕事を探してください」

男性は「食べていくには刑務所に入るしかない。そう考えるほど一時は追い込まれた」と振り返った。幸い、建築関係の仕事が見つかり、最悪の事態は避けられたが、一歩間違えれば男性は路上生活を強いられていたはずだ。

暮らしの土台が危うくなった人にとっての「最後の安全網」が生活保護だ。しかし、現実には、現役世代が受給するハードルは高い。取材のなかで、交通費や切符だけを渡され、近隣都市に行くように促されるという、自治体同士のたらい回しのような体験談もよく耳にした。生活保護に対する否定的なイメージへの抵抗感から、申請をためらう失業者も少なくない。結果として、生活が苦しくても多くの人が生活保護を利用できていない。

もうひとつの問題は、雇用保険。細切れ契約の非正社員は、そもそも支給条件を満たさない場合がある。失業が長期化し、給付日数を超えてしまう例も相次ぐ。こうした社会保障の「穴」は、これまで家族が補ってきた。だが、少子化が進み、生涯未婚の単身世帯や夫婦のみ世帯が増えている。追い込まれたとき、頼るべき家族すらいない人が増えているのだ。

穴だらけの「安全網」からこぼれ落ち、家族にも頼れない人をどう支えるのか。年越し派遣村からの問題提起は、新たな「安全網」を生み出す原動力となっていく。

## 3　国を動かす

ワンストップ・サービスとパーソナル・サポート

二〇〇九年七月、完全失業率は五・六％にまで上昇し、過去最悪の水準に達した。失業状態からなかなか抜け出せない長期失業も、じわじわと増えている。こうしたなかで、年越し派遣村が突きつけた重い課題の解決に向かって、国や自治体もようやく重い腰をあげた。

その一つは、生活保護と雇用保険の谷間を埋める「第二のセーフティネット」の創設だ。自公連立政権末期に一部が実施され、民主党政権で項目が増えた。ワーキングプアへの対策の必要性を、ようやく国が認めたのだ。おもな施策をあげてみよう。

①就職安定資金融資（解雇されて住居を失った人への融資）
②訓練・生活支援給付（職業訓練中、最大一カ月一二万円を支給）
③住宅手当（住居を失った人に一定期間、家賃を支給）

もちろん、不十分な点も指摘されている。たとえば住宅手当。期間は原則六カ月に限られているうえ、収入要件は当初、単身世帯で月収八万四〇〇〇円以下とされ、生活保護基準よりも低かった（批判をふまえて、二〇一〇年四月から収入や期間の条件が一部緩和された）。とはいえ、社会の安全網を張り直す動きの一歩として、一定の評価はできると思う。

さらに、内閣府参与となった湯浅氏の提言で実現したのが、失業者向けの「ワンストップ・サービス」だ。ハローワークや生活保護などの担当者が一カ所に集まり、職業紹介から生活支援まで、失業者がたらい回しにされず、すべての手続きができるようにする試みだ。このサービスは二〇〇九年一一月、全国七七カ所で実施された。

私は当日、大阪市のハローワーク梅田に足を運んだ。会場には、自治体や社会福祉協議会の担当者のみならず、多重債務の相談に応じる弁護士、こころの健康相談ができる精神保健福祉相談員らも顔をそろえていた。

「気持ちが楽になりました」と相談を終えて語ったのは、妻子と三人暮らしで、失業して六年という四〇代の男性だ。この日は、生活支援つき職業訓練、生活保護、多重債務の三種類の相談を受けたという。生活困窮者の支援窓口を一つにする試みは、利用者にはおおむね好評だと感じた。

ただし、生活保護や住宅手当の支給など自治体が担当するサービスは相談のみで、会場での申請はできない。申請には、本人があらためて自治体窓口に足を運ばなければならなかった。この背景には、生活保護の申請集中を恐れる自治体側の強い抵抗があったと言われる。たった一日のワンストップ・サービスでも、縦割り行政の壁を打ち破ることは容易ではないのだ。

湯浅氏は朝日新聞紙上でのインタビューで、「私が十求めたことに対し、担当課で八になり、省内他部局との調整、自治体や政治家との調整で、結局残るのは二」と語り、「もどかしさを感じた」と打ち明けている(二〇〇九年一二月二七日)。

湯浅氏はその後、さらに一歩進めた支援のかたちを提言していく。それが、孤立しがちな失業者の生活再建を専門家がマンツーマンで支援する「パーソナル・サポート」サービスだ。頼れる家族や友人がいない人に、「パーソナル・サポーター」が寄り添う。そして、ハローワークや福祉事務所など多くの機関と協力しながら、伴走するように支援を考えていく仕組みだ。

二〇一〇年六月。菅直人首相は所信表明演説のなかで、パーソナル・サポートの考え方に「深く共感する」と述べた。一人暮らしの高齢者、ネットカフェに寝泊まりする若者など、「孤立化」という新たな社会的リスクに対する切り札と位置づけたのだ。二〇一〇年秋以降、北海道釧路市、横浜市、京都府、福岡市、沖縄県の全国五地域でモデル事業が動き出す。

ワンストップ・サービスにせよ、パーソナル・サポートにせよ、さまざまな生きづらさをかかえる人たちを包摂する反貧困運動の経験が原点にあると思う。

## 貧困率の公表

二〇〇九年一〇月、長妻昭厚生労働相は、日本の「相対的貧困率」が一五・七％だと発表した（相対的貧困率は、一人あたりの可処分所得を高いほうから順番に並べ、その真ん中にあたる中央値（二二八万円）の半分に満たない人が占める割合）。日本政府が貧困率を公表するのは初めてのことである。長妻氏は同時に、貧困率を下げる政策に取り組む考えを示した。さらに翌月、ひとり親世帯に限った貧困率は五四・三％で、先進国最悪の水準であることも公表された。

約六・四人に一人が貧困という統計は、社会に衝撃を与える。「日本は総中流、みなそこそこに豊かな暮らしをしている」というイメージは打ち砕かれた。反貧困の取り組みの必要性は、誰の目にも明らかになる。

二〇一〇年四月には、低所得世帯のうち生活保護を受けていない世帯数の推計データを政府が公表した。国民生活基礎調査に基づく推計では二二九万世帯(低所得世帯の六八%)、全国消費実態調査に基づく推計では四五万世帯(同三二%)。使ったデータによって数字にかなりの違いがある。いずれにせよ、生活に困窮していても生活保護にアクセスできない人が相当数にのぼることを、改めてうかがわせる推計だ。

生活保護の利用率は、長年にわたり貧困問題の研究者や法律家らが公表を求めてきたデータである。ところが、自民党政権下の政府は、調査しようとはしなかった。そのブラックボックスの一端が、ようやく開示されたのだ。政権交代の結果ではあるが、民主党政権の判断に反貧困運動の影響があったことは間違いない。

### 政治への働きかけ

民主党政権の誕生後、初めての国政選挙となった二〇一〇年の参院選。投開票日が一カ月後に迫った六月、反貧困ネットワークが主催する集会が、東京・永田町で開かれた。テーマは「参議院選挙目前！　どこまでできたか？　貧困対策！」。集会の目玉は、幅広い分野の「反貧困政策」を一覧にし、それぞれの進捗状況について、現場の声をふまえて評価したことだ。

評価対象は、「生活保護」「住宅」「雇用、労働」「女性」「子どもの貧困・教育」「医療」「介護」「障害者」「多重債務問題」など、一七の領域にわたった。評価のモノサシは、○＝できました（到達度一〇〇％）、△＝がんばってますね（同五〇％）、×＝もっとがんばりましょう（同〇％）の三段階だ。具体的な評価項目について、いくつか例をあげてみよう。

「既存の貧困率調査を精査し、政府公認の貧困率を確定させる」（○）

「いわゆる『産休切り』『育休切り』をなくすための監督指導強化と厳罰化を行う」（×）

「低所得者・貧困者が高利貸しに頼らなくてもよいセーフティネット貸付制度を充実させる」（△）

「企業は、自殺をした社員数を公表し、原因の究明とそれに応じた対策を講じる」（×）

集会アピールでは、日本の貧困対策がスタートラインに立ったことを評価しつつ、「貧困率削減」の具体的目標を設定することを政治に求めた。

反貧困ネットワークは結成以来、さまざまな集会やイベントを通じ、選挙の争点として貧困対策を取り上げるように、国や自治体の政治家に求め続けた。「貧困研究会」代表で各国の貧困政策に詳しい日本女子大学の岩田正美教授に当時取材したところ、欧州諸国では、失業対策や子どもの貧困克服など「反貧困政策」への関心が高く、常に選挙の大きな争点になるという。孤立と社会的排除を防がなければならない、という市民の合意が背景にあるそうだ。

日本では、ホームレス支援や生活保護などの政策は、ごく一部の人のためのものという受けとめ方が一般的だった。「貧困は自己責任」という考え方も根強い。そのため、政治や選挙の場で反貧困政策が正面から議論される機会は少なかった。こうした政治風土が変わらないかぎり、貧困政策の進展はない。

「貧困問題に取り組まない政治家はいらない」

現場の声を永田町に伝える努力は、ねばり強く続くだろう。

## 4　対立を超えて

これまで、反貧困運動の誕生から発展を駆け足で振り返ってきた。運動はときに本来の「公共」である福祉行政の欠陥を指摘し、支援窓口の違法な対応を鋭く批判してきた。

そうした矢面に立つ「公共」の代表格が、自治体の福祉事務所かもしれない。病気や失業などで暮らしが立ちゆかなくなった人たちの生活保護の申請を受け付け、自立の支援をする。貧困との闘いの最前線に立つ行政機関だ。しかし、「まだ若いから働いて」などの理由で、申請を受け付けない「水際作戦」が問題となってきた。福祉事務所のケースワーカーと、申請者・支援団体や法律家との摩擦が絶えない。

だが、視点を変えると違った背景も見える。生活保護受給者は二〇一〇年六月時点で、ついに一九〇万人に達した。多くの福祉事務所は人手不足に陥り、ケースワーカーたちは過重労働に苦しんでいる。人員増に踏み切る自治体もあるが、受給者の増加ペースに追いつかない。公務員数の削減圧力のなかで、任期つき臨時職員の投入などでしのぐのがやっとだ。

私は二〇〇九年、同僚記者と協力して、政令指定都市（合計一八市、当時）・東京二三区・県庁所在市の生活保護担当課にアンケートをした。その結果、社会福祉法で定められたケースワーカー配置基準（生活保護世帯八〇に対して一人）を満たしていない自治体が九割を超えていた。現場から聞こえてくるのは、家庭訪問の時間がとれない、精神疾患や家庭内暴力など困難をかかえる受給者への支援がおろそかになる、など人員不足に苦悩する声である。

ある東京区部のベテラン男性ケースワーカーは、「昼は申請者の面接に追われ、事務処理はどうしても夜。休日出勤もざら。こんなのは初めてだ」と語った。家を失った失業者が窓口に殺到するが、施設や簡易旅館などは軒並み満杯。支援は限られる。「補給がない前線で闘っている兵士のような気分です」。体調を崩したり、心を病んだりするケースワーカーも出ているという。

こうした労働環境では、受給者、申請者が増えるほど、ケースワーカーの過重労働はひどくなる。そのため「水際作戦」のリスクがより高まってしまう。生活保護受給者を食い物にする悪質な貧困ビジネスに薄々気づいてはいても、踏み込んで調査する余力がないという声も聞こえてくる。

二〇〇九年七月、法律家たちを中心とする生活保護問題対策全国会議などは、「カウンター越しの対立を超えて」という集会を開いた。生活保護を申請しようとする困窮者と、ケースワーカーの「カウンター越しの対立」は、不十分な国の貧困対策の結果としてつくり出されている。それを乗り越えようと呼びかけられた集会だった。

安心して生活保護を利用できるようにするため、ケースワーカーの数を増やして労働環境を改善しよう。自治体の財政破綻を防ぐため国庫負担を増やそう。集会参加者たちは、そうアピールした。反貧困運動と第一線の行政職員の対立は克服できる。生活保護費の増加に国が責任をもち、ケースワーカーの増員を求めるという点で、「つながる」ことができる。集会が発したメッセージは非常に大切だと私は考える。

この「つながり」への支持を広げるために、行政側の意識改革が必須であることは言うまでもない。窓口での対応の改善や支援者としての力量の向上によって、「生活保護はいざというときに頼れる行政サービスだ」と理解する市民を増やしていかなければならない。

子どもたちの育ちを支える保育所や学校、生活保護や高齢・障害者介護の窓口となる自治体、そして求職者支援にあたるハローワーク。こうした本来の公共には、貧困脱却のために活用できる数多くの人材、支援策がすでに存在する。この巨大な公共の活用なしに、反貧困の社会の実現はありえない。

反貧困のうねりが、自治体の福祉事務所やハローワーク、さらに学校など、本来の公共の現場をどう巻き込み、手を携えられるか。貧困拡大に歯止めをかける社会改革の実現は、それがひとつのカギになるだろう。

これまで、学校と自治体、ハローワークなどは、貧困問題について必ずしもうまく連携できず、支援は分断されていた。そのため、それぞれの機能を一〇〇%発揮できずにいる。高校中退者の情報が労働行政には届かず、せっかくのニート・引きこもり予防支援策につなげないなどは、その一例だ。反貧困運動が行政にもたらす「ネットワーク」「つながる」という理念は、縦割り行政の壁を乗り越えるためにも有効なものだろう。

政府の「新しい公共」円卓会議の「新しい公共」宣言(二〇一〇年六月)によれば、新しい公共とは「さまざまな当事者の自発的な協働の場」であるという。その視点で捉えれば、反貧困のネットワークは、まさに新しい公共の一翼を担うものではないか。

新旧の公共の対立を乗り越えた協働。その先に、新たな未来があると思う。

(肩書きは原則として取材当時)

# 3

# 絶縁社会と「子縁」の可能性

瀧井宏臣

## 1　乳幼児の餓死事件から考える

記録的な猛暑となった二〇一〇年七月、大阪市西区のマンションの一室で、三歳の女児と一歳の男児の姉弟が遺体で見つかった。死後一カ月半ほど経過し、腐敗を通り越して一部ミイラ化していたそうだ。二児は二三歳の母親に置き去りにされ、餓死したもので、母親は殺人などの容疑で逮捕された。この母親は夫と離婚後、大阪で風俗店に勤めていたが、育児放棄してクラブ通いや海水浴などの遊びに興じていたという。

マスコミは事件を過大に取り上げ、「鬼母」として母親バッシングを繰り返したが、母親のみが責めを負うべきとは思えない。同様の虐待事件が多発している背景には、多くの母と子あるいは父と子が孤立無援状態で、心身ともに苦境に追い込まれている過酷な現実があるからだ。

厚生労働省のまとめでは、二〇〇八年度に虐待で死亡した児童は一二八人にのぼる。死に至らない虐待事例がどのくらいあるかは、推計すらできない。さらに、朝食を用意しない、夜決まった時間に寝かさない、テレビを見せて放置しておくなど、「緩慢なるネグレクト」とも言える生活崩壊は、ごく普通の家庭でも日常的に起きていると見られる。ネグレクトとは育児放棄のことで、虐待の四つの型（「身体的虐待」「心理的虐待」「性的虐待」「ネグレクト」）のうち三八％を占めている（二〇〇七年度の児童相談所における児童虐待相談の内容）。虐待死は海上に浮かぶ氷山の頭頂部であって、海面下には巨大な山が潜んでいると考えるべきだろう。

こうした事件がなぜ起こるのか、われわれはよくよく熟考しなければならない。冒頭の事例で言えば、誰かひとりでも日常的に子どもに接する人がいるか、親身になって母親を身近でサポートする人がいれば、たとえネグレクト傾向に陥っても、子どもが餓死に至ることなどありえなかった。母親や餓死した子どもたちと周辺の人たちとのつながりの断絶、つまり社会の絶縁化が、この問題の核心なのである。

マルクスらはその著『ドイツ・イデオロギー』で、「人間は社会的諸関係のアンサンブルである」と規定した[1]。この人間規定をもとに、真木悠介や田中義久らは一九七〇年代に、現代社会の存立構造の解明に取り組んだ[2]。

しかし、当時の主題は、物象化（マルクス）あるいは社会的諸関係の自立化（田中）によって主体であるはずの人間が抑圧されるという不可思議な存立構造であった。たとえば、自分で起業した会社から不当に差別されて左遷されたり、自らが立ち上げたサークルから不当な扱いを受けて排除されたり、自らが主権者である国家から権利を侵害され、場合によっては暴力を受けたりしたケースを想起すればよい。言い換えれば、主体にとってプラスになるはずの「つながり」が、知らないうちに主体にマイナスの影響を及ぼす「しがらみ」に変わってしまう現象が問題であって、現在起きているような社会の絶縁化＝つながりの断絶という事態は想定外だった。[3]

本稿ではまず、児童虐待、小一プロブレム（学級崩壊）、「限界集落」、孤独死といった世間を騒がせている現象が社会的諸関係の断絶という同根の問題であることを示す。続いて、「縁」という言葉をキーワードに地域における社会的諸関係を概観・素描し、最後に社会の絶縁化という深刻な危機を乗り越える手がかりとして、子どもを中心とした人びとの新たなつながり＝「子縁」の創出による地域再生の可能性について論じたい。

## 2　絶縁社会の闇

筆者が社会の絶縁化という問題に気づいたのは、二〇〇三年に「小一プロブレム」について取材してからである。小一プロブレムとは、小学校一年生が授業中に立ち歩いたり教室から出て行ってしまったりして、授業が成立しない現象をいう。大阪府人権教育研究協議会が二〇〇八年に大阪府内の教職員を対象に実施した調査によると、七クラスに一クラスの割合で起きていた。[4]

この現象は、大阪府人権教育研究協議会の徹底的な調査研究によって、子どもたちの「育ちそびれ」の結果であることが明らかになっている。子どもは元来、父母や祖父母、兄弟姉妹や親族、近隣の人たち、集落内の実力者（町内会長や役員、消防団長、郵便局長、寺の住職、神社の神主、それらのOBなど）といった多くの他者による有形無形のサポートによって育ってきた。筆者の言葉でいえば、人間関係の重層構造が子どもの育ちを支えてきたのである。あるいは、血縁と地縁によって育ってきたと言い換えてもよい。

ところが、日本を含めた先進国では血縁や地縁が崩壊し、少子化＝兄弟姉妹の激減、核家族化＝祖父母との別居や親戚づきあいの激減、地域社会の崩壊＝隣人とのつきあいの消失によって、人間関係の重層構造は粉々に崩れてしまった。その結果、子どもたちは人とのかかわりを学習する機会を失い、育ちそびれてしまったのである。

人間関係の重層構造の崩壊がもっとも顕著に現象したのが、いわゆる「限界集落」だ（一四ページ参照）。二〇〇八年にマスコミで多用されて社会問題になったが、語感が悪く、過疎地域の市町村から強い反発があったため、最近はカッコ付きで使われている[5]。

「限界集落」では、高齢者が多数を占める一方で子どもが激減し、世代交代による集落の存続が不可能になっている。たとえば、新潟県上越市の中ノ俣集落では、一九六〇年のピークに六六〇人だった人口が二〇〇八年には九〇人にまで減り、高齢者（六五歳以上）が九割に達する。子どもを含めた五〇歳未満は皆無で、地元の小中学校は九九年に廃校になった[6]。

国土交通省と総務省が共同で二〇〇七年に実施した調査では、「限界集落」は全国に七八七八あり、全国の集落の一二・七%を占める。このうち、消滅する恐れがあると判断された集落は二六四三にのぼった。総務省過疎対策室の佐藤啓太郎室長は「小さな集落では、交通の確保、農地や水源の管理、共同作業の維持などに困難なところが出てきている」と話している。「限界集落」は、集落内の人びとのつながりは維持されているものの、住民の流出や高齢化などの「人の空洞化」(小田切徳美)によって人間関係の重層構造が崩壊寸前に至っているケースと言えるだろう。(7)

一方、都市部では孤独死が大きな社会問題となっている。ひとり暮らしをしていて、誰にも看取られずに死亡するのである。(8) たとえば、東京都新宿区の都営戸山団地は総戸数約二三〇〇戸のマンモス団地だが、新宿区社会福祉協議会などの調査によると、住民の八割近くが高齢者で、そのうちの六割がひとり暮らしと推計されている。(9) 戸山団地の住民でNPO法人「人と人をつなぐ会」の本庄有由理事長は自治会の役員だった二〇〇三年、孤独死した住民の検死に立ち合った。死後二カ月が経ち、白骨化した遺体を見て、「この団地から逃げ出したい気持ちだった」と振り返る。

この年、戸山団地で一三人、新宿区全体では五〇人の孤独死が見つかった。本庄氏は団地の仲間たちと二〇〇七年に人と人をつなぐ会を結成し、携帯電話を使った安否確認サービスや食事会の開催など、孤独死を防ぐ活動に取り組んでいる。東京都監察医務院の調査によると、二〇〇八年一年間に東京二三区内で、自宅で誰にも看取られずに亡くなったひとり暮らしの高齢者は二二一一人もいた。また、二〇一〇年に無縁社会を告発するキャンペーン報道を展開したNHKは、全国で起きた孤独死は年間約三万二〇〇〇人という独自調査の結果を報道している（一二三ページ参照）。

自死や孤独死した人たちの葬儀を無償で行っている「葬送支援ネットワーク」の中下大樹代表によると、遺体の発見後、「直葬」つまり葬儀なしで火葬し、無縁仏として共同墓地に葬られるケースが増えているという。日本の集落で行われていた「村八分」は一種の絶縁行為で、村の掟を破った者を残りの村人が排除することを意味したが、残りの二分つまり火事と葬式のときだけはみんなで助け合うという、人間として守るべき最低ラインを含んだものだった。いまや村八分すら破られてしまったわけだ。

都会の場合、農村と違って、狭いエリアに多くの住民がひしめき合って暮らしている。人間は大勢いるのである。しかし、つながりがほとんど断絶しているために、団地の隣の部屋に住んでいる人が倒れ、死亡し、遺体が腐臭を漂わせ、白骨化しても、気がつかない。仮に気がついても、通報しない。つまり、子どもの問題としてクローズアップされている児童虐待や小一プロブレム、高齢化の現象として社会問題化している「限界集落」や孤独死は、いずれも社会的諸関係の断絶・崩壊に起因した諸現象と言ってよいだろう。

こうした現実について、NHKは「無縁社会」と名づけたが、この命名について、中下代表は違和感を表明している。血縁や地縁が機能しなくなった「縁の機能不全」が原因であって、縁自体が無くなったわけではないからである。孤独死が多発している都会の団地では、すぐ隣の部屋に人が暮らしている。地縁は過剰なほどあるにもかかわらず、まったく交わらず、会っても挨拶もしない。

縁が無いのではなく、縁を絶ってしまっているところに問題があるわけだ。したがって、より正確に表現するならば、「絶縁社会」と言うべきだろう。あるいは、周囲に多くの人がいるにもかかわらず、孤立無援になっているという意味では、「無援社会」と言ったほうが適切かもしれない。

このように見てくると、失われたのは共助であることがわかる。そもそも、人間社会は公助―共助―自助の三層構造で成り立っている。このうちの共助が崩壊したのである。第二次世界大戦後の日本は高度経済成長に伴う個人の財力アップによって、自助の領域が大幅に増え、公助の領域も拡大の一途をたどり、福祉国家化が推し進められていく。それと反比例するかのように、共助の領域は縮小してきた。

その背景には、二つの現象がある。ひとつは、産業構造の激変によって農村部から人口が流出し、村落共同体が崩壊に至ったことだ。もうひとつは、血縁が父権支配や男女差別など、地縁も富者の支配や差別構造などの封建遺制とでも言うべきマイナスの部分を内包していたため、嫁姑問題に顕著なように多くの人びとが血縁や地縁を忌み嫌い、打ち壊す方向で動いてきたことだ。

こうした現状をふまえつつ、筆者は本稿において共助の再構築を検討するわけだが、これについては新自由主義者たちも主張している。(10) 筆者はもちろん新自由主義に与する者ではない。貧困や失業対策、保育や介護などについて、政府や自治体による公助の充実を図るべきである。同時に、共助の再構築が不可欠だと考えている。なぜなら、そうしなければ、孤立無援で追い詰められている子どもや家庭、高齢者、障害者ら社会的弱者がいつまで経っても救われないからである。

筆者は無政府主義にも与しないが、あえて無政府主義者だったクロポトキンの言葉を引くならば「相互扶助はわれわれの倫理観の基礎」であり、そもそも共に助け合うことなくして人生に何の喜びがあろうか。(11) 自助を自立、共助を連帯と言い換えるならば、連帯なくして何の人生か。共助こそが人間社会の基盤ではないのか。

バラバラな個の自立を核にした民主主義を主張する論客も多いと思われるが、そうした理念に立脚した場合でも、子どもの育ちには特別の配慮が必要だ。子どもが育つためには、人間関係の重層構造が必要だからである。そうだとすれば、少なくとも血縁や地縁に代わる新たな縁＝ネットワークを創出していかねばならない。

## 3　諸縁の現状と可能性

縁とは「関係。特に婚姻または肉親の関係のこと」（岩波国語辞典）と定義されている。仏教用語として「原因を助けて、結果を生じさせる作用。回り合わせ」という意味もある。仏教の基本は、原因があって結果があるという因果の考え方で、その因果を助けるのが縁である。

人間社会はさまざまな縁が複雑に絡んで成立しており、その中核にあるのが血縁と地縁だ。先進国を除く多くの国々では、いまでも血縁と地縁で社会が成り立っている。日本でも半世紀前までは同様であったが、この五〇年間で大きく崩れてきた。崩れたというよりは、前述したように、億劫で、煩わしくて、面倒なかかわりとして、壊してきたと言ったほうが現実に近いかもしれない。したがって、血縁や地縁を復活させようと主張しても、賛同する人はほとんどいないだろう。

これに取って代わるものとして出てきたのが「社縁」である。サラリーマンたちの人間関係で、社宅での人間模様が、映画やテレビドラマに面白おかしく取り上げられた。会社の上司や部下、同僚とは、場合によっては家族と過ごすより長い時間をともに過ごす。とはいえ、「ビジネスライク」という言葉が示すように所詮は仕事上のつきあいであって、暖かい関係にはならなかった。

むしろ、戦後、日本人のつながりを支える柱となったのは、「志縁《しえん》」「選択縁」、それに「電縁」だ。志縁は、労働運動をはじめ、政治運動、生協運動、農協運動、ＮＰＯ活動など、志を同じくする人たちのつながりである。労働運動や農協運動は衰退しつつあるが、ＮＰＯは活発な活動を展開している。選択縁は、音楽や絵画、スポーツなど趣味によるつながりで、自分で選んだ縁である。電縁は日本経済新聞が紙上で使った造語で、パソコンや携帯電話を使った新たなネットワークのことだ。仲間と携帯電話のメールを一日に二〇〇回以上も交わす、中学生・高校生もいる。

これら三つの縁は現在、人びとをつなぐ要となっているネットワークであり、今後もつながりの要であり続ける。ひきこもり傾向が強まるなかで、メールによる意思の疎通が社会とつながる唯一の生命線となっている青少年も多いから、とくに電縁は重要な役割を果たしていくだろう。ただし、これらの縁は問題の解決にはならない。血縁や地縁の役割を代替できないからこそ、さまざまな問題が生じてきているのだ。

このほか、お寺の檀家を中心にした「仏縁」、神社の氏子を中心とした「氏縁」、医療や介護のつながりである「医縁」、農園を舞台にした「農縁」など、新旧合わせてさまざまな縁が展開されている。筆者は「市民皆農」を提唱し、自らも東京都練馬区の農業体験農園で三〇種類の野菜づくりに勤しむと同時に、農園でともに農を楽しむ「農縁」によって地域コミュニティが再生される可能性を探ってきた。[12] 二一世紀に入って空前の農ブームが巻き起こっているものの、農にかかわる人口（農業人口は除く）はおそらく多く見積もっても数％にすぎないだろう。残念ながら、血縁や地縁を代替する縁としては弱い。

また、介護に関する地域包括支援センターが全国に設けられ、孤独死を防ぐための自治会による見回り・声かけの取り組みなども広がっている。すべての人間は年をとり、死んでいくという事実を直視し、地域の多くの老若男女が「明日は我が身」と認識して高齢者をサポートしていくというシナリオは、ひとつの選択肢ではあろう。しかし、一方で、自らの親すら看取らない、施設に入れっぱなしで会いに行かない、親族が孤独死しても葬儀もしないというネグレクト傾向も蔓延している。介護を起点にした地域のつながりの創出はきわめて厳しいと判断せざるをえないだろう。

## 4　子縁による地域づくりの可能性

こうして諸縁について検討した結果、従来の血縁・地縁に取って代わるものとして筆者がもっとも有望視しているのが、子縁《こえん》である。

子縁とは、子どものつながりを核にした地域の人間関係を指す。大正時代に小川霞提という小説家が書いた『親縁子縁』という小説があり、新造語ではない。習志野市立秋津小学校（千葉県）を舞台に教育コミュニティ活動を展開している「秋津コミュニティ」の岸裕司顧問が現代に甦らせ、提唱している言葉だ。

子縁の定義は幅が広い。たとえば、子どもの級友がパキスタン人で、パキスタンに洪水が起きて大きな被害が出た際に救援活動に参加するのも、子縁と言える。ただし、ここでは従来の血縁・地縁に代わる、地域に根差したつながりを考える。物理的なエリアとしては、小学校区もしくは中学校区の広さを想定したい。

では、なぜ子縁が期待できるのか。それは、第一に、子どもをもつ保護者であれば、誰でもつながっていけるからである。これは選択縁や農縁などに比べてきわめて領域が広い。これだけでは、子どもをもたない人や同性愛の人たちが排除されるが、第二に、すべてのおとなはかつての子どもであり、子どものOBならぬOC（オールド・チルドレン）だからである。つまり、子縁はすべての人がかかわれる普遍的なつながりと言ってよい。イデオロギーや価値観が違っても、子どもの育ちを支えるという一点でつながっていける可能性をもっているのではないだろうか。

子縁のなかでも校縁、つまり学校を中心とした「教育コミュニティ」をつくろうという取り組みは数多い。そのモデル事例のひとつが、大阪府教育委員会（以下「府教委」という）による教育コミュニティづくりの実践だ[13]。教育コミュニティとは、教育や子育てにかかわる取り組みを通じて、新たにつくり出される人のつながりを指す。

府教委では二〇〇〇年に打ち出した教育改革プログラムに基づき、一〇年計画で教育コミュニティづくりを進めてきた。その背景には、同和地区を多数かかえ、学校の教師が住民と一体となって地域活動を行ってきた、独自の歴史がある。同和教育のネットワークをとおして、担当者がつながりの絶縁化をいち早くキャッチし、強い危機感をもったことと合わせて、故池田寛氏(大阪大学教授)が理論的支柱として取り組みを牽引したことも大きな要因だった[14]。

府教委はまず、大阪府内三三四の中学校区すべてに「地域教育協議会」を設立する。中学校区を単位にしたのは、〇歳から義務教育終了までの育ちの連続性を重視したためだ。地域教育協議会は教育コミュニティづくりの推進組織で、校区内の学校・幼稚園・保育所を中心にさまざまな団体が加わり、学校・家庭・地域の連絡調整をはじめ、地域の教育活動の活性化、学校教育活動への支援・協力などに取り組む。会長や事務局長の多くは、元ＰＴＡ役員や地域コーディネーターだ。地域コーディネーターは構成団体やメンバー間の調整役で、府教委の養成講座の受講者である。

事業スタートから一〇年が経過し、地域の子どもを地域で育てるという気運は醸成された。とはいえ、人材の固定化、活動がイベントに偏って日常的な取り組みが根づいていない、などの根本的な課題が明らかになっている。残念ながら、地域のつながりは虐待を防ぐところまでには至っていないと言えよう。

表1　秋津コミュニティの関連団体名簿(2007年度)

| | |
|---|---|
| 登録サークル | |
| 1 | 秋津陶芸同好会 |
| 2 | コンソートクラブ |
| 3 | 秋津パソコン倶楽部 |
| 4 | 劇団「蚊帳の海一座」 |
| 5 | 工作クラブ |
| 6 | 秋津合唱サークル |
| 7 | うらの畑 |
| 8 | 大正琴 琴江会 |
| 9 | 手芸サークル(パッチワーク) |
| 10 | 秋津サッカークラブ |
| 11 | 秋津ボーイズ |
| 12 | 秋津ミニバスケットボールクラブ |
| 13 | 色・いろいろ |
| 14 | 秋津ユニホッケークラブ |
| 15 | 英会話サークル Rainbow |
| 16 | 民謡どんつく |
| 17 | 鼓舞太クラブ |
| 18 | デジカメ愛好会 |
| 19 | 秋津食の研究会 |
| 20 | ナスカ |
| 21 | 学校と地域の融合教育研究会千葉支部 |
| 22 | 秋津ばか面愛好会 |
| 23 | 演劇集団 駄菓子屋本舗 |
| 24 | 秋津奏太鼓 |
| 25 | 秋津体操クラブ |
| 26 | ゆきじ会 |
| 27 | M&K jazz Work Shop |
| 28 | 秋津・地域であそぼう! |
| 29 | アンサンブル・フォルテピアノ |
| 30 | 笛の会 |
| 子ども・保護者関連団体 | |
| 1 | 秋津小学校ＰＴＡ |
| 2 | 秋津幼稚園ＰＴＡ |
| 3 | 秋津学童父母の会 |
| 地域関連団体・その他 | |
| 1 | 秋津まちづくり会議 |
| 2 | 秋津みどり会 |
| 3 | 秋津地区連絡協議会 |
| 4 | 習志野ベイサイドスポーツクラブ |

(出典)岸裕司『学校開放でまち育て』学芸出版社、2008年。

府教委の取り組みが行政や学校を主体とした上からの改革だったのに対し、地域住民が主体となって進められたモデルケースが、習志野市の秋津コミュニティだ[15]。これは、生涯学習を進めようとする秋津地区の住民グループが設置した任意団体である。保護者をはじめ、秋津地区連絡協議会、秋津まちづくり会議、子ども会、老人会など三七の団体と加盟サークルが参加し(表1)、その代表から成る委員会が最高議決機関だ。

彼らは秋津小学校内の四つの余裕教室や校庭の畑などを自主管理し、加盟サークルが日常的な活動を展開する。そして、これらのサークルが主体となって、図書室の改造や飼育小屋づくり、防災用井戸掘りなどの学校支援をはじめ、学校田での米づくりなどの授業支援、放課後の子ども教室の運営など、子育ちのサポート活動を実施している。

子縁の提唱者でもある岸顧問は、自らの取り組みを「学社融合」つまり学校教育と社会教育の融合であると説明する。年間のべ三万人の住民が学校に出入りするため、必然的に不審者が入りにくく、安全性が高いうえに、子どもたちの育ちにも好影響を及ぼしている。秋津小学校を卒業した高校生と他地域の高校生を比較する調査を行った川﨑末美氏（東洋英和女学院大学教授）によれば、秋津小学校卒業生のほうが、自尊感情やコミュニケーション能力、高校での適応能力で有意に高いという。岸顧問は、秋津モデルについてこう話す。

「公立小学校のある地域であれば、どこでも実現可能な、普遍性のあるモデルです。子縁を活かしたまちづくりによって、地域の課題を解決できるのではないでしょうか」

こうした実践例を参考に、百地百様の教育コミュニティづくり、あるいは子縁創出を進めていくことが求められているのである。子縁づくりの目標は、これまで血縁や地縁が担っていた子育ちのサポート機能、言い換えれば人間関係の重層構造の再構築である。それによって、母子あるいは父子の孤立化を防ぐだけでなく、子どもの育ちそびれを解消し、失われた群れ遊びの復活を促進できるだろう。学区内の犯罪を抑止するうえでも、効果を発揮するにちがいない。

表２　地域に存在する子縁セクター

| |
|---|
| ①学校・幼稚園・保育所<br>小学校、中学校、幼稚園、保育所、高校、大学 |
| ②学校・幼稚園・保育所を取り巻く団体・グループ<br>ＰＴＡ、保護者会、放課後児童クラブ父母会、親父の会、読み聞かせの会、サポートクラブ、学校開放運営委員会、地域教育協議会、学校運営協議会、学校評議員会、学校支援地域本部 |
| ③子育て支援施設・機関・グループ<br>児童館、児童相談所、公民館、青少年館、子育て支援センター、青少年育成協議会、民生委員・児童委員、放課後児童クラブ、放課後子ども教室、ファミリーサポートセンター、子育て支援ＮＰＯ、子育て自助グループ、子ども会、スポーツ少年団、各種クラブ(スポーツ・音楽)、ボーイスカウト、プレーパーク |
| ④既存の自治組織<br>町内会、自治会、結・講、アパート・マンションの管理組合、消防団、老人会、自治体の出張所、生協、農協支所・支店 |

## 5　地域百年の計――ミクロのつながりを創る

子縁の創出によって、虐待あるいは虐待予備軍の子どもたちをはじめ、厳しい状況に追い込まれている子どもたちを救っていくためには、少なくとも二つの異なるアプローチが必要になる。

一つは、学区内の諸セクター間のつながりを創っていくマクロの取り組みだ。地域には学校・幼稚園・保育所をはじめ、ＰＴＡや児童館、子育て支援センターなどさまざまな子縁セクターが存在する(表２)。ところが、それぞれがバラバラに子どもの問題に取り組んでいるのが実態だ。これでは、子どもたちは救えない。

秋津コミュニティのような教育コミュニティにまでいかなくとも、子縁セクターが連携・協働し、何重にもネットワークを構築していくことが子どもたちを救うポイントになる。その際、肝に銘じなければばならないのは、かつての地縁のような閉鎖的で異端者を排除するネットワークにしてはならないということだ。言い換えれば、人権の尊重を第一にした縁創りが求められる。

しかし、こうしたマクロの取り組みだけでは、もっとも厳しい子どもや家庭を救うことはできない。たとえば、厚生労働省は市町村単位で「要保護児童対策地域協議会」を設置し、児童虐待対策の要としている。地域のネットワークで虐待に対応しようとしているわけだが、虐待の蔓延にほとんど効果を発揮できていない。それは、このネットワークの網の目が粗すぎるからだ。目の粗い網でミジンコやプランクトンを掬うことができないように、マクロのネットワークでは家に引きこもって事態の発覚を拒む当事者たちを救い出すことができない。このため、必然的に二つ目のアプローチとして、ミクロの取り組みが必要となる。

ミクロのつながりを構想する際、ヒントとなる事例がある。二〇〇九年に新型インフルエンザが流行して猛威を振るい、兵庫県では学校が一週間、休校になった。困ったのは、共稼ぎや働くひとり親である。神戸市に住む働く母親たち五人は話し合い、それぞれが一日ずつ年休を取得して、この難局を乗り切ることにした。年休を取った家に五家庭の子ども一三人が集まり、一日を過ごしたという。毎日、日替わりで違う家に行き、いっしょに食事し、遊んだり勉強したりした。一三人の面倒を見るのは大変だっただろう。けれども、子どもたちにとっては生涯の記憶に残る楽しい五日間だったにちがいない。

この試みは偶発的に起こったが、このケースをモデルにミクロのつながりを創ればよいのではないか。子どもの縁で知り合い、道で会ったら挨拶を交わし、困ったことが起きたら相談し合う。そして、余裕のあるときには子どもを招き、いっしょに食事し、風呂に入り、場合によってはお泊りさせる。そこまでいけば、お金をかけて旅行などしなくても、子どもは自分の育った環境と違う考え方や文化をもつおとなと接し、異なる家庭環境を体験できる。それ自体がきわめてワクワクする貴重な異文化体験であるだけでなく、自分の生活や育ちを客観視する材料ともなるだろう。

このように、かつての血縁・地縁のような親しい関係をもてる家庭が学区内に五軒あれば、困った事態が起きたときに緊急に子どもを預けられるし、子どもが親との関係で行き詰まり、助けを求める際の駆け込み先の候補ともなるにちがいない。ただし、江戸時代の五人組のように、行政が介入して上から組織してはならない。あくまで必要性を認識した住民たちが、自発的に創ることが重要である。その際、情報の提供や具体的な働きかけをするのは、学校・幼稚園・保育所をはじめとしたマクロのネットワークの役割だ。

問題は、もっとも厳しい状況におかれている子どもと家庭である。二〇一〇年現在で、母子家庭が約一二〇万世帯、父子家庭が約一七万世帯ある。また、難病の子どもが約二〇万人いるほか、難病指定は受けていないがアトピーのように家庭崩壊に瀕する難病にかかっている子どもも多い。扱いが大変な発達障害の子どもも一〇人に一人いると言われる。[16] 人とかかわるのが苦手で、閉じこもりがちな親の家庭も多い。ざっと見積もって、全体の三割が厳しい状況の家庭というのが筆者の見立てである。

こうした家庭は、神戸市の母親たちのようにギブ&テイクで助け合うことができない。自分たちの身を守るので精一杯だからである。したがって、一方的にかかわり、励まし、サポートし、場合によっては子どもを預かる多くの人間が必要となる。その献身的な役割を誰が担えるか。

住民の多くを占めるサラリーマンとその妻には期待できない、と筆者は考えている。それは、公共心、仏教で言う布施の精神が乏しいからである。公共心が豊かであれば、企業に勤めて我利の追求に安穏としていられるはずがない。

とすれば、公共心があるのは誰か。もちろん個人差はあろうが、学校・幼稚園・保育所の職員とそのOB、そして公務員とそのOBであろう。寄本勝美氏（早稲田大学教授）の言葉で言えば「公務員市民」が地域のリーダーとなってミクロのつながりを創出していく以外に、シナリオはないのではないか[17]。現に、「限界集落」の住民をサポートする集落支援員は、公務員市民が主力となっている。職場のある地域でも、自分が居住している地域でもよい。どちらか一方で、ひとりの市民として厳しい状況の子どもや家庭に「親身」になってかかわり、支えていくのである。

そして、肝心なのは子どもたちが巣立った際に、子縁を絶縁にしないことだ。血縁や地縁に近い深いつながりとなった子縁の存続によって、おとな同士の助け合いや介護のネットワークへと進化させていくのが次の課題である。マクロ・ミクロ二つのアプローチによる子縁の創出は、実は子どもを救うだけでなく、私たちおとなが救われ、地域が再生される道でもある。戦後六〇年かけて解体してきた血縁・地縁を一〇年、二〇年で再構築することは困難だと考えたほうがよい。二一世紀末をめざして新しい縁を創出していく「地域百年の計」がいま、求められている。

(1) カール・マルクス、フリードリヒ・エンゲルス著、古在由重訳『ドイツ・イデオロギー』岩波書店、一九五六年。
(2) 真木悠介『現代社会の存立構造』(筑摩書房、一九七七年)、田中義久『社会意識の理論』(勁草書房、一九七八年)参照。
(3) 新潟大学医学祭実行委員会編『癒しのネットワーク――より豊かな医療をもとめて』考古堂書店、一九九二年。
(4) 新保真紀子『小一プロブレムの予防とスタートカリキュラム――就学前教育と学校教育の学びをつなぐ』明治図書、二〇一〇年。
(5)「特集『限界集落』へのまなざし」『月刊 自治研』二〇〇八年一一月号。
(6) かみえちご山里ファン倶楽部編『未来への卵――新しいクニのかたち』かみえちご地域資源機構、二〇〇八年。
(7) 小田切徳美『農山村再生――「限界集落」問題を超えて』岩波書店、二〇〇九年。
(8) 中沢卓実『常盤平団地発信孤独死ゼロ作戦――生きかたは選べる!』本の泉社、二〇〇七年。
(9) 新宿区社会福祉協議会「戸山団地・くらしとコミュニティについての調査報告書」二〇〇八年。
(10) 小原隆治「地域と公共性」(齋藤純一編『公共性の政治理論』ナカニシヤ出版、二〇一〇年)参照。共助の再構築について、小原は「新自由主義と同様の主張になりかねず、慎重な検討が必要だ」と指摘する。たしかに、新自由主義者たちは市場原理を過大に評価する一方で小さな政府を標榜し、その欠点を補うために共助の充実を謳っている。たとえば、教育の分野では、地域や家庭の支援を受けて学校を運営するコミュニティスクールの構想などがその典型例で、どのような背景をもって打ち出された施策なのか注意する必要がある。

(11) ピョートル・クロポトキン著、大林栄訳『新版 相互扶助論』同時代社、二〇〇九年。
(12) 瀧井宏臣『農のある人生――ベランダ農園から定年帰農まで』中央公論新社、二〇〇七年。
(13) 大阪府社会教育委員会議「家庭・地域社会の教育力向上に向けて」一九九九年。
(14) 池田寛『地域の教育改革――学校と協働する教育コミュニティ』解放出版社、二〇〇〇年。
(15) 岸裕司『学校開放でまち育て――サスティナブルタウンをめざして』学芸出版社、二〇〇八年。
(16) 広瀬宏之「発達障害の理解と、療育に関するアドバイス」(東京都教育委員会編『乳幼児期を大切に――心と体の基礎を育てるとき』二〇〇九年)参照。
(17) 寄本勝美編著『公共を支える民――市民主権の地方自治』コモンズ、二〇〇一年。

【参考文献】


大江正章『地域の力――食・農・まちづくり』岩波書店、二〇〇八年
恩田守雄『共助の地域づくり――「公共社会学」の視点』学文社、二〇〇八年。

高田一宏『教育コミュニティの創造――新たな教育文化と学校づくりのために』明治図書、二〇〇五年。

中田正一『国際協力の新しい風――パワフルじいさん奮戦記』岩波書店、一九九〇年。

新潟県上越市「中山間地域における集落の実態調査結果報告書」二〇一〇年。

額田勲『孤独死――被災地神戸で考える人間復興』岩波書店、一九九九年。

寄本勝美『政策の形成と市民――容器包装リサイクル法の制定過程』有斐閣、一九九八年。

# 4 地域再生と農の力

大江　正章

## 1　農業から農へ

高度経済成長以降、農業は一貫して衰退してきた。二〇一〇年の耕地面積は四五九万ha、農業就業人口は二六一万人(うち六五歳以上が六二%)である。ピークは前者が一九六一年で六〇九万ha、後者が六〇年で一四五四万人だから、六一年に制定された農業基本法とともに減少の一途をたどってきたことがよくわかる。主業農家(1)はわずか三六万戸で、一九九〇年の四四%にすぎない。物価の上昇が反映する農業総産出額さえ、ピークの一九八四年と比べると、約三分の二になった。しかも、最終消費された飲食費の帰属割合をみると、農水産業は一九七〇年の三五%から九五年に一九%へと、ほぼ半減している。もはや、衰退というより、壊滅といったほうが正しいだろう。

一方で最近、都市住民をはじめとする非農家の間で、安全・手作りの食と結びつく形で農への関心が急速に高まっている。農業ではなく、農だ。市民農園、体験農園、半農半X、農の価値、農的生活……。市民農園で耕す人口は約二〇〇万人といわれる。早晩、農業就業人口と逆転するだろう。では、農業と農はどう違うのか。農民作家・山下惣一は、こう語る。

「農業の土台が農、その土台の上での経済行為が業。端的にいえば、育てて食べて暮らすのが農、売るためにやるのが業(2)」

両者は本来、一体だった。しかし、過度の近代化＝経済利益の追求によって土台である農が弱まり、業も維持できなくなってきた。誤解している人も多いが、すべての農業が環境を守っているわけではない。農業こそ最初の自然破壊であり、農薬と化学肥料に依存した近代農業はその典型である。これに対して農は環境を守り、風景と風土を創ってきた。農業が作る安い農産物は輸入できる。安全な食べものも、おカネを出せば輸入できる。だが、それらを作る土も水も田畑も、安全な農があることによって生み出されるホタルも彼岸花も、涼しい風もほっとする景観も、決して輸入できないし、おカネでは買えない(3)。

加えて、輸入自由化とグローバリゼーションのもとで、農業の危機は加速されてきた。TPP(太平洋間戦略経済連携協定)は、それを決定づける。この協定に参加すれば輸出が進み、経済が活性化するかのように言われる。しかし、実際に海外展開している日本企業は二〇〇〇社に一社しかないという。一方で、農水省の試算によれば、食料自給率は一四%と三分の一になる。間違いなく、大半の農業のとどめをさす。農業経済学者の鈴木宣弘が指摘するように、「農業のせいで国益が失われる」のではなく、「輸出産業の利益のために失う国益の大きさ」を考えなくてはならない[4]。

農業がとどめをさされて、農家が地域を離れざるをえなくなれば、次に何が起きるか。耕作放棄地がより増え、道普請や葬式や祭りなどの共同作業が維持できなくなり、農業の関連産業が立ち行かなくなり（民主党がいう第六次産業化が幻となり）、商店がますます減る。すなわち、地域の崩壊である。TPPに反対しているのは、在京大手マスコミが言うような「開国」を拒む「遅れた」農業の利害関係者だけでは決してない（そもそも日本の農産物の平均関税率は約一二％で、EUの約二〇％より大幅に低い[5]）。地方紙の社説は疑問を呈し、すでに三九の道府県議会が反対決議をあげている。

こうした状況のもとで市町村は、農業と地域の崩壊を食い止め、人びとの農への関心を追い風にして食と農を結ぶ新たな政策（食農政策）に取り組んでいく責任がある。それは、大規模化や専作化をめざす既存の農業政策とは大きく異なる。一方で、本来は農を担う共同組織であるはずの農協、環境を創造し安全な食べものを作る農業者やその応援団との連携が求められている。

本稿では三つの事例を紹介する。いずれも、特別な資源を有しない普通の市町村にとって十分に可能なものである。同時に、住民のいのちと暮らしを守り、安心できるものを食べる権利を、自治体と住民、農協と農業者、農業者と住民の自発的な協働によって保証していくという意味で、新しい公共を担う取り組みでもある。また、いずれも有機農業を進めている。あまり知られていないものの、二〇〇六年一二月に有機農業推進法が成立した。かつては「勇気農業」などと揶揄されたが、いまや有機農業の推進は国と自治体の責務と言っても過言ではない。

実際、有機農業の意義は非常に大きい。それは、単に農薬や化学肥料を使用しない特殊な農法ではない。農業が本来めざしてきた豊かで安定した生産体系であり、作物の生きる力を引き出し、健康な食べものを生産し、人間と自然・生き物・土の間に有機的な関係を創り出す営みと言える。したがって、よく言われるような「もう一つの農業」ではない。人類が長年にわたって当たり前に行ってきた「本来の農業」である。言い換えれば、「育てて食べて暮らす」ことに主眼をおいた「農」であり、経済行為を伴いながら、おカネだけではない価値観を広げていく社会運動でもある。

## 2 小さなまちのゆうき・げんき正直農業

### 百匠逸品のアンテナショップ

福井市中心部から車で南東へ約四五分、岐阜県境に位置する福井県池田町は、人口約三四〇〇人。面積の九二％が森林という典型的な中山間地だ。高齢化率は三八％で県内一、冬は雪が一・五～二m積もり、「閉じ込められる」感覚だという。主産業は農林業だが、産業別人口では九％にすぎない。これといった特産品もない。

池田町の取り組みは、一九九七年一月に杉本博文が町長に就任して始まった。皮切りは、一九九九年七月に福井市南部の大型量販店内にオープンしたアンテナショップ「こっぽい屋」だ(「こっぽい」とは方言で「ありがたい」という意味)。現在のように、各地に直売所がある時代ではない。だが、もともと有機農業を行っていた杉本は、安全で美味しい野菜は都市生活者に売れるという確信があった。

当時もいまも、町内に野菜の専業農家はほとんどない。では、どうしたのか。一九九九年に町職員となった溝口淳(現・総務政策課参事)に話を聞いた。ちなみに、溝口はかつては農水省のキャリア官僚である。一九九五年に農水省の実地研修で一カ月間滞在して杉本たちの熱気に感動し、転職した。いまはこの町に両親と暮らしている。

「こっぽい屋は町長の選挙公約でした。ここをどう盛り立てるか。多くの家では、家庭菜園で女性たちが野菜を作っています。その栽培面積を広げてもらい、集めて出そうと考えました」

彼女たちは少量多品目の野菜を栽培する。だいたい五〇品目は作っているそうだ。さらに、主婦の腕を活かして漬物・味噌・菓子・惣菜なども作って販売している。出荷する生産者の団体は「一〇一匠の会」。溝口は「この名前には百人の匠が一品を出すという意味がこめられています。みんながものと心と力を持ち寄るのです」と語った。それもよくわかると同時に、むしろ兼業農家が丹精こめて作った「百匠(姓)逸品」と言ったほうがふさわしい気がする。

当初の出荷者は八〇人だったが、杉本の予想どおり店は人気を集めていく。いまでは、出荷者は約一六〇人に増えた。平均年齢は七〇歳前後で、九割が女性だ。運営は池田町農林公社が行い、毎朝七時から三tトラックで集荷に回る。午前中がピークで、売り切れも多いという。年間売り上げ高は当初の二倍の一億四〇〇〇万円に増えた。

農水省が行ってきた大規模専業農家育成政策の失敗は、食料自給率が一貫して下がっている（一九六〇年度＝七九％→二〇〇九年度＝四一％）ことを見れば明白だ。兼業農家を新たな担い手として位置づけ、市町村が一定の支援をしながら近隣都市を巻き込んだ地産地消政策を進めていくほうが、ずっと理に適っている。町には餅加工業者が二軒生まれたという。地域資源を活用した地域経済活性化の役割も果たしているのである。

## 地域独自の認証制度

こっぽい屋では最初の五年間、生産者たちが交代で売り場に立った。お客のニーズを把握して、何を作ったらいいかを考えるためである。そのとき一番よく聞かれたのは、「どうやって作ったのですか？　安全ですか？」だった。ここから、化学肥料を使わず、農薬の利用を極力減らした、環境と人に安全な有機農業への取り組みが進んでいく。それが二〇〇〇年に町独自の制度として始めた「ゆうき・げんき正直農業」である。おもに野菜が対象だ。このネーミングにも惹かれる。血が通っている気がするからだろう。溝口は、「以前から農薬はあまり使っていなかったので、農家は比較的受け入れやすかったと思います」と語る。

ただし、国の有機認証制度は消費者にわかりにくいし、細かい記帳や認証料金など生産者の負担も大きい。「ゆうき・げんき正直農業」では、わかりやすさと、なるべく多くの生産者の参加しやすさを考慮している。安全な農業を行おうとする生産者は、まず登録して看板を設置し、いつ何を植えたか、どんな堆肥を使ったのかなど基礎的な栽培管理簿を記入する。そして、町役場・農林公社・農協が連携して現地確認を基本的に毎月一回行い、「ゆうき・げんき正直農業シール」が交付される。シールは三つに分かれている。

①黄＝低農薬・無化学肥料栽培
各作物ごとに、農薬は一回まで、除草剤・化学肥料は不使用の場合に交付。作物ごとだから一畝からでも始められ、とっつきやすい。

②赤＝無農薬・無化学肥料栽培
各畑ごとに、農薬・除草剤・化学肥料をまったく使わない場合に交付。毎年の最初の申請時に生産者が宣言する。

③青＝完全有機栽培
三年間連続して赤の交付を受けた畑に対して、四年目から交付する。

二〇〇八年度のデータでは、①が八三人、②が六二人、③が二九人だ。二年前に比べて①が一六人減り、②が二五人、③が七人増えているので、着実に進歩しているといえる。

自治体や農協が意識して有機農業を面的に広げているケースは少ない。そうしたなかで、池田町の施策は特筆に値する。なぜなら、単に農薬や化学肥料を使わないだけではなく、作る人と食べる人の間に、こっぽい屋をとおした顔の見える有機的な関係を創ることを積極的に応援しているからである。しかも、その先まで見通している。農林課参事の辻勝弘（以前は福井県の農業改良普及員で、やはりこの町に惹かれて職員となった)は、こう語った。

「最終的には、こうした制度がなくたって池田のものは安全なんだと思ってもらえたらいい」

めざすは、認証やシールによるのではない、人と人の間の信頼関係なのである。

なお、池田町の農業粗生産額の約四分の三を占める米についても同様な制度(四段階)があり、町ではとくに減農薬・無化学肥料米を推奨している。販売は新たに設立した「池田町米穀協同屋」が行い、一俵(六〇kg)あたり二万一〇〇〇円という通常の二倍近い価格を実現した。これなら農業が続けられる。無(減)農薬・無(減)化学肥料栽培に対して、一〇aあたり三〇〇〇~八〇〇〇円の助成もある。栽培面積は問わない。この背景にあるのは次のような考え方で、深く共感する。

「農業を産業として考えれば、たいしたことはありません。しかし、農地を維持し、食べものを作っていくことに光をあてるのは、大切だと思います。池田の価値が表現できるのは、きれいな空気と農と文化です。観光にしても、何人来たかではなく、この農村を理解して味わってくださる人を呼びたいと考えています」

## 有機農業を支える食Uターン事業

化学肥料を使わなければ、当然ながら有機質の堆肥が必要になる。地域の資源循環を考えれば、地域内での堆肥生産が重要だ。池田町では、堆肥自給にも意欲的に取り組んできた。二〇〇一年に自治体レベルでの先駆的な試みとして広く知られる山形県長井市を視察して、効果と意義を確認。

翌年一一月に堆肥を製造する「あぐりパワーアップセンター」を完成させた。材料は、町内畜産農家四軒の牛糞、近隣のライスセンターから無料でもらってくる籾殻、それに町内家庭の生ごみである。これで良質の堆肥ができる。食べものの残りが堆肥の原料になるから、食Uターンである。ここでは、生ごみは廃棄物ではない。資源として位置づけられている。

各家庭では水切りを徹底したうえで、新聞紙で包んで、指定の紙袋(一袋一〇円)に入れて、紙ひもでしばり、六二カ所にあるごみステーションへ持って行く。ビニール袋と比べて見た目もきれいだし、すべて無理なく自然に還る。実施にあたっては、「面倒くさい」という苦情が出ることを想定して、全三八集落で二回ずつ説明会を開催。堆肥づくりの意義を強調して、町民の理解を得た。

これらを回収するのは、NPO法人「環境Uフレンズ」だ。週三回、二人一組で二tトラックで各ステーションを回って、あぐりパワーアップセンターまで運ぶ。半日仕事で、サラリーマンはノーギャラ、それ以外は三〇〇〇円が支給される。メンバーは九四人、三カ月に一回の割合だから、それほど負担がかかるわけではない。生ごみ回収費用は五分の一に減った。

現在では町民の六〇%がこの事業に参加して、生ごみを出している(そのほか、二〇%はコンポスト容器などで自分で堆肥にしている)。毎年、八〇t程度を回収し、約三五〇tの堆肥を製造する。この堆肥が安全で安心な野菜や米作りを支える。かつての日本農業では当たり前に行われていたことを、自治体主導で設けた新たな仕組みによって復活させた意義は大きい。

また、池田町の一人一日あたりのごみ排出量は四〇〇g程度、リサイクル率は四三〜五〇%(二〇〇一～〇六年度)。福井県内の自治体で、ごみ排出量はもっとも少なく、リサイクル率はもっとも高い。安全・安心な農業が環境を保全していくことが、はっきりわかるデータである。

こうした取り組みは全国的に高く評価され、町民たちは町への誇りをもつようになった。そして、国際有機農業映画祭や「いけだエコキャンドル」(家庭で不要になっ食用油を集めてろうそくをつくり、いっせいに点火する)などのイベントを企画。前者には約四〇〇人、後者には約五〇〇〇人が訪れている。観光地ではないところに、農や環境問題に関心ある人びとが集まる。新たな田舎ツーリズムの誕生といってよいだろう。(6)

## 3　新規就農者を育てる農協

### 三〇年以上の産直の歴史

東京・上野から電車とバスを乗り継いで二時間弱、筑波山麓に位置する茨城県旧八郷《やさと》町(現・石岡市)は、有機農業が盛んなことで知られる。一九七〇年代に、非農家出身者が有機農業で自給をめざす「たまごの会」の農場ができた。その生産者が独立して有機農業を営み、彼らの周囲に徐々に新規就農者が増えていく。このほか、農的暮らしと自給的な生活技術を指導する「スワラジ学園」からも、地元に定着して有機農業を行う若者たちが生まれている。

一方で、旧八郷町をエリアとするＪＡやさと(自治体は石岡市に合併したが、農協は合併していない)

は、一九七六年の卵を皮切りに生協との産直に乗り出し、八六年からは東京都の東都生協を中心に野菜の出荷へ力を入れていく。このとき、生協側は低農薬栽培を求めた。八郷は野菜産地ではなかったから、連作で土を酷使していない。土壌消毒の必要はなく、低農薬栽培は生産者に抵抗なく受け入れられた。

さらに、より栽培方法にこだわった無農薬野菜を出荷しようと考え、一九九七年に有機部会を創設する。一二人のスタートで、他地域からの新規参入者にも加入を呼びかけた。いまだに、大半の農協は有機農業に消極的である。ともすれば閉鎖的な農協としては、きわめて先進的な取り組みと言える。

その後、有機部会は着実に広がり、対前年比二〇〜三〇%の伸びを続けていく(最近は五%程度の伸び)。JAやさとの野菜販売額約六億円の二割を有機部会が占めている。納入価格は慣行農産物の一・二〜一・三倍だという。出荷先は生協が六割、一般市場と外食産業関連が二割ずつだ。売り上げが多いのはネギ・レタス・人参。出荷品目数は季節ごとに六〜一〇、年間では約三〇になる。無農薬栽培がむずかしいトマトやキャベツは作らない。部会員は二八人(町外出身者が二〇人)に増え、全員が有機JAS認証を取ってきた。

有機部会メンバー以外にも、消費者と直接提携したり、「大地を守る会」などの宅配事業体に出荷したり、さまざまなタイプの有機農業者がいる。その数は約五〇人。三分の二は町外出身者だ。

## 農協が始めた有機農業の新規参入制度

そして、有機部会の存在が、全国でも例を見ない、農協が主体となって行う有機農業にしぼった新規参入制度「ゆめファーム新規就農研修事業」(一九九九年発足)につながっていく。農業をやりたい非農家出身者の増加を感じていた柴山進(当時、JAやさと職員)は、その手助けを農協として行いたいと考えてきた。では、なぜ有機農業だったのか?

「新規の人はこだわりがないと続かない。有機農業なら将来もやっていけると思いました。当然ながら、その前提は有機部会の存在。新規就農者と一般の地元生産者には価値観のギャップがあるけど、有機の生産者なら、それを受けとめられる。それに、(ビニールハウスを使わない)露地野菜がほとんどなので、投資も少なくてすみますから」

研修生は毎年一家族(年齢は三九歳以下)、研修期間は二年。研修中は毎月一六万円の助成金を受け取る。半分は茨城県ニューファーマー育成事業の助成金、半分はJAやさとの独自資金(年間九六万円)だ。家族に限定したのは、農作業は一人では困難であるとともに、単身者より継続の意志が強いと考えたためである。住まいはアパートを借りる。

研修生には、畑(九〇aの研修農場ゆめファーム)とトラクターや管理機などの農業機械が用意される。指導者は有機部会の先輩たちだ。JAやさとに研修担当者はいるものの、常にそばにいて何でも教えてくれるわけではない。

「最初に何を作るといいかを教え、作物ごとの得意な部会員は紹介しますが、研修農場に顔を出すのは二週間に一回程度です。本人がいろいろ聞いて覚えるとともに、さまざまなネットワークをつくることが大切です。部会員は出荷の帰りに寄って、サポートしてくれます」（現在の担当者）

一年目の四月から販売用に作付計画をたて、作物を育て、収穫する。わからないことがあれば、先輩有機農家に行き、質問し、研修農場で実践する。収穫した作物はＪＡやさとを通じて出荷し、ＪＡの独自資金分の研修費と資材経費を差し引いた額を、研修終了時に受け取れる。

生活費は保証されているとはいえ、なかなか厳しい条件だ。有機農業への憧れだけでは、とてもつとまらない。それでも、これまでに研修を終えた一〇家族はすべて独立して、有機農業に励んでいる。成功の秘訣は二つだろう。ひとつは、当初から本格的な栽培に携わり、理念だけでなく、経営も追求していることだ。もうひとつは、有機部会に加盟すれば売り先が確実に保証されていることである。これまでの一二組をみると、二〇代が七組、まったくの農業未経験者は五組だ。

研修終了後は畑を借り、家を見つける。畑は有機部会のメンバーが世話してくれる場合が多い。二年目になれば地元のつきあいもできるから、空いている畑の情報も教えてもらえる。

「研修生は概して好意的に見られています。農協がやっているという信頼感があるし、新規の人への対応がやわらかいと思います。条件がよい畑がすぐに簡単に手に入るわけではありませんけど、畑はみんな見つかっていますね」（柴山）

もちろん、長年の産直の歴史があり、消費者が頻繁に訪れているがゆえに、よそ者を拒む雰囲気が少ないのは、言うまでもない(7)。

消費者の間には有機農業への期待が高い。そして、急増している農外からの新規参入者の多くは有機農業を志向している。有機農業の専門家によれば、農薬や化学肥料への依存と無縁な新規参入者のほうが有機農業には向いているという。ところが、有機農業で生計を立てている生産者は、全国レベルではそれほど増えていない。自治体の新規参入窓口では、有機農業に対して否定的な対応をするケースがいまだに多い。いまこそ農協や市町村が地元の数少ない有機農業者の力を借りて、実践的な研修システムを設けていくときである。その支援を都道府県の普及指導員や市町村の農政担当者には強く求めたい。

農協とは本来、農民のための協同組合であり、営農や研修機能が大切な役割である。しかし、いまでは大半でその精神が希薄になり、金融事業と農薬や化学肥料の購買事業に偏している。農協とは「いのち・食料・環境・暮らしを守り育む仕事(8)」を行う組織でなければならない。それは、人びとのよりよい暮らしと地球の利益(球益)をめざす共的セクターであるはずだ。

## 4　地域に広がる有機農業

### 地場産業との連携

有機農業は、熱心な生産者(ないし生産者集団)と彼らを支える消費者グループという二者間の農産物のやり取りが中心であった。その提携システムは、いまでは欧米諸国が注目し、取り入れている(Community Supported Agriculture：ＣＳＡ＝地域が支える(地域に支えられた)農業)。だが、有機農業が地域へ面的に広がっていったケースは、決して多くない。信念をもった生産者と消費者の親密な関係性は築かれてきたが、他者に開かれていない側面もあった。そうしたなかで、東京・池袋から急行電車で約七〇分の埼玉県小川町(人口約三万四〇〇〇人)では、有機農業と周辺地域の地場産業との深いつながりが生まれている。

小川町の有機農業は、日本を代表する有機農業者である金子美登《よしのり》(霜里農場)なしには語れない(9)。町内の農家に一九四八年に生まれた金子は、農業者大学校を卒業した一九七一年以来、有機農業に取り組んできた。一九八五年ごろには、米・小麦・大豆・野菜六〇品目と、鶏・乳牛の有畜複合農業が完成し、提携する消費者約三〇軒との安定した関係がつくられていく。次に金子がめざしたのが、地場産業との連携だ。

一九八八年からは酒造会社と無農薬米で「おがわの自然酒」(日本酒)、精麦会社と無農薬小麦の「石臼挽き地粉麺」づくりに取り組み、成功を収めている。いずれも、味の評価は非常に高い。二〇〇三年からは大豆(地元に伝わる在来品種)の集団栽培が始まった。無農薬・無化学肥料で、埼玉県の特別栽培制度の認証を受けている。作付面積は一四haで、約二〇ｔを豆腐屋二軒に販売する。これらの取引価格は、いずれも慣行栽培農産物より大幅に高い。地場産業側が有機農産物の価値をきちんと評価しているからである。

それらのうちの一軒、隣接するときがわ町の豆腐工房には駐車場が三つもあり、土曜・日曜には首都圏から約一〇〇〇人が訪れ、一人平均一五〇〇円程度を買い求めるという。無農薬大豆で作った豆腐や納豆や豆乳アイスクリームは大人気なのだ。ここでは三五人が働き、小さなまちの雇用の受け皿ともなっている。

さらに、金子が暮らす集落では、農家一〇戸すべてが米・小麦・大豆を完全に無農薬で栽培するようになった。四〇年近くかけて地域は大きく変わり、日本で初めての集落皆有機農業と地産地消のモデルケースが実現したのだ。この米・小麦・大豆を作る「下里農地・水・環境保全向上対策委員会」は、二〇一〇年度の農林水産祭むらづくり部門の天皇杯を受賞した。

## まちづくりとの連携

その一方で、小川町の住民、商店街、伝統産業の和紙工房などとのつながりは、これまで深くなかった。町内で有機農産物を買える場は、日曜日の午後に郊外で開かれる小規模の直売所など数少ない。しかし、最近になって新たな動きがいくつも起きている。

まず、和紙の原料・楮《こうぞ》を町内でボランティアたちが生産し始めた。それは、数少ない国内産地である高知県の農家が高齢化で廃業し出していることを、市民グループ「三〇世紀につながる小川町づくり委員会」(二〇〇七年に結成、以下「三〇世紀委員会」という)のメンバーたちが知ったからである。和紙といっても、現在では楮の多くはタイや中国などから輸入されている。そこで、二〇〇九年に三〇世紀委員会内に「小川町楮隊」を結成。公募に応じた人たちも含めて、三カ所の畑に楮を植え、下草刈り、芽かき、上質な和紙を作るために楮の外側を削り取る作業などを行った。

次に、市民グループ「米作りから酒造りを楽しむ会」が主催するイベント。霜里農場で酒米を栽培し、酒造会社で純米酒を造り、そのラベルを手漉き和紙で作る。三〇世紀委員会の主要メンバーで、一九一三(大正二)年創業の製紙工房の五代目・久保孝正は、こう語る。

「和紙の需要が激減したいま、紙漉きだけでは食べていけません。今後は、製造・卸と小売・体験観光の三本柱だと考えています。三〇世紀委員会の活動をとおして金子さんとのおつきあいが生まれ、エコツアーも始まりました。お陰で経済効果が生まれつつあります。今後は、化学薬品を使わない紙作りなど体験の中身を工夫していきたいですね」

さらに、二〇〇四年を皮切りに、有機農産物を食材として使うレストランが四軒生まれた。手作り地ビールのブルワリーもある。有機レストランには、規格外の有機農産物の有効利用と、地域住民や観光客がくつろぎながら有機農産物の味を知るという、二つの大きな意味がある。

二〇〇九年秋には、小川町駅から歩いて二分のところに「べりカフェつばさ・游《ゆう》」がオープンした。これは、主婦や農家などが日替わりで調理を担当し、おもに野菜がメインのランチを提供するレストランだ。地元NPOの「生活工房つばさ・游」が企画・運営する。「べリ」はおしゃべりの「べり」で、地元産有機野菜を食べながらおしゃべりする、たまり場であり、情報交換の場だ。生活工房つばさ・游を主宰する高橋優子(三〇世紀委員会の代表)は「自分たちの住む町を有機的な人と人、自然と人のつながりで、自分らしく染めていきたい」と言う。

これに先立つ二〇〇九年三月からは、高橋が中心となって、金子の集落で栽培した有機ジャガイモで商店街の精肉店がコロッケを作る取り組みが始まっている。それまでは北海道産を使っていたが、せっかく地元にすぐれた素材があるのだから、加工に利用しない手はない。価格の調整や原料の供給など面倒な部分は、「農工商連携マネージメントコーディネーター」の肩書きをもつ高橋がもっぱら引き受けた。

高橋が言うように「和紙をシンボルとし、有機農業を基盤としたまちづくり」が小川町にはふさわしい。食べものの価値を理解しようとする地域住民すべてが適正な価格で入手できる公共財に有機農産物がなったとき、そこへの財政支援は人びとの共感を得られるだろう。

## 5　食農政策と自治体職員の役割

農と農業を活性化し、住民に安全な食べものを提供する食農政策は、食べる人とつながろうとする農業者と、共的セクター・市民グループと、自治体職員の協働によって、より効果をあげていく(旧八郷町と小川町では、いまのところ自治体のかかわりは希薄である。その分、農協と農民・市民活動の力が大きいということだろう)。自治の現場という観点から、自治体職員に求められる役割をまとめておきたい。

第一は、農業者と食や農に関心がある非農家市民(農の応援団)を結びつけることである。一般に、非農家市民は農家との接点が薄い。また、レストランや商店が地元産の農産物を使いたい、販売したいと思っても、どうしたらいいかわからない場合が多い。そこをつなげば、大きな意味がある。地産地消・地場産型学校給食・有機農業の先進自治体である愛媛県今治市の政策をリードしてきた職員は、次のように述べている。

「人と人をつなげば、小さな活動同士が結びつき、足し算にとどまらず、掛け算の効果を発現していく。市町村の職員は、そのためのコーディネーターであったり、接着剤役であったりするべきだ。また、小さな活動同士が結びつくだけでは不十分な資金やノウハウを提供して環境を整えていくことで、地域づくりの目的が達成される[10]」

第二は、地域を支える農家（専業も兼業も）や小さな農が成り立つための、既存の農協出荷・市場出荷とは異なるルートの開拓である。池田町はそれを先駆的に果たしてきた。さらに今後は、「まちUPいけだプロジェクト」として、農村資源を開発するための「異業種合弁企業」を起こしていこうと考えているという[11]。学校給食への地元農産物の導入、直売所づくりの支援、庭先販売マップの作成、耕したい市民のニーズの充足と農家経営を両立させる農業体験農園の開設など、さまざまな成功事例に学びたい。

第三は、継続して専門性を発揮できる体制づくりである。たとえば、日本第二の大都市・横浜市は、一般にはあまり知られていないが、農業が非常に盛んだ。農業総生産額は一〇〇億円で神奈川県内トップクラス、野菜の自給率は一八％で約六五万人分を供給している。一貫して都市農業を守り育ててきた大きな要因は、農業職という専門職の存在である。その数は約七〇人（政令指定都市でも、農業職がいない自治体も多いという）。他部局への異動は、原則としてない。熱心な職員が多く、市民活動やNPOの勉強会などに積極的に参加し、若手も育てていく。実際、全国の自治体農政でトップクラスの人材が何人もいる。その一人はこう語る。

「最大の武器は人の力。その知識は財産です。地主さんの顔まで農政マンは知ってますから。だから、新しいタイプの市民農園にしても、農家も支える耕す市民を育てる政策にしても、最先端のトレンドを取り入れながら、農家と交渉して、形にしていくことができるんです[12]」

二〇一〇年の農業センサスで顕著だったのは、副業的農家の急減（〇五年比でマイナス一八％）と、このところ増えていた自給的農家の減少だ。これは、冒頭で述べた地域の崩壊を裏付けている。数件の大規模農家だけが残っても、地域社会は維持できない。

兼業農家を元気にし（池田町）、新規就農者を育て（JAやさと）、農とまちづくりを結ぶ（池田町・小川町）。そして、農と地域を大切にしようと考えるすべての人が担い手となりうる食農政策へ転換し、自治体レベルでも国レベルでも、日本の風土と環境と人びとの食生活を守り、自給を高める農を実現していく。それこそが、鳩山由紀夫首相が二〇〇九年一〇月の所信表明演説の柱の一つとして述べた「国民のいのちと生活を守る政治」「地域の絆」「新しい公共」を達成する道である。

（1）農業所得が主で、一年間に六〇日以上自営農業に従事している六五歳未満の者がいる農家。

（2）山下惣一『農業に勝ち負けはいらない！──国民皆農のすすめ』家の光協会、二〇〇七年。
（3）福岡県の農業改良普及員として減農薬稲作を提唱し、二〇〇〇年からは自ら主宰する農と自然の研究所（二〇一〇年に解散）を拠点に、農の価値を伝える講演・執筆・運動を続けてきた宇根豊の論稿（『天地有情の農学』コモンズ、二〇〇七年、『風景は百姓仕事がつくる』築地書館、二〇一〇年など）を参照。
（4）鈴木宣弘「真の国益総合的に判断を」『日本農業新聞』二〇一〇年一一月二五日。
（5）田代洋一「浮き足立つ民主党政権にTPP協議をまかせられるか」『世界』二〇一一年一月号。
（6）池田町の取り組みについて詳しくは、大江正章「自治体発のゆうき・げんき正直農業」（宇根豊・木内孝ほか『本来農業宣言』コモンズ、二〇〇九年）参照。
（7）JAやさとの取り組みについて詳しくは、大江正章「新農民を育てる」（『月刊 自治研』二〇〇九年一〇月号）参照。
（8）米の減農薬・減化学肥料栽培を農協として広げてきたJAきたそらち（北海道）の黄倉良二・前組合長の言葉。
（9）金子を紹介したものは非常に多い。地域への広がりについては、金子美登「小利大安の世界を地域に広げる」（中島紀一・金子美登・西村和雄編著『有機農業の技術と考え方』コモンズ、二〇一〇年）参照。
（10）安井孝『地産地消と学校給食──有機農業と食育のまちづくり』コモンズ、二〇一〇年、三三ページ。同書には今治市の取り組みとその意義が詳しく述べられている。
（11）溝口淳「モノだけでなく、人・心が循環する環境のまちづくり」環境まちづくり研究会編『経済効果を生み出す環境まちづくり』ぎょうせい、二〇一〇年、六四ページ。
（12）大江正章『地域の力──食・農・まちづくり』岩波書店、一九〇ページ。横浜市の農業力と市民農園政策については、森能文「市民利用農園の取り組み──大都市ヨコハマの農業施策」（『月刊 自治研』二〇〇九年一〇月号）参照。

# 5 地方という物語——地域は社会がつくる

田村 元彦

## 1 ノスタルジーからの脱却

自らガードを固くして他人の悪意を遮断しようとする結果、空気を読みすぎて自分を失ったり、逆に自分にこだわりすぎて空気が読めなくなったりしている者が多い。その反動もあってか、安心して遠慮なく感情を表出し合える人間関係が存在する（とされる）時代や場に対する、ノスタルジックな気分に多くの人がかきたてられてもいる。

その気分は、ときに大都会ではない土地、つまり「地方」に向けられる。いま私が住んでいる九州・福岡も、「地方」でくくられよう。一方でこの地は現在、きわめて文学的なトポス（場所）となっている。この数年の間に登場し、注目された小説だけでみても、村上龍の『半島を出よ』、吉田修一の『悪人』、絲山《いとやま》秋子の『逃亡くそたわけ』があげられる。これらはいずれも、映画化が検討されているか、すでに映画化されている。だが、読めばわかるように、どの作品も従来の地方イメージを内から喰い破るものである。

私がこれらにあえて言及するのは、とくに吉田の作品に見られるように、〈人間がかかえる善意や悪意をいかに扱うか〉という問いが、地方という場のリアルな感触で、巧みに提示されているからである。善意と悪意を併せもつ「普通の人間」が、自分の人生を意味のある物語として描くことに困難を覚えつつ生活を営んでいる地方の現実は、他所から勝手に思い描かれているものであるとは限らない。そうした意味で、九州から遠く離れた北海道の架空の町を舞台とした佐藤泰志原作の映画『海炭市叙景』もまた、地方のリアルを表現し得ている作品として評価できよう[1]。

人物などの対象を同定するためには、スナップショットのような静止した像ではなく、「動き」こそが重要であるという。認知心理学によると、静止した「形」からではなく、それ自体は形をもたない「変形」から知覚するのであって、環境の「変化」のなかに埋め込まれている不変項をピックアップすることが、「見る」ということである[2]。

また、ある分子生物学者によると、浜辺につくられた砂の城が波や風を受けながらも同じ形を保っているのは、波や風で運ばれた砂粒が絶えず別の砂粒にとって代わられているからであるらしい。「つまり、ここにあるのは実体としての城ではなく、流れが作り出した『効果』としてそこにあるように見えているだけの動的な何かなのだ[3]」。

ところが、モノトーンのスナップ写真めいたノスタルジーと平然と共存している「地方」の語られ方がある。それは、シャッター商店街や限界集落など定型の切り口で地方全般の惨状を訴えつつ、(旭山動物園、あるいは映画『フラガール』のような)成功や奇跡の物語が恣意的にピックアップされ、称揚されるという、外部からのサバイバル・マインドの一方的注入だ。

「……自己や会社や自治体や大学など、社会に依存するほとんどあらゆるものが、外部への申し開きができることを条件に存在を許されているような現代の状況であった。それは、公式的には個人主義的なイデオロギーに立脚する新自由主義のもとで、個人やその他の主体はかつてなく外部の社会的な視線に浸透されているということである。同時に自己であることが不安な時代にあっては、外部からの評価を取り込むことで、ようやく自分であることが確信できるような関係が作り上げられていると見ることもできる[4]」

　また、大阪府や名古屋市などと並んで昨今の地方におけるポピュリズム的傾向の例としてあげられる鹿児島県の阿久根《あくね》市政については、市長の資質やパーソナリティーの問題に還元されて語られることが多い。だが、実際には、九州新幹線鹿児島ルートの部分開通に大きく影響された阿久根市の構造変化の問題が背景にある[5]。

　地方紙の検証記事によれば、JR鹿児島本線の八代《やつしろ》–川内《せんだい》間が二〇〇四年に鹿児島・熊本両県などが出資する肥薩おれんじ鉄道に経営分離され、阿久根市の区間は特急が廃止される一方、平均運賃も値上げされ、衰退に拍車がかかったという[6]。新幹線が停まる出水《いずみ》市や川内市と違って、「切り捨て」られた阿久根市にもたらされたのは、大きな閉塞感と、そのはけ口の嫉妬の対象として公務員や議員をバッシングする「ジェラシーの政治」(平井一臣)であった。

政治とは利益の集約である。後に切り捨てることになろうとも、まずは集約されるべき多様な声に耳を傾けなければならない。近年の大文字の政治は、こうした地方の現実をどれだけ取り込んできただろうか。その回路の多くを失い、社会の諸領域にセンサー機能が行き届いていないのではないだろうか。

## 2　可能性としての2000年

人間は、敗北や失敗によって何かしら学んで成長しようとする生き物である。ただし、勝利や成功からきちんと学ぶことはきわめてむずかしい。おそらく、過剰に学習してしまったのである。成功体験があまりに強烈であったがゆえに、その呪縛から脱することができなかったのだろう。

長く政権党であり続けた自民党が二〇〇五年の「郵政選挙」から学ぶべきだったのは、キャッチーなワンフレーズや党首力の効果ではなく、自分の足元(支持基盤)が崩れ去っているという現実であるべきだった。歴史的な敗北のなかで、かつての旧社会党や公明党という起死回生の連立カードも、あるいは希代のトリックスター小泉純一郎という劇薬も、いまの自民党には残されてはいない。今後、はたして彼らは何かを切実に(痛みを伴って)学ぶことになるのだろうか。

本来、学ぶこととは、自らが変わることを認める(肯定する)ことである。昨今では、高校での進路指導において「将来の夢＝就きたい職業」を無理にでも設定させるようだ。そうすれば、「就きたい職業」に直結する学部や学科が自動的に提示され、あとはそのメニューから自分の偏差値に見合った大学を選択すればよい。それが問題なのは、そうした振る舞いが入学後も継続し、自分の「変わらない」夢に直結するものだけに学生が関心の焦点をしぼりこんでしまうことである。

そこで前提とされているのは、〈自分が何者で、何を欲しているのか〉を完全に把握している主体というナンセンスな想定である。そうした者にとって、大学とは入力処理することができる情報にすぎず、自分が変わるという事態をまったく想定していない。就職活動をしている学生たちの多くが〈自分が何者で、何を欲しているのか〉がわからずに切実に悩んでいるように、自分（らしきもの）とは、未知なる世界を前にして、他者と出会い／出会い損ね、自分が自分でなくなってしまうリスクを冒すことでしか見出せるはずがない。

われわれもまた、あまりに学びすぎてしまっていた。冷戦体制下の高度成長期にもたらされた経験則であるが、何かを囲い込むなり自らが囲い込まれることによって利益や安全を確保できるという強固な信憑《しんぴょう》は、カジュアルに現実を変える手段としての政権交代という選択をずっと回避させ続けてきた。誰もが同じく一様な豊かさに囲い込まれることによって、それがたとえ擬似的なものであろうとも、多くの選択肢を手にしたと感じられたからである。だからこそ、「誰もが同じく一様に」というフィクションが成立しなくなってしまった現在の日本において、振り幅が激しい小選挙区制という「お膳立て」をしてもらって五回目の二〇〇九年の衆議院選挙でようやく政権交代が成し遂げられたということに、次のような感慨をいだかざるをえない。

《われわれは何と長い間、何と強く呪縛されてきたのだろう。やれやれ》

われわれがこれまで強く囚われてきたものにこそ、現在の不安は由来している。正確に述べれば、享受してきた豊かさの物理的水準が低下してしまうことではなく、「誰もが同じく一様に」ではなくなってしまうことへの不安が、二〇〇九年の選択をもたらしたといえる。とはいえ、その不安は、何か強固なもの（たとえば、強い日本、安心安全社会、親密な家族など）に再び（ノスタルジックに）自らを囲い込んでもらったり、「誰もが同じく一様な」行動をとったりすることでは解消できない。

それゆえ、二〇〇九年についてわれわれは、夏の選挙結果による政権交代と、村上春樹の新作小説『１Ｑ８４』の空前のメガヒットという二つの出来事によって記憶し、物語っていくことになるだろう。この小説のシワ寄せで他の本がまったく売れなくなった、という冗談めいた愚痴が伝わってくるほどの売れ方は、互いの戦術を模倣し合うことで似通ってしまった保守二大政党以外の選択肢がほぼ一掃されてしまった、いまの日本の現実（システムのあり方）に対応しているといえる。

情報として流通している数値の異様なまでの高さにもかかわらず、熱狂とはほど遠い語られ方がなされているのも、両者に共通の点である。そうしたなかで、この現実は本当に現実なのかを問うすべもなく、さしあたり目の前の現実を選択するしかない。

「これからこの世界で生きていくのだ、と天吾は目を閉じて思った。それがどのような成り立ちを持つ世界なのか、どのような原理のもとに動いているのか、彼にはわからない。そこでこれから何が起ころうとしているのか、予測もつかない。しかしそれでもいい。怯える必要はない。たとえ何が待ち受けていようと、彼はこの月の二つある世界を生き延び、歩むべき道を見いだしていくだろう[7]」

二つの月は誰にでも見えるわけではない。おそらく、人びとは群れたいわけでも囲われたいわけでもないはずである。厳しい現実であっても、それと向き合いつつ、あきらめることなく「別様でありえた」現実を模索し続ける個人を支えてくれる、そんな社会（人とのつながり）を回復する未来への可能性を切り開いた２００Ｑ年となるのか。それとも、他の選択肢が喪失し、閉塞をもたらした二〇〇九年なのか。

## 3　別様でありえた現実

政治とは「可能性のアート」である。ただし、それはたとえば革命や政権交代のような誰の目にもわかりやすい変化をもたらすだけではない。かつて英国のサッチャー首相が「ミセスＴＩＮＡ」と称されたように、「There is no alternative.（とりうる道はこれしかない）」と言いつのって他の（別様でありえた）可能性を閉ざしてしまうことも、まがうことなき権力の行使である。「可能性のアート」としての政治は、希望や夢をもたらすだけでなく、その作為／不作為によって希望を奪い、夢を遮断してしまうこともある。

社会学者アンソニー・ギデンズによるエレガントな定義によれば、権力とは「一連の所与の事柄に介入し、なんらかの方法でそれを変化させる」変換能力(transformative capability)である。J・R・トールキンの『指輪物語(The Lord of the Rings)』の「指輪」がそうであったように、権力は世界を変化させるだけでなく、それを手に入れた者自体をも変えてしまう魔性めいたものを秘めている。

「しかし、ようやく最近になって、一つの反省がくりかえし私の胸を過るようになった。ひょっとして教室での私は、いま生まれて初めて聖書を読もうとしている者も少なくない学生たちに向かって、あまりにも性急に、あまりにも多く、専門的研究から見えてくる聖書の面白さばかりを語ってきたのではなかろうか。少なくとも、自分自身が同じ年頃で初めて聖書を通読した時の、あの茫然自失と方向喪失を忘れていたのではないか。教室の学生たちに限らず、いま初めて聖書を自分の手に取って読もうとしている人々が感じるに違いない聖書の『読みづらさ』を、もっと丁寧に解きほぐす努力が必要なのではないか[8]」

学校空間における教育もまた、「教える／教えられる」関係という権力行使の側面がある。それゆえ、教育(education)の実践においては「いかに教えるか」よりも「いかに教えないか」が要諦となる。教える側が解釈し尽くさずにあえて余白を残すことで、教えられる側が自ら変わる可能性(自発的な「学び」)をうまく引き出す(educe)ための余地をつくるのである。

これは、教育的な営みに携わる者なら経験的に看取できるコツのようなものでもある。また、二〇世紀の全体主義の経験から学ぶことで、権力を行使する側が自己を抑制して一つの価値観で全域を覆うことを回避し（「公共性」の公共性を吟味し）、多様な価値観が共存しうる条件に配慮する立憲主義的な政治モデルとも、その形式や機序《しくみ》において重なり合っている。

われわれが生きる現実世界は、いわゆる現実主義者が主張するように「こうでしかありえなかった」と言い尽くせるものではない。「別様でありえた」現実を夢想して、その像（イメージ）を他者と取り交わすことで、自らも含めた世界の多様な相貌が浮かび上がってくる。「日本人の教師」吉田松陰や西郷隆盛、マルコムX、ネルソン・マンデラなど、歴史上の政治的人間たちがその幽閉先や獄中で紡いだ夢を想起すればよい。

たとえば、マンデラを描いた映画において、『マンデラの名もなき看守』は「世界は間違いだらけだ」と訴え、それゆえにこそ不屈の魂と寛容の精神が輝きを放つことをクリント・イーストウッドの『インビクタス』は伝えている。すぐれた政治の実践とは、自他ともに「変わりうる」可能性を秘めたこの世界への信頼に基づいている。

「別様でありえた」現実のイメージを他者に提示することが政治であるならば、文学や映画といった文化もまた（小文字の）政治の実践である。しかし、感動という着地点が設定され、徹底したマーケティングの手法で囲い込まれた鑑賞体験しか持ち合わせていない者には、文化的表現が備えているデタラメなまでの自由さは耐え難い苦痛をもたらす。

「いっしょであること」（togetherness）が何よりも優越する日本社会においては、公的な役割を果たすべきマスメディアが同調性を後押しするような役割を担う側面がある。本来の「公」（パブリック）、ひいてはこれからの「新しい公共」は、多様な「個」（パーソナル）が許され、多様性を認め合う、つまり「みんないっしょ」ではなく、人は多様であることを示していく場として機能しなければならない。

それは、建前めいたきれいごとではない。「地方の時代」映画祭で長くプロデューサーを務めた村木良彦が、「テレビジョンは異端を必要としている」と切実に問いかけていたように[9]、あるいは、「ああ誰か来てわたくしに云へ／億の巨匠が並んで生れ／しかも互いに相犯さない／明るい世界はかならず来ると」や「世界ぜんたいが幸福にならないうちは、個人の幸福もありえない」といった宮沢賢治の言葉を引いて、「でももしそういう最上の状況が生まれたとしたら、そこにはもう変化というものはないんです。つまり、天国ではもう何も起こらない」と指摘する論者がいるように[10]、「余白」（対立や葛藤）をかかえることで「変わりうる」可能性を担保しようとする構えにおいてこそ「公」（パブリック）は存立しうるし、政治は存在意義をもちうる。

「多様であるとは、……たとえば小説を読み、書くことをめぐって、多様な表現、多様な感覚、多様な形式、多様な方法を、お互いがお互いを参照しながら模索し、追求する「場」を共有することを言うのである[11]」

村上春樹が「意味がなければスイングはない」と表現したように、文学や音楽なども同様であろうが[12]、映画もまた世界の「余白」にひそむ他者を探すものである。それは他者とのコミュニケーション（社会）を前提にしている。そこにはたしかに時代や社会が映し出されてはいる。だが、素朴な社会反映論では収まらない過剰さが存在する。映し出されるものは他者からの呼びかけであり、ある者にとっては安堵や救いをもたらし、ある者にとっては不気味さや畏怖、恐怖をもたらすだろう。それは端的にこの世界への信頼に由来している。

社会問題を提起・啓蒙したり地域を活性化したりするためのツールとして（多くの場合はきわめて安易に）用いられる映画であるが、この世界で映画（意味）をつくり出すには、まず社会（他者とのコミュニケーション）がつくり出されなければならない。ところが、社会とはとらえがたいもので、社会問題として発見され、関心の対象となる客体でもあるし、その原因はやはり社会であって、解決のためには社会が主体となって取り組むことも要請される[13]。

「映画を作るのはわれわれではなく、世界が悪質な映画のようにわれわれの前に出現するのだ。……映画は世界を撮影するのではなく、この世界への信頼を、われわれの唯一の絆を撮影しなくてはならない。……世界への信頼を取り戻すこと、それこそが現代映画の力である[14]」

## 4　社会が文化をつくる

文化や政治の実践は、社会が／をつくるものである。たとえば、韓国の記録映画部門で空前の大ヒットとなり、日本でも公開されて評判を呼んだ『牛の鈴音』は、アボジ（父）の物語である。数年前に韓国で大ベストセラーとなったコーマック・マッカーシーの『ザ・ロード』の翻訳本は、「父と息子」という設定と黙示録的雰囲気から、キリスト教信者が多い韓国で「聖書に比肩する小説」

とアピールされたためと分析された。けれども、『牛の鈴音』にはそのような要素はまったく存在しない。年老いて不格好な「老人と牛」が淡々と描かれるだけである。しかし、そこに映し出されているものは、韓国の社会や映画がずっと目を向けることのなかった他者である。

長きにわたる独裁政権と民主化の闘争に彩られた激動の韓国現代史において、終始変わることなく一つの生業に従事し続け、たくさんの子どもを育て上げたアボジ。その粗にして野だが決して卑ではないたたずまいに、グローバルな新自由主義経済のもとで常に「変わること」（＝サバイバル）を強いられている観客たちは、大きく心を揺り動かされたのであろう。

さらに、「変わること」を強いられて、社会から見捨てられた人びとのトラウマと強い情動がもたらす悲劇を描いた『息もできない』の監督ヤン・イクチュンは、井土紀州との対談で次のように述べている。[15] 彼もまた「社会が映画をつくる」ことを強く自覚しているのである。

「だから、世の中って本当にありえないと思うようなことも起こりうるし、すごく些細なことが愛になっていったり、憎しみになっていったりするんじゃないかなと思います」

「私自身、世の中がおかしいならおかしくていい、自分としては逆にありがたいと思っています。そういう社会のおかげで自分は強い映画を作れるからです。ちょっと変な理屈ですけれども、社会がおかしければおかしいほど、それに対してもっともっと強い映画を作ってやろうじゃないかという気にさせられる」

もう一つ例をあげておこう。伊勢真一監督の長編ドキュメンタリー『えんとこ』は、テーマ曲の

「不屈の民」が鳴り響くなかで、遠藤滋という人物の姿が映し出される。彼はたしかに障がい者である。だが、「遠藤さんのところ」と「縁のあるところ」という二つの意味をかけ合わせた「えんとこ」に集う介助グループの若者たちとの関係は、「ケアする／ケアされる」「教える／教えられる」「強さ／弱さ」といった二分法が決して固定したものでないことを示している。

あえて字幕をつけずに、言語障がいをかかえる人が語りかける言葉を聴き続ける体験を観客に強いるこの作品は、「健常者／障がい者」の断絶やコミュニケーションの困難を体感するとともに、映画鑑賞という時間と場を分かち合うことで、しだいに遠藤さんの言葉を聴きとって、その意味が了解できるように誘う。すなわち、鑑賞の体験自体が他者とのコミュニケーション（社会）をつくる実践につながっていくのである。

こうした稀有な瞬間を与えてくれる遠藤さんこそが真の教師であると気づいたとき、遠藤さんと同様に、この世界はなんて多様で、矛盾に満ちて面白いんだろうと腑に落ちて（身体のレベルで）感じとることができる。「不屈の民」は、「頑張る障がい者」としての遠藤さんを励ますものではない。遠藤さんの存在こそが社会を支え、われわれを応援していることを告げる、エールなのである。

## 5　テクストとコンテクスト

エリ・ヴィーゼルは『死者の歌』において、「人間の中身が定められるのは、彼を不安にさせるものによってであって、彼を安心させるものによってではない」と述べている。表層的な安心を求め、それが虚偽ではなく切実であるがゆえに不安のスパイラルに陥ってしまっているわれわれは、出来合いの問題をピックアップして実効性のある解答を提示しているかのように自他にアピールし続けることに忙しく、それよりはるかに遠いところからの問いかけとして、その問い自体を受けとめることを回避しがちである。

たとえば、以下のような地方の問題についての語りにおいては、「何もない」という欠如や不足を嘆くばかりで、地域を支える主体となる人材を育てていこうとする発想、すなわち自他の関係を「変えることができる」という社会への信頼がそもそも放棄されてしまっている。それ自体に、問題の深刻さが表れていよう。

「それから、産業振興って、つまるところ人材の確保なんですよ。観光資源なんて、似たようなものはどこにでもあるので、それを磨けるかどうかは、人材の確保にかかっている。結局、いい商品があったって、売る力がある人がいないと。…(略)…佐賀はまったく逆で、とにかく優秀な人材はみんな東京に行くんで、人材が空洞化してるんですよ。どうやって人材を確保するかというのが最大の課題(16)」

自らが生きる地域について知り、それについて学ぶということは、地域を支えているさまざまな要素や脈絡(コンテクスト)に気づくことで不安がもたらされ、自らが変わる、すなわち自らが「活性化」されることである。生きる場とそこに生きる者は、常に「問い／問われる」関係にある。それに気づくための試行と錯誤、悪戦苦闘を重ねる迂回路めいた時間や場をいかに確保しうるか。それによってこそ（それによってのみ）、われわれが生きる社会の質が規定されるであろう。

市場化・産業化・金融化といった「一つの大きなベクトル」に人びとが拘束され、その枠組みのなかで物を考え、行動することが余儀なくされていた（義務としての）経済成長の物語から解放され、真の意味での各人の「創造性」が開花していく社会を構想していくためにも、[17]コミュニティや地域といったわれわれが生きる場の物語を更新していくことが要請される。「創造性」とは、自らに課せられた（宿命としての）物語のなかで発揮される自由ではなく、外部から押し付けられた物語を拒否する高次の自由の行使によってもたらされるものである。[18]

ただし、新自由主義的改革による「規制緩和・民営化せよ！」というワンフレーズのかけ声に対して、「公共空間を取り戻せ！」という身体的パフォーマンスを突きつける「ストリートの思想」（毛利嘉孝）のごとく「対決している」という幻想めいた自意識からは、真の変革（イノベーション）は生まれない。一時的な「高揚」しかもたらさない点で、両者はいわば等価である。近年の「地域主権」改革の論議もそうした危うさをはらんでいるし、[19]「地域活性化」という物語の隆盛も魅力・発信力の強要として機能している面がある。

実際、出来事そのものの渦中において、目の前で起きていること、体験していることの本当の意味を了解することはむずかしい。[20]時間が経過してから（「遅れて」、あるいは「手遅れ」になって初めて！）、その体験がもつ偶有性を必然として引き受け、自らの物語として語ろうとするときにこそ、他者と共有しうる真の経験となりうる。知識創造の視点から述べれば、他者と共有しうる物語を得るためには、「形式知」のテクスト(教科書的な実践例)を振りかざして現場をマネジメントするのではなく、(身体知に基づくため言語化が容易でない)「暗黙知」の共有を促す場のマネジメントが求められる。[21]

そのプロセスを要約的に述べておこう。イノベーションをめざすリーダーは、まず現場の「文脈(コンテクスト)」に入り込み、普通には見えない全体のイメージをつかんで、最善の目的を創出して掲げる。次に、その目的や背景を文脈はそのままにメンバーと共に体験し、経験を共有する(一つの物語へと共犯的に参加する)。その際、メンバーの個性や主観を抑え込まず、最大限に発揮させる。その結果、メンバー間で共振・共鳴・共感が起こり、「相互主観性」が生まれ、次元の異なるイノベーション(=高次の自由による新しい物語)が生まれる。これは企業経営のみならず、コミュニティづくりにおいてもたいへん参考になる知見である。

しかしながら、政治学者ロバート・パットナムがあげたソーシャル・キャピタルの三つの特徴において、実際にわれわれが意識的に実践できるのは「社会ネットワーク活動」のみであり、[22]「相互信頼」や「互酬性の規範」は実践をとおして身体化(embody)され、組織に埋め込まれていくものである。それゆえ、成功事例についてのテクストの記述の多くは、「『ソーシャル・キャピタルが高ければ、ソーシャル・キャピタルが高い』という論理的な〝堂々巡り[23]〟」、あるいは「後知恵」や「こじつけ」の説明にすぎない。社会をつくり出す「必然的な出会い」の物語のためには偶然がなければならないし、その偶然を必然とするためには物語が必要となるのである。[24]

「テクストとコンテクストの対照は、じつはわたしが大学時代に研究した韓国の民衆神学の核心部分だ。キリスト教では、つねに聖書というテクストが規範とされたが、民衆神学やラテンアメリカの解放の神学は、『現実の政治・社会状況＝コンテクスト』抜きにテクストを理解することは不可能とする立場から、テクスト至上主義を厳しく批判した。そして『頭の神学』ではなく『身体の神学』を強調したのである」(25)

テクストとコンテクストの対照は、本稿の主題である地域とのかかわりにおいても重要であり、地域はわれわれの前にテクストとして差し出されている(26)。私が指導する専門演習（西南学院大学法学部田村ゼミナール）は、二〇〇八年度から文部科学省の「質の高い大学教育推進プログラム」（教育GP）に採択された「学生主導型ゼミによる〝地域活性化人材〟の育成」という取り組みを行ってきた（二〇一〇年度まで）。

これは九州の四大学（九州大学・西南学院大学・熊本大学・鹿児島大学）が毎年一二月に合同で研修合宿を行い、九州各地の地域課題と切り結ぶ政策教育の充実をはかるものである（佐賀大学がオブザーバー参加）。二〇〇八年度は平成の大合併を検証するために鹿児島県霧島市で実施し、〇九年度は福岡県の「旧産炭地」である筑豊地方を対象とし、そして一〇年度は熊本県の川辺川ダム問題をテーマとした。あえて、九州地方の地域課題としては手垢にまみれたものばかりを選んでいる。

これらはデータや議論の蓄積が膨大なうえに、語り口が定型化しているので、各大学の学生たちが合宿の準備に相当の時間とエネルギーをかけても定型の段階を脱することがむずかしいそれは、あらかじめ覚悟していたことである。

テクストとしての地域を読み解くには、とりあえず(偶然やデタラメでもかまわないので)補助線を引いて、コンテクストを導入しなければならない。三年間の取り組みについての詳しい説明は省くが、たとえば、筑豊地方を「行政」「経済・産業」「食と農」「文化と人づくり」「炭鉱と地域」の五つのグループに分節してフィールドワークするという定型のアプローチは、以下のような試みをとおして簡単に打ち砕かれていった。

「筑豊アリラン」などで知られるミュージシャン朴保《パクポー》氏のライブ。朝鮮人強制連行の語り部として知られる裵東録《ペトンノク》氏の語り。元女坑夫たちの話を聴く行為を「その人生でもって、私の肌を洗ってもらうようなもの」だと述べる作家・森崎和江さんの話。映画監督・熊谷博子さんを招いての他の旧産炭地(大牟田＝三池)との比較。小説『軍艦島』の著者・韓水山《ハンスサン》氏を韓国から招いての講演と、その後に実施した韓神《ハンシン》大学校(韓国)の大学生との軍艦島・高島(長崎県)での合宿。

ナビゲーター(物語の記述者)によって地域の相貌がまるで異なるものとして提示されることに学生たちは驚き、自身と地域との固定した関係が揺り動かされたのである。その結果として、彼／彼女らは手持ちの材料をフルに動員して新たに物語を紡がざるをえなかった。また、彼／彼女らは、森崎さんのテーマである三池と与論島とのつながり、映像作家・青原さとし氏の『藝州《げいしゅう》かやぶき紀行』やテレビドキュメンタリスト・渡辺耕史氏の『炭坑美人〜闇を灯す女たち〜』(RKB毎日放送)によって示された広島や島根と筑豊のつながり(人や労働者の流れ)、現在まで続く炭鉱がもたらした文化の水脈などを知ることによって、地図上の筑豊地方にとどまらない視点で、自分自身を含めて俯瞰する（独自にマッピングする）体験をした。

それらは、今後の人生において何らかの地域と出会い、その偶然を必然とせざるをえない若者にとって、貴重な経験となるだろう。彼／彼女らが地域を活性化する（変える）かどうかはわからないが、地域との出会いにおいて自ら活性化する（変わる）であろうことは間違いない。

「別様でありえた」もののイメージを取り交わすことは、目の前の現実を否定して別の世界を夢想することではない。この世界において不可能とされている絆と生を慈しむことである。自らが生きる場への愛は、物語の受容をめぐるパラドキシカルな実践に支えられている。

（1）第二次世界大戦後の日本において北海道を描くことについての困難の所以については、高澤秀次『文学者たちの大逆事件と韓国併合』（平凡社、二〇一〇年）の第8章「北海道という『植民地』の発見」を参照。

（2）高橋伸夫『組織力――宿す、紡ぐ、磨く、繋ぐ』筑摩書房、二〇一〇年、八一ページ。楠木建の『ストーリーとしての競争戦略――優れた戦略の条件』（東洋経済新報社、二〇一〇年）によれば、「戦略」の本質とは、他とは違う要素をつくり出し、それを相互に関連づけて作用させる（「違いをつくって、つなげる」）ことであり、「ストーリー」（narrative story）としての戦略とは、「戦略」を構成する要素を一枚の「静止画」ではなく、ゴールに向かって動いていく「動画」にすることである（第1章）。

（3）福岡伸一『生物と無生物のあいだ』講談社、二〇〇七年、一五三ページ。

（4）森政稔『変貌する民主主義』筑摩書房、二〇〇八年、二四二ページ。

（5）山口二郎『ポピュリズムへの反撃——現代民主主義復活の条件』角川書店、二〇一〇年、一〇六～一一二ページ。
（6）『西日本新聞』二〇一〇年一一月一〇日。
（7）村上春樹『1Q84 BOOK2(7月—9月)』新潮社、二〇〇九年、五〇〇～五〇一ページ。
（8）大貫隆『聖書の読み方』岩波書店、二〇一〇年、二～三ページ。
（9）今野勉ほか『それでもテレビは終わらない』岩波書店、二〇一〇年、三ページ。
（10）堀切和雅『不適切なオトナ』講談社、二〇〇二年、五八～五九ページ。
（11）平川克美『経済成長という病——退化に生きる、我ら』講談社、二〇〇九年、九七ページ。
（12）岡田暁生『音楽の聴き方——聴く型と趣味を語る言葉』(中央公論新社、二〇〇九年)の第5章「アマチュアの権利」を参照。
（13）こうした「社会」の捉え方については、竹沢尚一郎『社会とは何か——システムからプロセスへ』中央公論新社、二〇一〇年を参照。
（14）ジル・ドゥルーズ著、宇野邦一ほか訳『シネマ２＊時間イメージ』法政大学出版局、二〇〇六年、二四〇ページ。
（15）ヤン・イクチュン×井土紀州「対談　世の中がおかしいならそれより強い映画を作ればいい」『季刊映画芸術』第四三〇号、二〇一〇年、八八～九一ページ。『息もできない』が福岡で公開された二〇一〇年四月二六日に、私が西南学院大学で担当する「マスメディア実践論」の特別講義としてヤン・イクチュン監督に講演していただいた。福岡とのつながりを述べておくと、俳優でもあるヤン氏は、友人の安藤大佑氏(福岡出身)との交流から安藤氏が初めて監督した『けつわり』(二〇〇六年)に出演し、戦時下において筑豊炭鉱から逃亡した朝鮮人坑夫を演じている。
（16）木下敏之「地方行政と自民党」『ＳＩＧＨＴ』第四〇号、二〇〇九年、七四～七五ページ。

（17）広井良典「『創造的福祉社会』の構想」『ａｔプラス　05』二〇一〇年、三六ページ。
（18）大澤真幸「八日目の神（の不在）」『大澤真幸 THINKING「０」』二〇一〇年一〇月号を参照。
（19）「地域主権」という言葉の問題点については、石川健治「国家・主権・地域——あるいは言葉の信じられない軽さについて」（『法学教室』第三六一号、二〇一〇年、一四〜一五ページ）で厳しく指摘されている。
（20）次世代型のシステムを開発・改良しようとしている論者は、同様なことを次のように述べている。「劇的な転換期のさなかにいる者は、自分が何を行っているのか知ることはできず、またそうした流れに無縁であった者は、何かが起きていることに気づくことさえできないのです。歴史は、まさにそれに対して手遅れになって初めて明確な意味を獲得します」（河本英夫『飽きる力』日本放送出版協会、二〇一〇年、七〇ページ）。
（21）以下の記述も含めて、野中郁次郎・勝見明『イノベーションの知恵』日経ＢＰ社、二〇一〇年を参照。
（22）今村晴彦・園田紫乃・金子郁容『コミュニティのちから——〝遠慮がちな〟ソーシャル・キャピタルの発見』慶應義塾大学出版会、二〇一〇年、二九一ページ。
（23）前掲（22）二九二ページ。
（24）内田樹「活字中毒患者は電子書籍で本を読むか？」池澤夏樹編『本は、これから』岩波書店、二〇一〇年、四五〜四八ページ。
（25）桂川潤『本は物である——装丁という仕事』新曜社、二〇一〇年、二一九〜二二〇ページ。
（26）こうした「テクスト」についての理解は、佐々木中『切りとれ、あの祈る手を——〈本〉と〈革命〉をめぐる五つの夜話』河出書房新社、二〇一〇年、一五四〜一五八ページを参照。

# 6 沖縄――自治の挑戦

佐藤 学

## 1 沖縄が置かれてきた構造

### 普天間《ふてんま》問題が明らかにした構造

二〇〇九年九月一六日の民主党政権発足から、二〇一〇年五月二八日の日米共同声明、そして六月八日の鳩山由紀夫首相辞任までの間、沖縄の米軍基地問題は全国的な関心を集めた。これは、一九九五年九月の米軍兵士による少女暴行事件後に沖縄で米軍基地反対運動が高まって以来の事態である。

鳩山は周知のとおり、首相就任以前の二〇〇九年七月に、沖縄で「米国海兵隊・普天間航空基地の移設先は、最低でも県外・国外」と発言した。民主党はこれをマニフェストに盛り込まないという逃げ道を確保はしていたものの、政権交代が実現すれば内閣総理大臣となる政党党首が公約したのである。それ以来、沖縄では、普天間基地の県外・国外への移設が当然のこととして期待された。しかし、結果は名護市辺野古《へのこ》への海兵隊基地建設という自公政権の政策に後戻りする日米共同声明に帰着し、鳩山は首相を辞任した。

なぜ、こうした結果になったのか。普天間に代わる海兵隊基地が沖縄に必要なのか。沖縄県内では、日本における外交・軍事政策の問題点と全国メディアの報道姿勢という観点から、多くの指摘がされてきた。

政策形成の観点からは、日本では外交・安全保障問題において、外務省と防衛省以外に代替的政策形成機構がなく、政権交代があっても、政策そのものは自民党政権と変わらないことが指摘できる。米国のように、有力民間研究所や大学などの政策形成機構によって野党が代替的政策を準備できる体制ではない。日本と同じ議院内閣制の英国でも、官僚機構は野党に対する情報提供義務を負っている。両国に比べると、民主党は著しく不利な状況で政権に就いた。

専門性が高いと見られている外交・安全保障問題では、官僚が政策の形成のみならず執行にまで主導権をもち、政権はそれに政治的正統性を付与するのみとなっている。それが、鳩山内閣がめざした政治主導による普天間基地の県外・国外移設が頓挫した政策形成過程上の背景である。

また、多くの全国メディアは、鳩山辞任に至るまで一貫して、「普天間問題が日米関係を崩壊させる。米国政府は怒っている」などのプロパガンダ攻撃を続けた。これは、他の分野における報道と同様に、全国メディアが政策担当者たる外務省と自己同一化するに至っていたためである。彼らは、米国国務省の日本担当部局や米国海兵隊という狭い自己権益の擁護に利益を見出す者を「米国政府」として報道し、日本語で取材できるそうした対象の主張のみを報道し続けた。その姿勢は、日米同盟の維持こそが唯一の国家戦略であるとする外務省に流れる思想と一体化し、日本の世論に、「辺野古への海兵隊移設は抑止力として必要であり、それ以外の選択肢は日米関係の崩壊を意味する」という宣伝を受け入れさせるに至った。

沖縄駐在の海兵隊（在沖海兵隊）が中国や北朝鮮に対する軍事的抑止力たりえないことは、自民党政権内部で安全保障政策を担当していた防衛官僚・外務官僚すら指摘している「事実」である。(1) だが、それらの言説を全国メディアはほとんど取り上げず、また民主党政権も黙殺し続けている。

## 日米安全保障条約体制と沖縄

なぜ、こうした事態に陥っているのか。それは、日米安全保障条約が憲法にすら優先する体制を第二次世界大戦後の日本が維持してきたことに起因する。一方で憲法第九条を維持し、他方で米国の軍事力に安全保障を依存する。その矛盾は、一九五一年のサンフランシスコ講和条約調印、六〇年の日米安保条約改定、六〇年代のヴェトナム戦争、七〇年の日米安保条約自動延長といった戦後日本の節目に、激しい政治運動として噴出してきた。

しかし、一九七二年の沖縄「返還」によって、日本はこうした矛盾を、物理的な距離のうえでも、歴史的・文化的な意味でも、「遠い」沖縄に隠蔽する手段を確保する。沖縄における復帰運動は、日本への「復帰」と同時に、米軍支配からの脱却をめざしたが、その期待は復帰交渉における数々の密約[2]によって、初めから裏切られる運命にあった。むしろ、沖縄返還は、一九六〇年代の復帰運動の高まりを受け、米軍基地を安定して提供し続けるための仕掛けとして実現されたと考えるべきである。

復帰後四〇年近くが過ぎ、この仕掛けは沖縄に基地を強要するための構造と化してきた。鳩山政権の試みが失敗した最大の理由は、この構造を維持する側の力が強大であることの証である。沖縄に隠蔽してきた安全保障上の矛盾を、沖縄への過重負担継続によって、さらに先送りできると考える日本社会全体の強い志向が、それを醸成させてきた。外務省・防衛省の対米追従を唯一の国家戦略とする現状維持志向が、在沖海兵隊の単なる一基地の処理にすぎない普天間問題によって、一国の首相を辞任に追い込んだのである。

憲法第九条が日本の軍事力増強を抑える役割を果たしてきたことは、否定できない。また、ソヴィエト連邦の崩壊を考えれば、米国との関係を日本が選択したことに対する批判も困難である。米軍の存在が日本の軍事的野望を抑える機能を果たし、周辺諸国にとってはむしろ安定要因となってきたとする、いわゆる「瓶の蓋」論も、あながち否定できない。

とはいえ、憲法第九条を日米安全保障条約の「下」で維持するこの体制が辻褄の合わない不都合・矛盾の沖縄への隠蔽によって維持されてきたことも、また事実である。沖縄への隠蔽は、復帰後に在日米軍基地が沖縄に集約されていく過程で、また対ソ防衛の必要性が消失するなかで、むしろ強化されてきた。鳩山政権の普天間県外・国外移設方針は、この米国追従体制を揺るがしかねないという懸念から、現状維持を強固に志向する「日米安全保障政策コミュニティ」によって潰されたのである。

鳩山には、それに抗して当初の県外・国外移設方針を貫く政治力も政策上の準備もなかった。その結果が、沖縄県内移設案への回帰を決めた日米共同声明である。最終的には沖縄に押し付ければよいという考えが鳩山にあったことも、また間違いがない。

## 隠蔽の容認としての沖縄振興開発体制

日米安全保障体制の矛盾を沖縄に集中させて隠蔽する体制を、沖縄側に受け入れさせる手段となったのが、沖縄振興開発体制、いわゆる「沖振」である。復帰にあたり、日本政府は、すなわち日本国民は、沖縄の経済的回復に責任をもつことを誓約した。「沖振」がその手段である。根拠法である沖縄振興開発特別措置法は一〇年間を期限とし、さまざまな税の減免制度を導入している。

そのもっとも重要な枠組みは、国務大臣を長官とする沖縄開発庁と、その下部機関の地方支分部局である沖縄総合事務局の設立である。[3] こうして沖縄県では、他都道府県における総合計画に代わるものとして、国が作成・監督する沖縄振興開発計画に基づく開発体制が形成された。

沖縄は第二次世界大戦末期、日本国内最大の地上戦を経験し、四二万人と推定される当時の県人口の四分の一以上が犠牲になった。戦場となった中南部は破壊し尽され、人的にも社会資本の面でも甚大な被害を被ったことを、決して忘れてはならない。

　戦後も占領体制を固定化するために米軍は琉球政府を設立し、沖縄を軍事植民地として使った。一九四五年から七二年まで二七年間続いた米軍支配下で、沖縄の社会資本整備は大きく立ち遅れる。米軍は自らが使う幹線道路や水道の整備は行ったものの、民生部門の社会資本整備には当然ながら力を入れなかった。一方で日本経済は一九六〇年代を通じて高度経済成長を遂げ、沖縄と他都道府県の経済格差はきわめて大きくなっていく。

　米国のアイゼンハウアー政権は、国務省と国防総省の合意のもとで一九五八年に、軍票からドルへの通貨切り替えを実施した。円が安い時代にドル経済下に置いたことで、沖縄の経済・産業構造は消費が過重な割合を占めていく。日本からの「輸入」品はドル建て価格が安く、県内での生産の阻害要因となった。沖縄の第一次産業と第二次産業の存立基盤が弱体化したのは、ここに大きな原因がある。米軍が意図的に基地依存経済をつくり出した結果なのだ。

　復帰後にドルから円への通貨切り替えが行われると、強いドルで日本の商品を「輸入」する優位を失い、経済は弱体化していく。この時期の沖縄振興開発計画は、国が直接責任をもち、沖縄の社会資本を整備し、産業基盤を強化するための計画として、当然必要であったと考える。一〇年期限の立法である沖縄振興開発特別措置法は、二度の延長を経て、二〇〇二年度からは「開発」抜きの「沖縄振興特別措置法」となった。現在は実質的に第四次の「沖振」期間であり、これが二〇一二年三月に終了する。

沖縄における「沖振」に対する評価は、一九九一年度に終わった第二次までは必要かつ有用であったとする見方が多い。しかし、その後の第三次・第四次に関しては評価が分かれる。批判は二つの面からされている。農業や酒造業など特定産業の租税優遇策が競争力を削ぐことになったのではないかという点と、「沖振」体制によって自治力が著しく弱体化したという点である。

## 沖縄振興体制と沖縄の自治

二〇〇一年の省庁再編で、沖縄開発庁は内閣府に属する沖縄振興局となり、内閣府特命担当大臣(沖縄及び北方対策)の下に置かれることになった。一方、地方支分部局である沖縄総合事務局は、内部部局の沖縄振興局とともに、引き続いて振興計画を実施しており、基本的な構造は変わっていない。

この体制下でも、沖縄県は自ら総合計画を策定せず、国が沖縄振興計画を策定する。振興計画に関する予算請求は、国の機関である沖縄総合事務局が一括計上して確定する仕組みである。また、国土交通省、経済産業省、農林水産省などの公共事業や産業振興の予算は、沖縄総合事務局を通じて執行される。

国が沖縄の復興と社会資本整備に直接責任をもつという目的からは、北海道開発庁に範を取ったこの体制は合理性を有する。だが、県が自ら責任をもって総合計画を立てることがなく、予算の計上と執行にも国の出先機関が責任をもつこのやり方は、典型的な二重行政であり、沖縄県と県内市町村の自治力を阻害する結果となった。

「沖振」体制では、市町村が実施する公共事業への補助率が、全国的な水準の五割を大きく超える。八〜九割という高率補助制度が維持されてきた。「沖縄の自治体首長の仕事は、自己資金の一〇倍の公共事業を行うことである」という考えが、常識である。

産業構造の弱さと公共事業の高率補助が産み出したのが、経済構造と雇用構造における土木建設業の肥大である。林業振興にまったく役立っていない林道整備、必要性の低い漁港整備、巨大な遊休地をかかえる埋め立て事業と、絵に描いたような無駄な公共事業が実施されてきた[4]。また、沖縄の農地整備事業では、赤土流出の防止を第一に考えねばならない。にもかかわらず、全国一律の標準で事業が行われてきたために、赤土の流出が深刻化した事例もある。

地方の経済が公共事業予算依存になっている状況は、もちろん沖縄だけではない。しかし、沖縄では、より強固な構造と化している。それは、一九九〇年代以降、この構造が米軍基地の受け入れを強要する道具として使われるようになってきたからである。その結果、沖縄県内でも「沖振」が米軍基地との取引・交換であるという理解が広まっている。

普天間基地の「県内移設」方針が決められた一九九六年のSACO（沖縄に関する特別行動委員会合意。九五年の少女暴行事件後に、日米両政府が沖縄の基地を安定的に運用するために決めた、普天間返還を含む諸施策）以降、SACO補助事業、SACO交付金事業、北部振興事業、米軍基地所在市町村活性化特別事業（いわゆる島田懇談会事業[5]）などの振興計画が策定される。そして、新基地受け入れ自治体と基地所在自治体への公共事業予算が集中的に投下された。

二〇〇〇年からの一〇年間に総計一〇〇〇億円の予算を使う北部振興事業は、県内で人口が少なく、経済的に弱い北部地域[6]の振興を図ることが公式には目的である。だが、現実には、辺野古新基地の建設推進を目的とするあからさまな取引材料であり、「基地と振興予算」の交換という考え方が定着していく。

島田懇談会事業は、「基地の存在による閉塞感を緩和するため」に、「市町村の経済を活性化し、なかんずく、若い世代に夢をあたえられる」、あるいは「継続的な雇用機会を創出し、経済の自立につながる」公共事業を実施するというもので、これまでに八〇〇億円以上の予算が執行されてきた。この事業も、建前は基地の存在を受け入れるための交換条件ではない。しかし、実質的には、そのような資金として受けとめられてきた。たとえば沖縄市の公共施設「コザ・ミュージックタウン」に見られるような、採算が取れない、典型的な「無駄な公共事業」が行われてきたのである。

沖縄の自治体にとっては、こうした事業予算の獲得がもっとも重要な仕事となる。それが真に役立つものであるかの吟味はされず、ひたすら公共事業依存を強める構造ができあがっていった。その究極的な姿が、二〇〇七年の米軍再編交付金制度である。それまで、建前の上では、各種補助金は基地受け入れとの交換ではないとされてきた。ところが、この制度では、米軍再編に伴う基地建設を進めるために、計画受け入れ(一〇%)、環境影響評価の着手(三〇%)、施設整備の着工(六〇%)、工事完了・運用開始(一〇〇%)という四段階での「出来高払い」で給付される。工事を進捗させれば、それに応じて交付金支給割合が増えるという、露骨な「基地と金」の取引を強いる制度である。

こうした構造に組み込まれた結果、本来、沖縄戦の被害と米軍施政下での社会資本整備の遅れを回復し、また、遠隔離島であり、市場としても小さいがゆえに受けるべき当然の財政支援までも、米軍基地受け入れとの交換であるという「常識」を、沖縄の自治体は強要されるに至った。

## 2　自治への挑戦

### 不毛な二者択一を超える

沖縄では、米軍基地の負担の軽減が経済の崩壊になるという政治宣伝が一定の影響力をもってきた。一九六〇年代の復帰運動の際にも、復帰反対側は「沖縄は芋を食べ、裸足で歩くような状況に戻る」という、いわゆる「芋はだし論」を主張した。不利な地理的条件が米軍基地の強要政策に対する抵抗力を弱めてきたことも事実である。

しかし、沖縄の経済を真に活性化するには、こうした条件を克服し、地理的位置や歴史・文化を強みに転じる構想が必要である。沖縄はアジアに開かれた窓として、人と物の交流の拠点となりうる。日本からの施しを受ける存在ではなく、発展するアジアと共に生きる日本にとって必要不可欠な存在となる可能性をもっている。

また、「沖振」体制のもとでは、「沖縄が実は米軍基地を欲している。沖縄は米軍基地がなければ生きていけない。基地反対の声は、反対給付を吊り上げるための方便にすぎない」というような見方が、日本国民の間で広まった。かつて、政治的に一定の影響力をもった沖縄戦の記憶や沖縄への贖罪意識を建前とした振興策が基地強要の手段と化していった過程は直視すべきであり、このような「心情」を無条件で肯定すべきではない。「沖縄を思う心」が、沖縄利権につながった面があることも事実である。

だが、現在、広まっている「沖縄をこれ以上甘やかすな」といった類の言説は、沖縄に米軍基地を集中させ、その矛盾を隠蔽する政策が、「それは沖縄が望むことだ」と正当化されるに至った現状を表している。当然の了解として共有されていた沖縄戦への意識は、政治の舞台から消えたと考えなければならない。

沖縄がこうした状況から脱するには、経済的自立を果たさねばならないという考えは共有されている。ただし、この「自立」が何を意味するかは、それが現実的・具体的な政策であるのか、思想的に純化した「独立論」なのかによって、大きく異なる。

沖縄には、一八七九年の琉球処分(7)までの、独立国・琉球王国としての歴史がある。長らく日中両属であった琉球王国は、必ずしも今日想定するような独立を果たしていたのではないが、沖縄にはこの記憶が根強く残っている。そのため、経済的自立が自給自足を意味するかのような考え方や、沖縄県は自らの産業振興ですべての経済活動を支え、雇用を生まねばならないという考え方に陥りがちなのだ。これは、道州制が議論された時期に、こうした意味での「自立」ができないから沖縄は単独で州を構成できないという単独州案への批判があったことからも、うかがえる。

道州制での単独州といえども、日本という国家に属するのであり、独立国家としての経済を実現しなければならない理由はない。ところが、日本の中の一地域として、どれだけの自治を実現できるかという議論が、独立の可否の議論に転じてしまう。それは、一方では沖縄が単独州を構成する大きな根拠であると同時に、沖縄において日本政府との距離を適切にとった構想を実現することの困難さを如実に示していた。

沖縄にとって必要なのは、独立国家としての「自立経済」の追求ではない。この考え方からは、「自立経済」が不可能である以上、基地を交換条件として国から金を取ってこなければならない、という発想しか生まれない。そうではなく、日本という国の中で、自分たちの判断で、自分たちにふさわしい将来への道を決める。そして、日本政府からの強圧で本来望まぬ道を選ばねばならないような構造から脱却する。それこそが沖縄の「自立」である。決して、独立と従属の両極端の、不毛な二者択一ではない。

### 米軍政下の自治の闘い

沖縄における「自治」は、日米両政府による米軍基地受け入れ強要の構造のもとで、阻害されてきた。しかし、沖縄がこれから真の自治を確立していくための拠りどころとなる過去の営みが存在していることを、忘れてはならない。

戦後の沖縄では、琉球列島米国軍政府によって一九四五年に沖縄諮詢《しじゅん》会が設立され、四六年に沖縄民政府となる。また、一九四七年には宮古、八重山に各民政府が、五〇年には沖縄、宮古、八重山、奄美に、米国軍政府布令によって各群島政府が設立された。その後、各群島政府による日本復帰要求が強まるにつれて、米国は琉球臨時中央政府を設立して、各群島政府の権限を奪っていく。最終的には一九五二年に琉球政府が設立された。沖縄県知事に相当する行政府の長は、琉球政府においては「行政主席」である。

群島政府までは、主席は公選制であったが、琉球政府では任命制とされた。しかし、一九六四年からの主席公選運動の高まりをうけて、米国は六八年に主席選挙を公選制とする。日本の都道府県知事の場合は、住民の運動によって公選制を勝ち取ったのではない。憲法改正で、公選制が実現した。沖縄の主席公選制は、米国側に返還運動を抑える意図があったとはいえ、住民の運動で勝ち取った制度である。他の知事とは重みが違うと言っても、過言ではない。まして、その運動の対象は、第二次世界大戦を実質無傷で生き残った唯一の大国である。いまでは想像もできないような困難な闘いであったことは間違いない(8)。

米国は一九五七年に、それまでの米国民政府長官に代わり、琉球列島高等弁務官という職を置いた。高等弁務官は、米国国防長官が現役の陸軍将官から任命すると定められており、沖縄を軍事植民地として支配する最高責任者である。一方で、琉球政府は、行政府、立法院に加えて民裁判所とよばれる司法機関も保持していた。最終的には米国民政府が全決定を下す権力を行使したが、琉球政府はその条件のもと、現在の都道府県を超える権限を有していたのである。

たとえば、立法院は行政主席と異なり、当初から公選制であった。米国型の三権分立により、法案提出権(条例ではなく法律)は議員のみがもつ。議員はまた不逮捕特権を有し、議事堂に個室が与えられていた。行政府は、貿易や通貨管理政策も担っていた。こうした琉球政府のあり方は、米軍施政下の厳しい条件下でも、自治という面では重要な成果をあげていたことの証であり、今後の可能性を示唆している。

## 先駆的な逆格差論

復帰前年の一九七一年、合併によって現在の名護市が誕生する。名護市は、その新市計画となった「名護市総合計画・基本構想」(一九七三年)に、その後「逆格差論」として広く知られるようになる思想を高らかに宣言した。この内容は、現在言うところの「持続可能な社会」をめざすものであり、驚くべき先進性である。外部からの資本導入による観光開発とは一線を画し、豊かな自然を生かした第一次産業中心の産業振興と、地元の風土に合ったまちづくりが謳われている。

「逆格差論」は、沖縄は日本の中で、また名護は沖縄の中で、経済的に遅れており、その格差を解消しなければならないという、開発至上型の発想ではない。名護には豊かな自然環境があり、それはむしろ日本や那覇に対する「逆格差」であるという思想だ。建築家・都市計画家の大竹康市を中心とする東京の「象設計集団」が大きな役割を担ったが、総合計画の策定過程で名護市の職員たちが重要な役割を果たしたことも、また事実である。

名護市は、この基本構想があったことで、一九七五年の沖縄国際海洋博覧会前後の投資バブルとその崩壊を避けられた。さらに注目すべきは、中堅・若手の有志職員が自主的に「名護市地域自治研究会」を結成し、一〇年以上にわたって、基本構想を実現するための活動を実施したことである。名護市地域自治研究会は、メンバーが資金を出し合って市内に部屋を確保して本拠地とし、総合計画・基本構想の読み込みから始めた。その活動は、「買い物公園」の開設で注目を集めた当時の旭川市長・五十嵐広三を招いた勉強会をはじめ、カンパによる若手職員の海外視察派遣、市民に呼びかけて実施した市内の河川浄化活動、復帰後の調査のためによく沖縄を訪れた県外研究者たちとの勉強会など、多岐にわたる。

また、名護博物館の設立準備に向けた市民による収集活動は、現在にまでつながる特筆すべき成果をもたらした。収集活動の過程で、沖縄在来種動植物の保存センター構想が生まれ、絶滅寸前であった在来種の黒豚アグーを復活させたのである。(9)

これらの活動は現在、沖縄県内でもほとんど知られていない。沖縄の自治の新しい構想をつくり出すためには、全国的にも職員参加の先駆的事例であったはずの名護市の足跡を知ることが大事な一歩となる。

最近では、南部の南風原《はえばる》町が第四次総合計画策定にあたって、二〇〇五年から公募住民による勉強会と地域調査活動を始め、〇七年の策定に至るまで、徹底した住民参加と情報共有を進めた事例があげられる。南風原町の取り組みは二〇〇八年に総務省の「地域づくり総務大臣表彰」を受け、広く知られることとなった。また、那覇市では、「NPO活動支援センター」を二〇〇〇年に設立して以来、県内のNPO活動の拠点となるとともに、早い時期から「協働型まちづくり」[10]を取り入れている。

沖縄には、自治の先進事例は県外から学ばねばならないという意識が強い。それは、「沖振」体制下で、地域の自治力が阻害されてきたという認識の広がりの反映でもある。だが、ここであげた例のように、沖縄には誇るべき自治の先駆的活動があり、現在も自治を高めるための努力が続けられている。そうした知識と経験の幅広い共有が、いま必要である。

## 3　国民国家の枠を無化する構想の困難と可能性

「沖縄は国境線を画す外海離島である」という言説が、突如として聞かれるようになった。言うまでもなく、二〇一〇年九月に起きた中国船籍漁船と日本の海上保安庁巡視船の衝突事件をきっかけとする、「尖閣諸島を守れ」というナショナリズムの高まりが理由である。また、一一月の北朝鮮(朝鮮民主主義人民共和国)による韓国大延坪《テヨンピョンド》島に対する砲撃事件以降は、「だから沖縄の海兵隊基地が必要なのだ」という類の主張が盛んになされた。

軍事的に、尖閣諸島の領有権争いに存沖海兵隊が関与することはありえない。たとえ米軍が中国との直接軍事対決を選択しても、艦船も戦闘機も持たない在沖海兵隊が尖閣諸島「防衛」にできることはないに等しい。同様に、北朝鮮による韓国攻撃に対しても、在沖海兵隊が果たす役割はほとんどない。しかし、こうした政治宣伝が行われる背景には、すでに述べたように、ひたすら米国にすがらねば不安でならない日本の世論と、それを誘導してきた外務省・防衛省の意図がある。

米国を通じてしか、世界とつきあってこなかった日本にとって、中国の台頭は未経験の事態である。一方で、冷戦期の対ソ関係とは根本的に異なり、米国には、中国との関係を経済を含めた対立構造にする意思はまったくない。

尖閣諸島問題に関して米国は、「尖閣諸島は日米安全保障条約の適用地域であるが、その領有権自体については中立である」という立場を取っている。これは、サンフランシスコ講和条約以来の政策の継続を意味する。すなわち米国は、北方領土や竹島を含めた日本周辺の「未確定」領土について、意図的に曖昧さを残して「決着」したということである。[11] 竹島問題にしても尖閣諸島問題にしても、日本の肩代わりをして当事国と軍事的対決に入るつもりは、米国にまったくない。国内政治の面でも、日中間の領土紛争にかかわることへの世論の支持の取り付けは不可能である。

とすれば、沖縄を米国に差し出すことで、米国がいつまでも日本の利益を守ってくれるとみなす日本社会の期待は、はずれることになる。米国の財政危機が、軍事予算を含む歳出削減に向かうことは、二〇一〇年の中間選挙結果からも明らかである。その際、必要性の低い海外海兵隊基地を削減し、撤退すべきであるという議論は、すでに民主・共和両党の議員から上がっている。

そのとき、日本はどのような選択をするのか。「尖閣諸島を守れ」という声は、米国が期待を裏切れば、孤立・独自核武装路線に容易に転換する可能性がある。その状況では、沖縄はナショナリズムの最前線に置かれる。仮に、中国海軍と海上自衛隊が尖閣諸島近海で対峙する事態が出現したとき、何が起きるのか。沖縄経済の一三％を占め、五％にすぎない軍関係受け取り（米国軍人・軍属による消費、日本人軍雇用者の所得、軍用地料の合計）を大きく上回る観光産業が壊滅する。一触即発の地域に、誰が観光に来るだろうか。

ところが、こうした沖縄の痛みは、東京には届かない。物理的にも心理的にも遠く離れた沖縄のことは、「他人事」ですまされるからだ。だからこそ、「国境線を画す外海離島」という言葉が頻繁に使われている。

二〇一〇年一一月二八日に行われた沖縄県知事選挙では、現職の仲井真弘多知事が、伊波洋一・前宜野湾市長を下して再選を決めた。伊波は、普天間基地をかかえる地元の市長であり、普天間・辺野古問題における活動によって「革新のエース」と目された存在である。その伊波が、「沖縄革新」の固定票と考えられる三〇万票から、まったく票を伸ばせずに、四万票弱の大差で惨敗を喫した。普天間・辺野古の問題で県民世論が明瞭に示されてきたなかで、なぜ、基地反対の「エース」が敗れ去ったのか。

一方、これに先立つ二〇一〇年一月の名護市長選挙と九月の名護市議会議員選挙では、辺野古新基地建設反対の立場を明らかにした候補者が勝利し、市議会の多数派を占めた。名護市は、基地強要のための振興予算が集中してきた当事者自治体である。一九九七年には、全国でも先駆的な事例の一つであった条例に基づく住民投票が実施され、市民は基地受け入れに明確に反対した。その後、市長が基地受け入れを表明して辞任し、次の市長選挙では受け入れに含みをもたせた候補者が勝つ。以後も基地受け入れ側に立つ市長と市議が選挙を制し、「基地と金」の交換構造がもっとも露骨に使われてきた。

しかし、二〇一〇年の二つの選挙では、市民の判断は異なった。名護市の自治が正常な姿に戻ろうとする兆しといってもよい。市民は基地と取引した金が地域を豊かにしていないという現実を認識したのである。公共事業の多くは役に立たず、維持管理費が嵩む。土木建築業ですら、倒産が相次いでいる。基地を受け入れていることで明らかな利益を得ているのは、軍用地主層と、軍用地料を受け取る地域組織[12]に加入が許されている層のみである。集中してこのような金を落とし、政治的な支持を買い取る方策は、「賄賂」と呼んでも過言ではない。

伊波の敗北は、生活実感に根差した基地撤去と新基地建設阻止の政策が必要であることを示している。それは、沖縄が軍事的対立の最前線になっては「食べていけない」ということを基盤とした、国家の枠を生活実感から超えていくような政策でもある。沖縄の自治には、常に国家が定めた枠を超える発想がなければならない。それはもはや、理念的平和主義に根差すものではありえないだろう。自らの行方を自らで決める権利を意識し、自治力を高めていき、人権と生活を守る新たな構想をつくり出していかねばならない。それが、国家間対立を避ける平和構想を生み出す契機となるはずである。

普天間基地の県外移転を主張して再選を勝ち取った仲井真知事が、こうした新たな構想につながる政策を打ち出していかなければ、沖縄はこれからも、日米安保の矛盾を隠蔽する場に留め置かれる。国家間対立の最前線にさせられるための振興策と基地の交換を受け入れれば、沖縄は恒久的に隷属的な地位に置かれ、その結果、自治の将来は潰える。第四次「沖振」が終わり、それに代わる構想が必要ないま、そして普天間問題の「決着」が不本意な形でつけられかねないいまは、沖縄にとって歴史の岐路である。

（1）二〇〇四年から〇九年まで内閣官房副長官補（安全保障担当）であった防衛官僚・柳澤協二は、二〇一〇年一月二八日の朝日新聞オピニオン欄で「海兵隊の抑止力とは何かを検証せよ」と述べ、その後も公に、抑止力としての海兵隊の存在に疑義を呈している。また、二〇一〇年一〇月に出版された『抑止力を問う――元政府高官と防衛スペシャリスト達の対話』（かもがわ出版）では、防衛省防衛研究所に連なる安全保障専門家六人との対話のなかで、「沖縄の海兵隊基地は、米国との政治的結束を示す象徴としての意味はあるが、軍事的に抑止力を構成していることは証明できない」と発言。六人のうち五人までがこの見解に同意した。元・防衛大学校教授、元・外務省国際情報局長・孫崎享も、同様の議論を展開している。

（2）本来、米国政府が負担すべき返還米軍基地の原状回復費用四〇〇万ドルや、米軍の通信施設ＶＯＡ（ボイス・オブ・アメリカ）の移転費用一六〇〇万ドルを日本が負担することが、秘密のうちに合意された。また、米軍による有事における沖縄への核兵器持ち込みを、一九六九年の秘密協定で認めた。

（3）省庁の地方における事務を行う地方出先機関。現在は内閣府の下に位置する。

（4）北部の山原《やんばる》地域には広域基幹林道が建設されてきたが、林業生産は微々たるものであり、林道建設そのものが目的化している。係争中の「やんばる林道訴訟」では、費用対効果を算出する基礎データ自体が存在しない事業さえあることが判明している。また、泡瀬《あわせ》干潟の埋め立てが問題化している中城湾《なかぐすく》（沖縄市）には、すでに埋め立てが行われた中城湾港新港地区がある。その第三期工事分（特別自由貿易地域指定）は、利用が進んでいない。

（5）島田晴雄・慶應大学教授（当時）が座長であったために、「島田懇談会」「島懇事業」という俗称が定着した。

（6）北部振興協議会には、名護市、東《ひがし》村、国頭《くにがみ》村、大宜味《おおぎみ》村、今帰仁《なきじん》村、本部《もとぶ》町、宜野座《ぎのざ》村、金武《きん》町、恩《おん》納《な》村といった沖縄島北部の自治体と、伊江《いえ》村、伊是名《いぜな》村、伊平屋《いへや》村の島嶼自治体が加入している。

（7）一八七二年の琉球王国廃止、琉球藩設置から、七九年の沖縄県設置に至る過程。

（8）二〇一〇年一二月二二日に公開された日本の外交文書で、一九六八年の主席選挙に際して日米政府が「親米」候補者・西銘順治を支援する工作をしていたことが明らかになった。しかし、当選したのは革新の屋良朝苗である（『沖縄タイムス』『琉球新報』二〇一〇年一二月二三日、参照）。

（9）ひらがな表記の「あぐー」は、JAおきなわが登録した商標で、原種アグーと外来種を交配した豚。純粋な原種ではない。山本大五郎「『アグー』と『あぐー』の不思議——ホンモノの琉球在来豚を守る」天空企画編『ウチナー・パワー——沖縄回帰と再生』コモンズ、二〇一〇年、参照。

（10）一九九八年の第三次総合計画策定過程で、市民と行政の協働による「地区ビジョン」を提案する方式をとった。ただし、十分に進展したわけではない。

（11）原貴美恵『サンフランシスコ平和条約の盲点——アジア太平洋地域の冷戦と「戦後未解決」の諸問題』渓水社、二〇〇五年。

（12）沖縄では、軍用地を所有し、軍用地料を受け取る自治会・町内会が多い。通常、そこには住民が自動的には加入できず、土地を所有する住民のみを会員として認める。また、男性に限るという条件がある場合も多く、「金武町杣山訴訟」がそうした実態を明らかにしている。これらの自治会では、年収が億単位のところも多い。県内自治会の状況については、沖縄自治研究会『地域自治組織の現状と課題』二〇〇九年、参照。

**【参考文献】**


新崎盛暉『沖縄戦後史（新版）』岩波書店、二〇〇五年。

新崎盛暉・比嘉政夫・家中茂編『地域の自立　シマの力（下）――沖縄から何を見るか　沖縄に何を見るか』コモンズ、二〇〇六年。

我部政明『沖縄返還とは何だったのか――日米戦後交渉史の中で』日本放送出版協会、二〇〇〇年。

来間泰男『沖縄経済の幻想と現実』日本経済評論社、一九九八年。

宮里政玄『日米関係と沖縄　一九四五―一九七二』岩波書店、二〇〇〇年。

豊下楢彦編『安保条約の論理――その生成と展開』柏書房、一九九九年。

宮本憲一・佐々木雅幸編『沖縄――二一世紀への挑戦』岩波書店、二〇〇〇年。

宮本憲一・川瀬光義編『沖縄論――平和・環境・自治の島へ』岩波書店、二〇一〇年。

屋良朝博『砂上の同盟――米軍再編が明かすウソ』沖縄タイムス社、二〇〇九年。

# 第Ⅱ部——自治の現場、自治体の現場

# 1　公共を担う官民パートナーシップ

寄本 勝美

## 1　民が担う公共

官が「公共」を支配し、官の都合のよいように民を利用する時代は、終わった。これからの官僚に求められるのは、「官僚もまた民である」という視点である。官僚は公務員であると同時に、市民としての感覚と意識をもたなければならない。企業には「企業市民」たることが期待されるように、公務員は「公務員市民」であることが望まれる。市民サイドの提案を自分も市民の一人として受けとめながら、それを公務につないでいくことが、彼らには求められよう。このような市民性にあふれた公務員は、私たちと脈の通い合った、そして頼もしい公務の担い手となるはずである。

私たちの生活を取り巻くさまざまな問題は、公共の問題として捉えるべきものである。たとえば、ごみ問題はその最たるものだ。ごみ減量やリサイクルを個人や家庭に求めるのはよいが、つくりっぱなし、売りっぱなしの仕組みのもとでは、自助努力には大きな限界がある。自助をいうのなら、それにこたえ、それを可能にするような公共政策がなければならない。一九八〇年代以降の行政改革の動きは、市民や民間セクターの私的な努力を強調するあまり、市民の生活を公共の問題として理解する視点に欠けていたのではなかろうか。

この場合、公共とは、イコール官、すなわち行政をいうのではない。行政は公共のなかできわめて重要な領域を占めるものの、公共即行政というわけではない。公共は官のみならず民、すなわち市民や民間企業によっても築かれ、支えられるべきものだ。

公共には、官が担う公共（パブリック・パブリック）と、民が担う公共（プライベート・パブリック）がある。後者は、公共であっても官の関与をできるだけ排除しようとする点で、私的公共性と表現できる。日本ではこうした私的公共性に対する認識度が、官はもちろん、市民や企業の間でも低い。公共ないし公共の問題といえば官に直結しがちで、「もう一つの公共」、すなわち私的公共性の領域が顧みられることは少なかった。

民は官に対してさまざまな要求をしたり、ときには官の政策形成に参加する機会をもってきたりしたが、公共の一部を担うという主体者意識が希薄だった。多くの場合、企業は官に対し圧力団体であったものの、企業自らが公共政策をつくり出し、それを支えようとする動きは、活発であったとはいえない。このことが、一方で官の統治者意識を肥大させ、おごりを招いたのである。

一方、官は近年、行政の活動やサービスの肥大化と財政破綻を恐れ、民による自助や互助、民活の推進を掲げてきた。しかし、官が民の活動の特性をどれだけ尊重し、民による公共的な活動にどれだけ真の期待を寄せてきたかとなると、疑問が残る。民の活動に対する不要な許認可などの公的規制は依然として少なくない。第三セクターの事業体や外郭団体は、形は民間法人でも、実質は官の出店か出張所にとどまっている例が多い。また、民間の非営利団体の公益活動に対する税制面の配慮に欠けるなどの問題もある。

ただし、だからと言って、官が担う公共性、つまり公的公共性の領域を単に縮小すればよいというわけではない。官は、民の活動を妨げている制度や慣行などを改めていくとともに、他方では民の活動を支援し、さらに政府や自治体の機能の拡充が求められている問題に関しては、むしろ積極行政を展開していってよいはずである。環境保全や高齢化社会への対応は、その最たる分野であろう。

初めに述べたように、市民生活をめぐる問題は、まず公共の問題として受けとめていかなければならない。その公共を民と官はいかに受けとめ、どのように役割や責務を分担し、組み合わせていけばよいのであろうか。この図式を問題ごとに具体的に築くのが、これからの公共政策にほかならない。それゆえ、公共は官のみならず民によっても担われるべきものであり、公共政策は民の主体的な参加と官との協力によってつくられるべきものである。

官僚が「公務員市民」になるとき、ごみ問題の例で言えば、つくりっぱなし、売りっぱなしの仕組みを変える公共政策に立ち向かうとき、官はこれまでの「お上」とは異なる存在として市民に受け入れられるだろう。

## 2　「初めに民ありき」の国に学ぶ

私は家族とともに一九八三年から一年半、アメリカのペンシルベニア州ピッツバーグ市に滞在した。ピッツパーク大学でピッツバーグ市政を研究するためである。そこで私が非常に興味を覚えるようになったテーマの一つは、公共という言葉の意味をめぐる日米の違いであった。

ピッツバーグ市では市民団体や企業などの公共的な活動が日本よりも多様性に富んでいて、規模も大きく、かつ活発である。それらを見るなかで、公共と民すなわち市民や民間企業との関係も日米の間には大きな違いがあるのではないかと認識するようになった。換言すれば、同じように公共とか公私のパートナーシップといっても、歴史や文化の相違からくる言葉の意味や響きの違いがあるのではないか、と思うようになったのである。

それ以来、私はアメリカ人と話すとき、常にこうした問題意識をもって臨んだ。その結果、ピッツバーグ市なかんずくアメリカ人にとっての公共と民との関係は、次のように理解できるのではないかと思うようになった。

四〇〇年ほど前、数人のイギリス人入植者が初めてピッツバーグにたどり着いて定住を始めたとき、そこには官も公共性もまったくといってよいほど存在していない。もちろん、形式的にはイギリスの国王とペンシルベニア植民地政府が彼らの統治者、すなわち官であり、その官がつくった法や命令は存在する。だが、入植者たちにとって、それらはほとんど無きに等しいものだった。というのは、自分の身の安全を守るのは自分自身であり、子どもに算数や国語を教えるのも自分たちでしかなかったからである。

しかし、その後入植者が増えて、家が建ち始めると、彼らは共通の問題をかかえる。身の安全を家族だけの力で守ったり、子どもに算数や国語を両親が教えたりするのが無理になっていったのである。そこで、人びとが集まって話し合い、資金を出し合って腕利きの保安官を雇おうとか、算数や国語の先生を招こう、と考えた。こうして、入植者にとって共通の問題が生まれるにしたがって、公共性が芽ばえていく。ただし、この公共性はまだ私的な公共性にとどまっていて、官ではなかった。というのは、この段階では彼らはまだ村ないし町という自治体をもっておらず、共通の問題を資金を出し合って対処するという、私的な対応にとどまっていたからである。

その後、人口がさらに増えて集落が形成されると、いよいよ村をつくろうということになった。村がつくられて初めて、官ないし行政が登場する。とはいえ、私的な公共性のうちごく一部の仕事が行政に移るにすぎなかった。それは、公共性のなかのより公共性の強いもの、いわば公的公共性の特徴を帯び始めたものである。治安や教育が、その例であった。

歴史的にみると、米国では私がまずあって、公共は私の後に現れたにすぎない。その公共性は、公的公共性すなわち官が現れる前に、まず私的な公共性があった。その意味で官は、私と私的公共性の限界を補うものでしかなかったのである。

ひるがえって、日本ではどうであろうか。日本では古代国家の成立以来、官が民を支配してきた。私が存在できたのは、官を脅かさない、官の支配が及ばない、あるいは官にとっては興味がない限度内か、民に委ねておいたほうが官の負担が軽くてすむような活動のみである。ちなみに福沢諭吉は、『学問のすゝめ』で、官による民の支配について次のように述べている。

「青年の書生僅に数巻の書を読めば乃《すなわ》ち官途に志し、有志の町人僅に数百の元金《もときん》あれば乃ち官の名を仮《か》りて商売を行わんとし、学校も官許なり、説教も官許なり、牧牛も官許、養蚕も官許、凡《およ》そ民間の事業、十に七、八は官の関せざるものなし。これをもって世の人心益々その風《ふう》に靡《なび》き、官を慕い官を頼み、官を恐れ官に諂《へつら》い……」

また、福沢はこうも述べている。「日本にはただ政府ありて未だ国民あらずと言うも可なり」。アメリカでも今日では、政府部門の活動領域は飛躍的に拡大したが、「初めに民ありき」の伝統や文化は根強く生きている。このことは、さまざまな市民組織や民間団体が福祉、生活環境、まちづくり、文化、レクリエーションなどの分野で多様で活発な活動を行っていることにもよく現れている。また、官尊民卑の風土は皆無に等しい。公共が官によって支配され、独占されてきたのでもなく、官に対する民の従属心や依存心が目についてきているわけでもない。

日本でも最近、新しい公共を築くとともに、官と民のパートナーシップや協力、さらには両者の協働の必要性が指摘されている。それが実を結ぶには、「初めに民ありき」の国から学ぶべきところが大きいと思われる。

## 3　役割相乗型の社会と公共部門の使命

このように民の役割と活動を重視したうえで、公共セクターと民間セクターの役割、市民と企業と行政の役割を適切に組み合わせていかなければならない。それによって得られる効果をできるだけ大きくしていくことが、私が提唱してきた役割相乗型の社会システムである。それを実現していくために、公共部門は何を求められているだろうか。

第一に、こうした考え方が市民自身のものになり、市民の生活や活動を支える精神的な糧になるためには、行政の公正性と公共性を徹底させる必要がある。効率や能率の強調は、市民の福祉にプラスの効果が約束されることが前提である。行政の守備範囲や優先順位は、一般住民の生活の側に立って設定されなければならない。

第二に、個々人の主義主張や価値観の相違を越えて、次の三点の合意が得られなければならない。

（1）公共部門の大きな使命は、公私の活動によって生ずる環境への負荷を抑制するために必要な規制措置を効果的に講ずることである。

（2）公共部門の役割は、主として以下の点にある。

①社会的に弱い立場にある人びとの生存や生活の条件を最優先に改善する。

②働く意欲や生きがいを高める。

③社会的不公正や不平等をなくす。

（3）公共部門の具体的な事務事業の内容は、（2）の役割を追求するうえで、私的部門に比べて、公正性、民主性、効率性という社会的価値の面で公共部門に配分されるほうが適切であり、有益なものとなる。そのために、住民の要求の単純な請負い行政も公共部門万能論も排し、問題ごとに関係各者の役割の相乗効果を大きくする仕組みを築いていく。

こうした役割の組み合わせによる社会的対応は、近隣社会から国家レベル、ひいては国際レベルまで可能となるが、その中核は基礎的自治体としての市町村である。役割の相乗効果を高めるためには、既存の集権とタテ割の統治構造を打破し、分権と参加のもとで個別問題ごとに地域の事情を反映したヨコ割の総合的な行政が必須の条件となるだろう。

# 2 災害ボランティアから見る新しい公共のかたち

山本　耕平

## 1　災害とボランティア

日本は災害大国といわれる。一九九五年一月の阪神・淡路大震災(以下「阪神大震災」という)以降も、鳥取県西部地震(二〇〇〇年一〇月)、新潟県中越地震(二〇〇四年一〇月)、能登半島地震(二〇〇七年三月)、新潟県中越沖地震(二〇〇七年七月)、岩手・宮城内陸地震(二〇〇八年六月)など、大きな被害をもたらした地震が頻発している。阪神大震災の二年前には、北海道の奥尻島を中心に津波などによって二〇〇名以上の死者を出した、北海道南西沖地震(一九九三年七月)が起きた。このほか、台風や豪雨による災害は毎年頻発しており、死者や住宅の倒壊、浸水など多くの被害をもたらしている。

阪神大震災では多くのボランティアが活躍し、「ボランティア元年」といわれた。兵庫県の推計によると、震災直後の一カ月間における一般ボランティアの人数は一日平均二万人、震災一年後ま

での累計ではのべ一三七万人である。(1)

阪神大震災以前に、災害ボランティア活動がなかったわけではない。北海道南西沖地震では、奥尻町や江差町などで、赤十字、宗教団体、大学生、企業・労働組合などの組織的な活動を含めて、のべ約九〇〇〇人のボランティアが活動した。(2) 被災地への救援物資や義援金の寄付を含めた人びとの善意による活動は、もっと前からあった。

にもかかわらず、なぜ、阪神大震災が起きた一九九五年が「ボランティア元年」と呼ばれるのだろうか。それは、人数の多さだけではなく、ボランティア活動が被災地の支援に大きな役割を果たしたため、市民活動・ボランティア活動の重要性が国民に広く認識されるようになり、一九九八年のNPO法（特定非営利活動促進法）制定のきっかけとなったためである。

阪神大震災の二年後の一九九七年一月には、日本海（島根県の隠岐島沖）でロシア船籍タンカー「ナホトカ号」が沈没。積み荷の重油が流出して、被害は島根県から石川県にかけての広い範囲に及んだ。このとき船首部が漂着し、座礁した福井県三国町（現・坂井市）などには、のべ二七万人以上のボランティアがかけつけ、海岸に漂着した重油の回収活動を行った。

三国町では、個人で参加した約二万人のボランティアのうち三〇〇〇人が大学生、またグループ・団体で参加した約一〇〇〇団体のうち民間企業が一七四を占めた。この事故は、大学や企業にボランティア活動が定着する契機となったといってよい。

ところで、災害ボランティアというと、ガレキを片付けたり避難所で物資を運んだり、汗を流す作業をイメージしがちだ。しかし、現在ではこうした一時的な救援活動にとどまらず、復興段階の被災者への支援や、予想される災害の被害を軽減（減災）するための日常的な予防まで、活動の幅は広がっている。

阪神大震災では、仮設住宅や復興住宅で高齢者の孤独死が問題となった。これを契機として、災害で家族を失った人びとに対する心のケアや高齢者の見守り活動など、救援活動収束後の支援の必要性が認識されるようになる。新潟県中越地震では阪神大震災の教訓を受けて、復興支援のために災害ボランティアセンターを母体とする「中越復興市民会議」が設立され、現在も活動を続けている。復興支援活動は時間的に長期にわたるため、こうした持続的な活動体制の構築が課題である。

災害が起きたときには、初動時の対応がきわめて重要である。そこで、各地のボランティア組織がネットワークをつくり、お互いに顔の見える関係をつくっておこうとする動きが広がっている。一般市民に対する防災教育やボランティアリーダーの育成など、ボランティア団体の役割はきわめて大きい。巨大地震が予想される首都圏や東海地方では、災害ボランティアが集まって合同の防災訓練を行っている。

また、福祉、医療、建築などの専門家によるボランティア活動、企業が社会貢献活動として組織的に行うボランティア活動など、災害ボランティア活動の裾野は広い。阪神大震災では、多くの大学生がボランティア活動に参加した。この経験から、ボランティアセンターを設置して日常的なボランティア活動を推進するとともに、災害時に学生を募集・派遣する仕組みを整えている大学もあ

表1　おもな災害ボランティア活動

| | |
|---|---|
| 1993年7月 | 北海道南西沖地震(9,000人) |
| 1995年1月 | 阪神・淡路大震災(1,377,300人) |
| 1997年1月 | ナホトカ号海難・流出油災害(274,600人) |
| 2000年3月 | 北海道有珠山噴火災害(9,300人) |
| 9月 | 秋雨前線豪雨災害(東海豪雨)(19,600人) |
| 2001年9月 | 高知県南西部豪雨災害(11,500人) |
| 2004年7月 | 福井豪雨(60,200人)、新潟・福島豪雨(45,200人) |
| 9月 | 台風第21号及び台風第22号(11.900人) |
| 10月 | 台風第23号(44,500人)、新潟県中越地震(95,000人) |
| 2006年7月 | 梅雨前線による豪雨(21,000人) |
| 2007年3月 | 能登半島地震(15,300人) |
| 7月 | 新潟県中越沖地震(28,300人) |
| 2009年7月 | 中国・九州北部豪雨(9,700人) |
| 8月 | 台風第9号(22,700人) |

(注)カッコ内は被災者数。
(出典)内閣府パンフレット「地域の『受援力』を高めるに」(2010年)より抜粋。

る。

こうした裾野の広がりと、災害ボランティアの経験者が増え、社会全体としてボランティアへの参加意識が高まってきたことが、新しい公共が提起された背景にある。おもな災害ボランティア活動を表1にまとめた。

## 2　阪神大震災の経験

阪神大震災は、一月一七日の午前五時四六分に起きた。震源地は淡路島。対岸の神戸、西宮、宝塚など阪神間の都市を中心に、甚大な被害を与えた。死者六四三四人、負傷者四万三七九二人、住宅の被害は全壊が一〇万四九〇六棟、半壊が一四万四二七四棟。多数のビルがつぶれ、高速道路までが倒壊した。

地震の発生直後は、被害が大きすぎて消防もレスキューもごく一部しか対応できず、ガレキの下敷きになった人たちを救出したのは隣近所の人たちであった。たとえば、古い住宅や町工場などが密集する地域が多い長田区《ながた》では、火事で地域ごと焼失したところもあるが、住民と従業員が連携して火事を消し止め、約五〇戸の焼失にとどめた真野《まの》地区（約二四〇〇世帯）のような例もある。

真野地区は古い木造の長屋建て住宅などが密集している住工混在地域で、公害反対運動から始まって、長くまちづくりに取り組んできた。日頃からの住民同士の助け合いや連携の土壌が、被害を最小限に食い止めたといえる。ここで長年にわたってまちづくりコンサルタントとして活動してきた宮西悠司氏は、こう述べている(4)。

「震災がおきて火事がおきたときに、自分たちでそれに立ち向かえるような地域の力がつくられているかどうかが、被害の差を決定的なものにします」

阪神大震災であらためて役割の大きさが認識されたのは、自治会などの地域コミュニティだ。被災直後の救護活動や避難所運営においてもっとも重要な役割を果たしたのは、自治会や町内会であった。避難所は仮設住宅が整備されるまで、場合によっては数カ月間、被災者同士が起居を共にする場所であり、自治会や町内会が実質的に運営や秩序維持にあたった(5)。以下に、震災の約二カ月半後に神戸市の各区役所の担当者やボランティア団体のヒアリング内容をとりまとめた「協働のまちづくり推進方策調査報告書(6)」から、震災直後の状況をみてみよう。

まず自治会に関しては、神戸市では当時の加入率はそれほど高くなく、もっとも被害が大きかった東灘区では六割程度だったとされる。自治会の力の弱い地域や自治会リーダーが被災して不在の地域では、ふだん地域活動に参加しない若い層がリーダーとして活躍した場合も多い。

「避難所も当初の混乱が収まると自治組織が生まれ、ボランティアの支援を受けながら自律的な運営が行われるようになった。地域リーダー不在のところでは、若い人たちが立ち上がり、避難者をまとめ避難所の秩序をつくった」

ある区の職員は、その過程を「新しく躍動するコミュニティ誕生の萌芽と受け止め、復興への意を強くした」と述べている。

地域の復興とは、住宅の建て替えだけではなく、人と人とのつながりの回復であり、コミュニティの再生が何よりも大事である。震災前からコミュニティ活動が活発な地域では、ただちにまちづくり協議会を結成するなど、復興に向けた活動の開始も早かった。一方、住民が仮設住宅に転居するなど地域外に出て、コミュニティの力が弱くなってしまったところもある。

こうした教訓をふまえ、都市計画やまちづくり分野では、仮設住宅では被災者がコミュニティごとに一括して入居できるようにする（地域一括原則）ことや、復興まちづくりに向けての調整や合意形成を行いやすくするためにできるだけ被災地に近い場所にまとまって住む（被災地近接原則）ことが大切であるという考え方が、一般的になってきている。新潟県中越地震の復興では、こうした考えに基づいて、集落ごとに同じ仮設住宅に入れるように配慮した。

次に、行政の動きはどうだったか。長田区では職員二一〇人のうち震災当日に出務できたのは約七〇人、東灘区では職員二〇八人のうち午前中に出務できたのはわずか二〇人で、夕方になっても五〇人程度だった。他の区役所でも、職員は三分の一程度しか出務できなかったという。電話連絡網も寸断されたため、各区役所とも本庁との連絡がほとんどとれず、事態が把握できないなかで、水や食料を確保し、被災者の安全を守らなければならなかったのである。

このような行政機能の停滞を補ったのが、ボランティアの活動だ。ボランティアをする側・受け入れる側の双方に経験がなかったため、両者間に混乱がなかったわけではないが、救援物資の配布、高齢者や障害者などに対するケア、避難所運営の支援など、「行政の対応できない部分をきめ細かくフォローしてくれるような関係」が生まれた。

## 3　災害ボランティア活動の現状

阪神大震災では、被災者のニーズを把握し、個々のボランティアに仕事を采配するコーディネーター不足が反省点として指摘された。ボランティア団体の間を調整したり、行政との折衝をしたり、活動全体をマネジメントする役割を誰が担うのかがはっきりしていなかったために、ボランティアと行政の間に無用の軋轢を招いたこともあった。ボランティアには、労力提供から専門技能の提供までさまざまな形がある。ボランティア側からも、こうした多様なボランティアの能力を総合するマネジメント機能の不足が指摘された。(7)

表2　災害ボランティアセンターの設置状況

| 年度 | おもな災害 | 設置数 |
|---|---|---|
| 2004 | 新潟県中越地震、7.18 福井豪雨など | 86 |
| 2005 | 福岡西方沖地震、台風 14 号による四国、九州地域の水害など | 21 |
| 2006 | 長野県、鹿児島県などの豪雨災害、沖縄本島の土砂災害など | 23 |
| 2007 | 能登半島地震、新潟県中越沖地震 | 14 |
| 2008 | 岩手・宮城内陸地震、富山、金沢などの風水害 | 8 |
| 2009 | 兵庫県佐用町、山口県佐波川などの風水害 | 12 |

(出典)内閣府データより作成。

ナホトカ号の重油流出事故では阪神大震災の教訓をふまえて、三国町をはじめ福井県の沿岸一二市町村や富山県、石川県、京都府など、ボランティアを受け入れた多くの自治体で災害ボランティアセンターが開設され、活動のマネジメントを行った。その後は、大きな災害が起きれば現地にボランティアセンターが開設され、全国にボランティア関連情報(募集や支援ニーズなど)を発信したり、ボランティアや支援物資の受け入れ、活動のコーディネートを行う仕組みが整っていく(表2)。ボランティア活動経験者を対象に、ボランティアセンターの運営やコーディネーターの役割を担う人材を育成する講座も開かれるようになっている。

二〇〇四年一〇月に長岡市や小千谷《おじや》市で大きな被害を出した新潟県中越地震では、一四市町村に災害ボランティアセンターが設けられた。さらに、過去の災害の経験をふまえて、長岡市に「災害救援ボランティア本部中越センター」が設置される。これは、各地の災害ボランティアセンターとの連絡調整、新潟県外からの支援への対応、専門的なNPOとの連携、情報収集・発信などを含め、災害ボランティア活動のマネジメント役を担う組織である。

復旧段階から復興段階に入ると、応急救援を目的としてきた災害ボランティアセンター閉鎖後の「復興の支援を目的とした中間支援組織」として、この本部中越センターが母体となって二〇〇五年五月に前述の「中越復興市民会議」が発足した。市民会議は、復興後のまちづくりやコミュニティづくりの支援、中越地震の経験の記録と発信、行政と市民とのパートナーシップづくりの支援など、幅広い活動を継続している。(8)

災害が起きたときに、すみやかに災害ボランティアセンターの設置を判断し、適切な対応がとれるように、地域の団体やNPOが協力・連携して防災活動に取り組む事例も増えてきた。近年、台風や集中豪雨などによる災害が頻発し、災害ボランティアの必要性が高まっていることが、その背景にある。

京都府と京都市では、防災関係のNPOや災害ボランティア団体、まちづくり団体、社会福祉協議会など多様な団体と行政が協働で、それぞれ常設の災害ボランティアセンターを設置した。日常的には災害ボランティア活動の啓発やボランティアコーディネーターの人材育成、防災訓練への参加、関係団体との連携、ネットワークづくりなどを行い、災害が発生した場合は個々のボランティアセンターの支援や総合調整を行う。

災害ボランティアの全国的なネットワーク形成も進みつつある。ナホトカ号の重油流出事故後にネットワークづくりの必要性が認識され、「震災がつなぐ全国ネットワーク」(震つな)が発足した。

震つなは二二団体で構成され[9]、ボランティア活動のさまざまな知見の共有と協働が目的である。
また、静岡県ボランティア本部が中心となって、東海地震に備えた広域図上訓練が行われており、二〇〇九年度は全国から約一二〇団体が参加した。こうした実績をもとに、二〇一〇年九月の政府総合防災訓練に初めてボランティアが参加するなど、ネットワークの広がりとともに、政府・行政との連携や協力の機会が拡大している。

政府（内閣府防災担当）は、二〇〇五年三月から「防災ボランティア活動検討会」を年二回程度開催してきた。検討会には、全国から経験豊富なボランティアやＮＰＯ関係者が集まり、政府関係者や学識経験者を交えて、ボランティア活動に関する情報やノウハウを共有し、ボランティアが活動しやすい環境づくりを話し合う。その成果のひとつが、これまでの災害経験に基づく情報をとりまとめた「防災ボランティアの情報・ヒント集[10]」で、内閣府のホームページで閲覧できる。

この検討会は審議会や委員会のような形式ではなく、行政とボランティアがそれぞれ災害ボランティア活動に関して直面する課題を出し合って、解決策や対応策を話し合う形式である。政府と主要な災害ボランティア組織の人間がお互いに顔の見える関係をつくるためのラウンドテーブルとしての役割があり、関係者間のネットワーク形成や災害時に協働できる環境づくりに大きな役割を果たしている。

## 4　災害ボランティアから見た新しい公共の課題

阪神大震災は、戦後五〇年間に築き上げてきた市民社会のあり方を見直し、「公共」を問い直す転換点となった。とくに、行政機能の停滞を市民やボランティアとの協働によって乗り越えたという事実は、公共のあり方を論ずるうえで重要な経験である。すなわち行政、地域コミュニティ、ボランティア、企業などさまざまな主体による協働の重要性と可能性をあらためて認識する契機となり、新しい公共という言葉とともに、地域コミュニティの紐帯やボランティア・市民活動の役割が強調されるようになったのである。

地域の紐帯に基づく助け合い、支え合いの力を「地域力」と呼ぶ。地域力には地域の人的・物理的な資源の蓄積に加え、組織的な活動経験、住民の地域に対する関心のもち方や問題意識の共有など、多くの要素を含む。これらの諸要素が組み合わさって公共を担う力が発揮される。しかし、地域の助け合いの基盤である自治会や町内会には、役員の高齢化などの理由で過大な期待はできない。ソーシャルキャピタルとしての地域力を高めるためには、地縁組織を基盤とした協働の仕組みをどうつくるかが課題である。

神戸市では、小学校区単位に「防災福祉コミュニティ」の設置を進めてきた（図1）。阪神大震災前から、地域福祉を推進するための「ふれあいのまちづくり協議会」や「自主防災推進協議会」があった。これらを発展させ、自治会だけでなく、婦人会やPTA、地域に拠点を置くボランティア

図1　神戸市の防災福祉コミュニティ

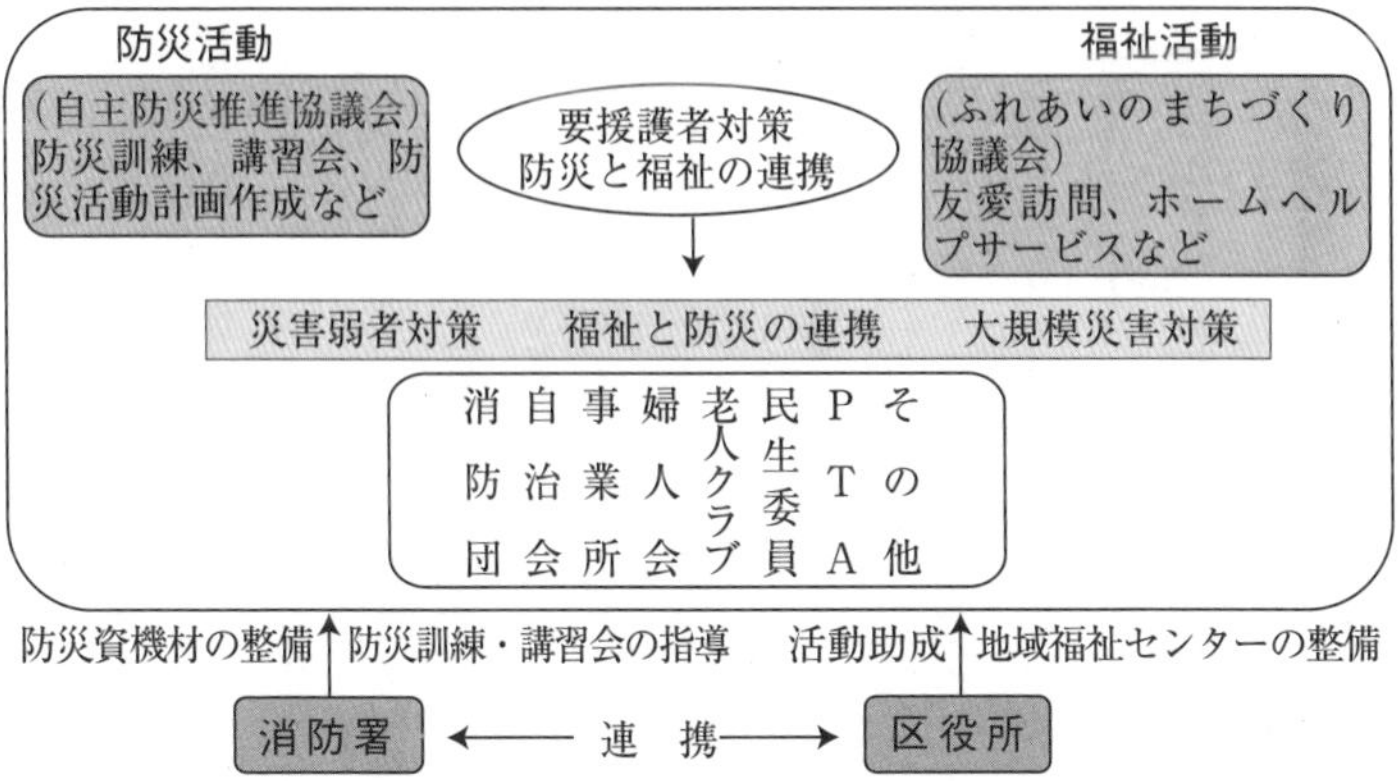


(出典)『平成15年版防災白書』2003年。

団体や事業所も交えた協働の場として位置づけている。

地縁組織による紐帯が強いところほど、外部のボランティアの受け入れを躊躇し、結果として被災者に必要な支援が届かないという事態が生じる場合がある。その反省から、ボランティアを受け入れて協働できるような環境の整備が求められるようになった。こうしたボランティアの力を引き出す環境を「受援力《じゅえんりょく》」と呼んでいる[11]。具体的には、ボランティア活動とは何か、災害が起きたときにどのような支援を依頼してよいのかを知っておく、地域の情報を的確に伝えられるようにしておく、などだ。地域の受援力を高めることも大切な課題である。

ところで新しい公共とは、社会を構成するさまざまな主体の「協働の場」[12]であり(五六ページ参照)、それを推進するための社会的な枠組みを整備しなければならない。前節で紹介したように、災害ボランティア活動のポテンシャルの高さは、これまでの実績が物語っている。では、どのような課題があるのだろうか。

第一に、災害ボランティアの潜在的な力を引き出し、効果的な活動を促進していくことである。そこでは、いうまでもなく、NPOを支援する仕組みやボランティア活動をサポートする中間支援組織の役割が重要となる。

加えて、ボランティア活動をリードする人材不足が大きな課題だ。「ボランティアのプロ」という言い方は矛盾しているようだが、ボランティアに期待するのであれば、協働のマネジメントや調整役をこなす専門的な人材の育成が不可欠である。そのためには、NPOやボランティアの世界で「食べていける」ようにならなければならない。内閣府の「市民活動団体等基本調査」（二〇〇九年度）によると、NPO法人の常勤有給職員の一人あたり年間人件費は平均約二三〇万円で、民間企業の平均給与四〇六万円（国税庁調べ）を大きく下回っている。[13] 能力ある人が魅力ある仕事として専従できるような所得が得られなければならない。

第二に、協働は実際に人と人とが顔をつきあわせて行動するところに生まれるのだから、協働を円滑に進めるためのルール（協働のルールや原則[14]）と、コミュニケーションやマネジメントの効果的な手法をつくり出していく必要がある。

災害ボランティアの世界では、現場のニーズからいろいろな手法が工夫され、各地のボランティア団体がそれを共有し、現場の対応力を高めてきた。こうしたノウハウは日常のボランティア活動でも応用できるものが少なくない。

たとえば、災害ボランティアセンターの開設や運営のノウハウは、マラソン大会など大規模なイベントでのボランティア活動に応用できる。ボランティアの安全衛生管理のノウハウは、海や川など野外活動のボランティアや清掃などの野外作業を伴う活動のリスク管理対策として重視されつつある。ワークショップや会議のテクニック、研修の手法も、NPOが現場の経験のなかで工夫し、積み上げてきたものである。

こうした活動の手法は、「社会技術」としてもっと重視されるべきだ。新しい公共を構築していくためには、具体的な協働の方法論や手法を議論の俎上に乗せていかなければならない。

（1）「阪神・淡路大震災兵庫県の一年の記録」兵庫県知事公室・消防防災課、一九九六年、三〇四ページ。
（2）「北海道南西沖地震教訓情報資料集 平成一七年度報告書」内閣府、二〇〇六年。
（3）倒壊した家屋の瓦礫の下から救出された人のうち、約八割は家族や近隣居住者によるという報告もある（『平成二二年版 防災白書』内閣府、二〇一〇年）。
（4）宮西悠司「自分たちのまちは自分たちで守る」阪神復興支援NPO編『真野まちづくりと震災からの復興』自治体研究社、一九九五年。
（5）ピーク時には一一三八カ所もの避難所が設けられ、約三二万人の被災者が避難した。
（6）「協働のまちづくり推進方策調査報告書」一九九五年、神戸市企画調整局。
（7）前掲（6）六ページ。
（8）稲垣文彦「復興支援の展開は新潟県中越地震の現場から」菅磨志保・山下祐介・渥美公秀編『災害ボランティア論入門』弘文堂、二〇〇八年。
（9）二〇〇九年六月現在の団体数。ホームページによる。

(10) 災害ボランティアセンターの運営編、災害ボランティアセンターの資金編、安全衛生の確保、業務の範囲編、寒冷環境下における防災ボランティア活動の安全衛生に関する情報・ヒント集、防災ボランティアの『お作法』集に分類されている。
(11) 防災ボランティア活動検討会でまとめられた概念。「地域の『受援力』を高めるために――防災ボランティア活動の多様な支援活動を受け入れる」内閣府、二〇一〇年、参照。
(12)「新しい公共」宣言(第八回「新しい公共」円卓会議資料、二〇一〇年)。
(13)『日本経済新聞』二〇一〇年一二月二二日。
(14) 市民団体と行政の協働ルールの代表的な基本原則は、「横浜市における市民活動との協働に関する基本方針：横浜コード(二〇〇〇年)」である。ここでは協働の基本原則として「対等、自主性の尊重、自立化、相互理解、目的共有、公開」の六つを定めている。

# 3 ホームレスの自立を支える自治体と市民の連携
## ――排除型社会から包摂型社会へ

麦倉 哲

### 1 社会的排除とホームレス

#### 「不況だから増加」は間違い

二〇一〇年一月時点での路上生活者・野宿者(狭義のホームレス)[1]数は、厚生労働省の調査によれば一万三一二四人である。二〇〇三年から行われてきたこの調査で、一万人を切った年は一度もない。しかも、これは目視調査であり、実数はこの二倍程度というのが支援者たちの実感だ。一九九〇年代以降、「豊かな社会」にはほど遠い現実を私たちは目の当たりにしている。

不況だからホームレスが増えたとよく言われるが、明らかな間違いだ。[2]それは、ホームレス問題の拡大を放置した為政者の言い訳にすぎないだけでなく、格差・貧困対策から景気浮揚策への論点のすり替えである。

最近の日本で失業率が高いのは、解雇されやすい社会になっているからにほかならない。正規の労働者が減り、非正規の労働者が増えている。総務省の労働力調査によると、二〇一〇年の非正規労働者比率は、男性で一八・二%、女性では五三・三%。一九九〇年と比べると、男性は九ポイント、女性は一五ポイントも多い。

しかも、失業しても失業給付が受けられない雇用保険未加入者が増えている。厚生労働省の推計によると、二〇〇七年の非正規労働者の雇用保険未加入率は五八%にものぼる。加えて、失業手当の受給期間が長いと勤労意欲をなくすという根拠に乏しい理由で、二〇〇三年に給付日数が三〇日間も短縮された(給付額では最大五万円あまりの削減)。

二〇〇〇年前後のホームレスを対象とした調査をみると、五〇歳代や六〇歳代前半が目立つ。中高年層に対するリストラの影響がストレートにうかがわれる。その後は四〇歳代へと広がった。この事態は予測可能であったはずだが、有効な国の対策はほとんどとられていない。社会政策の不在が、ホームレス問題を深刻化させているのである。

ホームレスの増大は、借金、ギャンブル・薬物・アルコール依存、家庭内暴力(ドメスティック・バイオレンス)被害などとも関連する。ところが、こうした困窮状態にある人びとをつなぎとめる社会的なセーフティネットが危機に瀕している。

たとえば、生活保護の「適正化」を謳う厚生省社会局保護課長・監査指導課長通知(一九八一年)によってチェックが厳しくなり、生活保護受給のハードルが高くなっていく。生活保護受給率は、一九八〇年度の二・一％から九三年度の一・四％に減った（二〇〇八年度は二・四％）。低収入でも入居できる住宅、相談窓口、一時的に身を寄せられる居場所も少ないし、その情報がいきわたっていない。さらに、彼らの多くは、血縁関係という身近なネットワークにも頼りづらい。

### 排除型社会・日本

「社会的排除」という概念は、フランスやイギリスで一九七〇年代から普及した。それは、物質的な資源の欠乏や単なる貧困ではなく、ある特定の層が受ける社会的・経済的・政治的・文化的システムからの完全ないし部分的な締め出しを意味する。A・マダニプールによれば、「意思決定と政治過程への参加からの、雇用や物質的資源へのアクセスからの、そして共通の文化的活動への統合からの排除が結びついている(3)」。

この概念は日本でも、生活困窮や社会的孤立状態にある人びとに当てはめられるだろう。実際ホームレス問題の広がりは、社会的排除の様相を示している。労働市場に始まって、住宅、さまざまな関係性、知識・情報、そして社会保障からの排除である。

住み込みや寮住まいの労働者は、失業と同時に住宅を失う。新たに住宅を借りる資金がなければ、ネットカフェやファストフード店や自動車の中で夜を過ごさざるをえず、安眠できない。他者とつながる機会はそもそも少なくなっている。核家族に生まれ、地域の人間関係が希薄ななかで育ち、故郷と呼べるよりどころはない。職場でも信頼をよせる関係に恵まれず、理不尽に配転されたり唐突に解雇されたりする。そして、自分が食べるのに精一杯で、家族をもてない。É・デュルケムはこう述べている。

「家族の大きさを制限することは、まさに不幸の源となるものであって、人の生きることへの希望を失わせてしまう。密度の高い家族というものは、（中略）それなしには生きていくこともかなわないような日々の糧なのである。いかに生活に窮したといっても、またもっぱら個人的利益をはかってのことであろうとも、自分の子孫の一部を資本に替えようとするものは、もっともまずい投資の仕方なのだ(4)」

厚生労働省が実施したホームレス実態調査の東京二三区集計（二〇〇七年）によれば、未婚者が六割、家族と一年以上連絡をとっていない者が約八割にのぼる(5)。かつて神島二郎が名づけた単身者主義は、社会的排除の影響を受けて拍車がかかっている。

知識・情報からの排除については、筆者によるアンケート結果（二〇〇七年に早稲田大学で「格差社会と社会学」をテーマとした授業を受講した四〇名を対象）を紹介しよう。質問は「自分が本当に生活に困ったらどうするか？」（多肢選択式）である。

もっとも多い回答は「親やきょうだいなど家族関係に頼る」で六三％、「親友・友人・恋人などの交友関係に頼る」が第二位で三五％だ。ところが、「福祉の支援を受ける」と答えたのはわずか五％にすぎない。これは、「自分のペット」という回答と同じ比率である。正当な権利の行使すら、はばかられるのだ。それは、福祉に関する正しい知識や考え方を教えられていないからであろう。だから、身内や知人に助けられなければ絶望の淵に立たされてしまう。

社会には、ギャンブル、アルコール、薬物、サラ金など、さまざまな落とし穴がある。そうした落とし穴にはまらないために、そしてはまったときに乗り越えるために、公的な仕組みを含めた助け合いのネットワークが大切になる。それが著しく欠けているのが現在の日本社会だ。日本は排除型社会へ向かっているというよりも、排除型社会として固定しつつあるといえるだろう

## 社会的排除から社会的包摂へ

ホームレス問題をはじめとして排除型社会によって起きる問題を本質的に解決するためには、現に社会から排除されている人びとや排除されつつある人びとを、地域を基盤としながら再び社会に包み込んで(包摂、インクルージョン)いかなければならない。その取り組みをソーシャルワーク、それに携わる専門家をソーシャルワーカーと呼びたい。

多くの人びとが社会的に孤立するのは、またホームレスを余儀なくされるのは、ソーシャルワークとソーシャルワーカーが足りないからではないか。そして、排除型として固定しつつある社会を立て直すためには、地域住民(市民)、事業者としての市民(企業市民)、自治体職員としての市民(公務員市民)の連携が必要となる。この三者による公共圏の再構築によって、多様な人びとが安心して共に暮らせる社会となる。

ホームレス問題の深刻化に伴い、自治体と市民団体やNPOが連携して自立支援に取り組む例が

増えている。もちろん、社会福祉事務所のケースワーカーは生活保護相談・指導などを通じて自立支援の重責を担う。同時に、自治体職員だけでは手が回らない街頭での支援や相談活動を市民団体やＮＰＯが行う例や、自治体がＮＰＯに委託して効果をあげている例も、決して少なくはない。以下では、注目すべき活動を紹介していこう。

## 2　自治体と市民活動の連携

### ケースワーカーと民間団体の連携――岩手県盛岡市

盛岡市(人口約二九万人)では、市内の河川敷や大規模公園で野宿するホームレスの数が二〇一〇年一月には一三人だったが、支援活動の結果、一二月には二人に減った。その中心は、生活保護の申請と住居の斡旋(居宅保護)である。生活福祉課にはホームレス担当のケースワーカーが一名置かれ、二～三カ月に一回の割合で野宿場所を訪問して相談を受けてきた。緊急一時保護施設や自立支援施設は設置していないが、市内には公営住宅が少なくなく、住所が確定すれば募集時期に応募できる。民間アパートの家賃も高額ではないので、生活保護基準内で物件を探すのに苦労しない。また、大都市部と異なり、保証人なしで借りることも可能である。

ただし、ケースワーカーによる街頭相談には限度があるので、民間団体との連携が不可欠となる。盛岡市では二〇〇八年ごろから、「盛岡市ホームレスの冬を支える会」、岩手県立大学の学生ボランティア、労働組合が活動している。

盛岡市ホームレスの冬を支える会はカトリック教会に本拠を置き、冬の間は毎週土曜日にホームレスに弁当を届け、生活保護受給希望者の付き添い申請を行ってきた。岩手県立大学の学生ボランティアも炊き出しや毛布の配付などの緊急支援や生活保護申請のサポートに加えて、生活保護受給後もアパート訪問や交流イベントを開催している。いわて労連は二〇〇九年四月に盛岡城址公園で「いわて派遣村」を二日間開催し、労働相談や生活保護相談を受け、五人の生活保護申請をサポートした。日常的にも、事務局で窓口相談や電話相談を受ける(連合岩手でも実施)。盛岡市の福祉担当者によると、こうした民間の活動はホームレスの方々が生活保護の支援を受けて野宿生活から脱するのに役立っているという。

生活保護受給後の担当は、各地区の民生委員(合計五四七名)である。筆者が生活保護受給率の高い地域でヒアリングしたところ、定期的に訪問する民生委員の評判がとてもよく、受給者にとって頼りになる存在となっていた。また、各種運動施設のある大規模公園を管轄区域にもつ交番では、あるベテラン警官が三人のホームレスに熱心に対応したという。一人には生活保護を申請するように助言し、病気がちだった一人には本署の了解を得て救急車を呼び、病院に入院させた(もう一人は暴力事件を起こして逮捕)。ホームレスの実態に関心を寄せ、議会でしばしば彼らの人権や救済について質問して対策を促す市会議員もいる。

このように盛岡市では、市のケースワーカーと民間団体の連携によって生活保護を積極的に適用し、実効ある支援につなげているといえる。

### 支援団体スタッフを専任職員として配置──神奈川県横浜市

横浜市(人口約三六八万人)の中区には、日本の三大寄せ場の一つといわれる寿《ことぶき》地区がある。日雇労働者と簡易宿泊所が多いこの地区は、生活保護受給者の比率が市内でもっとも高い。横浜市では二〇〇三年、就労援助や生活指導を行うために、緊急一時保護シェルターと自立支援センターを兼ねた「ホームレス自立支援施設はまかぜ」(定員二二六人)を設立し、社会福祉法人神奈川匡済《きょうさい》会に業務を委託している。

横浜市によるホームレス支援の歴史において重要と思われるのは、寿生活館の設置と、その管理運営である。寿生活館は一九六五年に寿地区住民の厚生施設として設けられ、一階に保育園、二階に町内会館や寿日雇労働組合の事務所、三階に児童図書室や女性子供室など、四階に娯楽室やシャワー室などがある。横浜市では一九八一年から、三・四階(現在は二階も)の運営を財団法人寿町勤労者福祉協会に委託してきた。運営するのは労働組合の代表も含む寿生活館運営委員会だ。そして、施設担当の財団職員四名のうち三名は、地元関係者の推薦によって、日雇労働者組合やホームレス支援活動の関係者から採用される。

ホームレスの自立支援のためには、公と民のソーシャルワーカーの連携が望ましい。なかでも、支援活動経験者の採用は非常に有効であり、横浜市の先駆的な取り組みは高く評価できる。支援対象者との信頼関係をつくる能力やコミュニケーション能力をもち、街頭での相談、緊急支援や生活保護申請のサポートなどの経験によって対象者のニーズに熟知し、生活保護自立、就労自立、福祉施設入所などの多様な支援へ結びつけるノウハウを身につけた支援者は、ソーシャルワーカーとしての専門性を有している。彼らが正規職員として経験の浅い若手のケースワーカーにアドバイスしていけば、ソーシャルワーク技術の向上にも一定の効果を発揮するであろう。

## 巡回相談や自立支援住宅の競合的実施――千葉県市川市

市川市（人口約四八万人）における自治体と支援団体の連携は、重層的である。

市川市の福祉事務所は日中に巡回相談を行うほか、ホームレスが多く集まる公園の事務所などに週に二回の相談窓口を置いている。そこでは保健師や看護師が健康相談を受け、医療サービスや自立支援住宅（入居者に対して就労自立や生活保護自立に向けた支援を行う中間施設的な住宅）へとつなぐ。支援団体のＮＰＯ法人「ホームレス自立支援市川ガンバの会」（以下「市川ガンバの会」という）は市川市から業務委託を受け、日中の街頭での相談・指導活動（巡回指導）を行うほか、自主的に夜間の巡回パトロールを実施している。

自立支援住宅は、市川市の設置とＮＰＯの設置の二つがある。市川ガンバの会は市川市が設置した自立支援住宅における生活指導業務の委託を受けるほか、独自の自立支援住宅も運営している。

ホームレスの方々は、街頭相談後は自立支援住宅に入所し、生活保護を受給したり働く場所を見つけ、それぞれの自立をめざしていく。市のソーシャルワーカーに加えて、NPOのソーシャルワーカーの活動の広がりが顕著である。

市川市のホームレス自立支援事業の特徴は、国の補助の対象となっていない自立支援住宅という独自事業をもつことである（千葉県からは二分の一の補助を受けている）。一方NPOは民間財団の助成を受けて活動資金の一部を調達しているが、独自事業については公的資金の支援を受けていない。しかし、巡回パトロール、自立支援住宅の運営、自立後のアパート訪問などの幅広い自立支援事業は公共性が高く、まさに新しい公共といってよい。スタッフのソーシャルワーカーとしての業務は、公的に位置づけられるべきである。二〜四名の専門家を雇用できるような人件費を県や市が補助し、国がそれをバックアップする必要があるだろう。

## 3　自治体によるNPOへの委託

ホームレス自立支援センターの運営を委託——福岡県北九州市

北九州市（人口約九八万人）のホームレスの数は一四一人（二〇一〇年一月調査）で、〇三年の四二一人と比べると三分の一に減った。その大きな要因は二つあげられる。一つは、NPO法人「北九州ホームレス支援機構」（以下「支援機構」という）の活動だ。もう一つは、北九州市が支援機構に、市が設置した「ホームレス自立支援センター北九州」（定員五〇人、以下「自立支援センター」という）の巡回相談業務や生活相談業務を二〇〇四年に委託したことである。二〇〇九年四月からは、自立支援センターの運営の全般を支援機構が担うようになった。

支援機構は、ホームレスの方々が生活保護を申請できるようにするための支援を一九九一年に始めた。自立支援センターに入所させて、住所を定めたのである。受給後は、アパートで暮らすための支援や就労自立の支援を行う。スタッフは、ソーシャルワーカーとしての専門性をもつ。いったん自立したものの再び困窮している人の状況も、炊き出しなどの場をとおして把握している。

北九州市は当初、自立支援センターへの入所は一回に限っていた(二〇一〇年三月まで)。しかし、スタッフはNPO活動の経験をとおして、自立退所後に再びホームレスとなる可能性があることを知っている。そこで、受託業務以外に、街頭から再自立を果たすための相談も受けてきた。規定にしばられない柔軟な対応ゆえに、ホームレスの数が大きく減ったのである。

デスクワークに偏った行政担当者は、サービス利用者にとっては不便な制約や精神的負担をかけることが多い。それが現場のソーシャルワーカーの活動範囲を狭め、サービス利用の低下を招く。ソーシャルワーカーが実状に合った柔軟な活動を行えるような仕組みを考えていかなければならない。自立支援センターでは二〇一〇年四月から、再入所者も受け入れるようになった。

就労支援にあたってはNPO活動で築いてきたネットワークが活用され、入所者は警備会社や派遣会社などに就職している。その結果、無断外出などによる入所者の離脱率は各地の自立支援センターのなかでもっとも低い。非自立による退所(「期限到来・無断退所」)者の比率は一〇%である。また、就労自立・半就労自立の割合は九三％（二〇一〇年）で、自立支援の達成度はきわめて高い[6]。

全国の大都市で設置・運営されている自立支援センターでは、入所者が入居できる期間が定められている。期間は都市によって微妙に異なり、三〜四カ月を原則とし、最長六カ月程度だ。自立のステップにはいろいろな要因が関係するので、この期間をいかに柔軟に運用するかも、ソーシャルワークとして重要である。

北九州市は生活保護受給率を下げる「水際作戦」で有名で、二〇〇六年には三人、さらに〇七年には一人の餓死者が出て大きな社会問題となったことは、記憶に新しい。その一方で、NPOの相談員が窓口で対応する支援機構では、生活保護の受給はむずかしくなかった。生活保護を辞退させられ、「おにぎり食べたい」と日記に書き残して餓死した男性がこの相談窓口の存在を知っていれば、亡くならずにすんだかもしれない。

## 支援団体が区の事業に深く関与――東京都新宿区

新宿区（人口約二八万人）と支援者団体との連携が深められたのは、ホームレス自立支援計画が作成された二〇〇三年以降である。まず、この計画を作成する「新宿区ホームレスの自立支援等に関する推進計画」策定委員会のメンバーに、支援団体（新宿ホームレス支援機構、NPO法人自立生活サポートセンター・もやい、スープの会）の関係者が加わった。

そして、巡回相談事業（二〇〇三年に開始）を東京社会福祉士会へ委託し、担当者がホームレスを訪問して相談に応じていく。巡回相談員は、生活保護を受給して自立後のアパート訪問などのアフターケアも実施した。さらに、拠点相談事業が二〇〇六年度から始まる。新宿区役所第二分庁舎の横に拠点相談所として「とまり木」を設け、東京社会福祉会の相談員を合計一二名配置して、相談を受けたのである。このなかには、アルコール、法律、借金、健康、心理、住宅などの専門相談員が含まれている。

これらは、いずれも新宿区の独自事業だ。二〇〇九年度の拠点相談事業における相談件数は緊急支援などの各種相談を合わせて、とまり木が一万一九一件、ケースワーカーが一万四六五三件にのぼった。

ところが、財政面の事情で国の補助金を受けるようになると、その受託者が東京都であるため、巡回相談事業は東京都との共同事業へと変更を余儀なくされる。新宿区が業務を委託できる主体ではなくなった結果、二〇〇五年度から巡回相談員によるアフターケアが実施できなくなった。国はホームレスの支援事業の内容を市区町村に任せ、問題の深刻さに応じてさまざまな用途に支出できるような柔軟な補助金交付体制に改めるべきである。市区町村は予算の使途と成果を公開すれば、住民の支持を得られるだろう。

### 多機能な自立支援ホームの委託——宮城県仙台市

仙台市（人口約一〇四万人）のホームレスの数は一〇八人（二〇一〇年一月調査）である。二〇一〇年二月、二つの施設が合併して「仙台市路上生活者等自立支援ホーム」(清流ホーム)が新たなスタートを切った。定員は五〇人と中規模だが、多機能施設である。一〇〇人前後のホームレスに対して定員五〇人の自立支援センターの設置は、他の市区町村と比べると手厚い対応といえる。筆者は、このレベルが妥当と考えている(7)。

仙台市のホームレス支援は、二〇〇二年四月の巡回相談に始まる。ホームレス自立支援法の制定(二〇〇二年七月)に先行して着手したのは、二〇〇二年六月の日韓ワールドカップの試合会場の一つに隣接する利府町の宮城スタジアムが選ばれたからである。おそらく、数多く集まる観客にホームレスの存在を隠したかったのだろう。清流ホームの前身施設の開設は二〇〇三年三月であり、ホームレス自立支援センターとしては東京都・二三区、大阪市、名古屋市に次ぐ。

仙台市は、清流ホームの運営を二〇〇三年から社会福祉法人青葉福祉会に委託している。その生活相談員は、巡回相談から自立後のアフターケアまで一貫して行う。まず、ホームレスが暮らすところに出向いて相談を受ける(巡回相談)。入所者に対しては、生活保護申請のための手続きをしたり、出張してきたハローワークの職員も含めて就職相談にのる。無理に就労は促さず、働くのがむずかしい入所者には生活保護の申請をすすめている。退所後はアパートを訪問する。

「入所は一回限り」という制限はなく、退所後も立ち寄って相談員らと親交を深められる。職員が施設入所前から入所予定者との関係をつくっていることもあり、非自立による退所者の比率は二割程度で、北九州市に次いで低い(8)。

支援団体やNPOとの連携も重視し、ホームレス自立支援連絡会議のメンバーに加えている。週に一度のシャワーサービス、公園・道路の清掃事業の管理・運営はNPO（NPO法人「仙台夜まわりグループ」）に委託し、清掃作業への参加者には短時間の作業に対して一〇〇〇円の手当てが支給される。食費程度を稼げる、公的就労のミニ版だ。

この結果、ピーク時の二〇〇四年一二月に二五三人を数えていたホームレスが二〇〇八年一月には一〇〇人に減少した。現状の自立支援体制と支援団体やNPOとの協働体制が続けば、今後さらに減少していくであろう。

仙台市には、今後もこの五〇人規模の自立支援体制を維持してほしい。ホームレスが減少したという理由で自立支援体制を手薄にしていけば、再び増えていく。街頭での相談が減少したら、ホームレスに至らないような予防的支援策を充実していく必要がある。ホームレスから通常生活への復帰にかかるコストを考えれば、予防的支援のほうが財政面からも合理的といえる。

## 4　本来のホームレス自立支援のあり方

### 国庫補助比率の拡大

二〇〇八年以降、政府はホームレス支援のあり方を変えた。政府は「第二のセーフティネット」と呼ぶものの、主たる内容は資金の貸付による自立支援である。具体的には、就職安定資金融資、訓練・生活支援給付、長期失業者支援事業、就職活動困難者支援事業、住宅手当緊急特別措置事業、総合支援資金(住宅支援費、生活支援費)貸付、臨時特例つなぎ資金貸付などである。(9)

しかし、ホームレス問題の深刻化は国の間違った政策の結果であり、政府が社会的排除を加速させた面が少なくない。社会的排除を受けた生活困窮層の支援経費は、基本的に政府が負担すべきものである。生活保護費用の国庫補助率は四分の三だが、ホームレスに関する自立支援施設やシェルターの運営費は二分の一であった。その後ホームレス自立支援事業を運営する自治体の苦情を受けた民主党政府は国の全額負担としたものの、生活保護受給者の急増に伴い、ケースワーカーの業務量が増している。それを軽減するためには、専門的力量をもつ支援団体やNPOスタッフからの雇用者も含めて、人件費全額を国庫負担とすべきであろう。

しかも、国の補助事業は使い勝手が悪く、自治体職員の仕事を煩雑にしている。内容をこと細かく定めて、その様式に合わせた事業申請を求めるのではなく、できるだけ自治体の創意に任せたほうがよい。各自治体は支援団体やNPOとの連携を深め、地域の特性に合わせて工夫をこらしているし、他の自治体の先行事例からも学んでいる。自治体の取り組みを整理して情報提供するのが、国の役割である。

国の新たな自立支援策の裏にあるのは、生活保護申請の抑制だ。資金貸付型の支援制度は、対象者のニーズに合っていないうえに、社会的排除を緩和するものでもない。市町村の窓口に煩雑な事務と生活保護申請の防波堤の役割を押しつけるものにほかならない。ホームレス状態とは、人権が損なわれた状態を指す。その人権の保障は当事者の権利であり、国の義務である。「借金をして自立のための努力をしなさい」というのは、どちらかというと自己責任論の発想だ。

### 市民からのソーシャルワーカーの登用

ホームレス自立支援事業を行う市区町村は、ソーシャルワーカーを民間から登用すべきである。そして、本稿で紹介したように、適切な支援団体やＮＰＯとの協力や委託のもとで連携し、市民、企業市民、公務員市民が協働して公共圏を担う体制を広げなければならない。

自立支援活動の経験者をソーシャルワーカーとして配置することが、ホームレス問題の解決を前進させる。専門家である彼らを一定期間、正当な待遇で雇用すべきである。彼らこそ、街頭相談、自立支援センターなど施設への入所支援、就労・半就労・生活保護受給などの自立支援、退所後のアフターケア、社会参加や生きがい追求機会の提供など、それぞれのステップに合わせた多様な相談や支援を担える人材である。

### 真の自立支援のために

最後に、ホームレス問題を解決するにあたっての重要なポイントを整理しておこう。

第一に、本人の自己決定に基づき、質の伴った住環境のもとで地域社会に定着し、社会参加できるように支援することである。

第二に、現在の排除型社会を軌道修正して、地域社会のきずなと公共圏を再構築するための努力が積み重ねられなければならない。ただし、それにはかなりの時間がかかる。ホームレス自立支援法は一〇年間の時限立法だが、ホームレス問題が社会的排除の固定化と連動している以上、短期的には解決できない。

第三に、本稿では言及できなかったが、ホームレスを広義に捉える必要がある。ホームレス自立支援法においては、ホームレスを狭義のホームレスに限定にしている（第二条）。これを修正しなければならない。たとえば、イギリスでは二八日以内に住居を失うおそれのある人、スウェーデンでは病院・緊急保護施設や更生施設などの社会施設・刑務所の退院・退所後の住居が定まっていない人も、ホームレスに含めている。路上生活者・野宿者の減少をもって解決と考えるのではなく、広義のホームレスが発生しないような予防的支援体制を構築していかなければならない。

（1）ホームレスを広義に定義すると、ネットカフェや二四時間営業のファストフード店で一晩中過ごす人、病院・緊急保護施設や更生施設・宿泊所（無料低額宿泊所）などの社会施設・刑務所の退院・退所後の住居が定まっていない人、劣悪な質の住宅に住む人、近い将来に住宅を退去せざるをえない人なども含む。本稿では狭義のホームレスにしぼって論じる。

（2）自殺の増加も同様である。

（3）A. Madanipour, G. Cars and J. Allen (eds.), *Social Exclusion in Eouropean Cities*, London: Jessica Kingsley, 1998, p.22.

（4）É・デュルケム著、宮島喬訳『自殺論』中央公論社、一九八五年、二三七ページ。
（5）厚生労働省は、ホームレス自立支援法（ホームレスの自立支援等に関する特別措置法）が制定された翌年の二〇〇三年と制定五年後の見直しのための二〇〇七年の二回、ホームレスの実態に関する全国調査を実施した。
（6）道中隆ほか「自立支援センター利用ホームレスの就業・退所行動」『季刊社会保障研究』第四五巻第二号、二〇〇九年、一二二～一三三ページ、内閣府「パーソナル・サポート・サービスの検討及びプロジェクトの実施について」二〇一〇年、参照。
（7）麦倉哲著、ふるさとの会編『ホームレス自立支援システムの研究』第一書林、二〇〇六年、参照。
（8）前掲（6）、参照。
（9）嘉山隆司「労働意欲を支える第二のセーフティネットの再構築を急げ――生活保護の現場から」『ホームレスと社会』第二巻、二〇一〇年、参照。二〇〇八年一二月に就職安定資金融資、〇九年七月に訓練・生活支援給付、八月に長期失業者支援事業、九月に就職活動困難者支援事業、一〇月に住宅手当緊急特別措置事業、総合支援資金（住宅支援費、生活支援費）貸付、臨時特例つなぎ資金貸付が、相次いで創設された。

# 4 低炭素社会の実現と市民参加

増原　直樹

## 1 低炭素社会の実現に向けた合意形成と市民参加

本稿では、昨今の低炭素社会の実現をめざす動向を、国レベルと自治体（市町村）レベルの双方において、市民参加の観点から検討する。低炭素社会の定義はさまざまだが、ここでは「社会を構成する政府、事業者、市民という各主体が、それぞれの活動において温室効果ガスの排出を削減すること」と捉える。

鳩山由紀夫首相は二〇〇九年九月、二〇二〇年までに温室効果ガスを二五％削減する（一九九〇年比）という中期目標を打ち出した。さらに長期目標では、二〇五〇年までに八〇％削減するという。これらを実現するためには、国や自治体という政策主体のみならず、営利事業を行う事業者、日常生活を営む市民の行動様式の変化が求められる。

行動様式の変化は、政府による一方的な政策の推進で成しとげられるものではないし、そうされるべきでもない。低炭素社会における事業、産業、生活様式のあり方を、事業者と市民自らが構想・提案しながら、国や自治体が必要な政策を構想・立案・決定・実施していかなければならない。ときには、合意形成された目標達成のために、各主体の活動を規制（抑制）する必要があるだろう。したがって、合意形成がより重要になる。

また、低炭素社会の実現に向けた市民参加には、事業者（国・自治体も含む）や市民が低炭素型の技術やシステムを導入し、活用していくという側面もある。たとえば、すでに多くの一般住宅に太陽光発電システムが設置されている。これは、市民による電気エネルギーの自給率向上であり、エネルギー安全保障の向上である。それに価値を見出した国や自治体による設置費用の一部補助制度も、一九九五年以降、徐々に広がってきた。

以下では、低炭素社会の実現に向けて、国と自治体における市民と事業者の政策・合意形成に関する市民参加の現状を分析していきたい。

## 2　環境省のパブリックコメントの分析――地球温暖化対策基本法制定を中心に

まず、二〇〇九年度に環境省が実施したパブリックコメント（意見公募手続き）の提出状況を分析し、低炭素社会の実現にかかわる案件にどのような特質があるかを明らかにする。パブリックコメントとは、国の意思決定過程において広く国民に案を公表し、それに対して提出された意見・情報を考慮しつつ、意志決定を行う手続きである。一九九三年の行政手続法の成立によって制度化された。募集期間はおおむね一カ月程度だ。

分析の対象は、二〇〇九年度中に締め切った環境省のパブリックコメントのうち、結果が公表されている九四件である。内訳は、自然環境（生物多様性を含む）関連が二三件、化学物質関連が二〇件、公害防止関連が一四件と、自然環境分野がもっとも多い。次いで、本稿のテーマである温暖化対策（低炭素社会の実現）関連が一一件で、環境行政（環境アセスメントを含む）が一〇件、国立・国定公園関連が九件、廃棄物・循環型社会関連が七件である。

提出された意見件数をみると、もっとも多かったのは中央環境審議会大気環境部会の「微小粒子状物質に係る環境基準の設定について（答申案）」で、一万一七七二件だ。「『地球温暖化対策の基本法』の制定に向けて」が五八四七件で、これに続く。前者の提出者は一万一六九三人・団体であり、ほぼ一人・一団体が一つの意見を提出している。一方、後者の提出者は二二八八人・一〇一事業者・団体で、平均して二〜三の意見を提出しており、対照的といえる。なお、のべ意見が一〇〇〇件を超えたのは、このほか「特定鳥獣保護管理計画技術マニュアル（ニホンザル編）及び（カモシカ編）の改訂案」（四二五七件）と「環境影響評価制度専門委員会報告（案）」（一七九六件）の四件だ。

本稿のテーマである低炭素社会の実現と密接に関連する地球温暖化対策基本法制定に対する意見の提出結果については、意見が多かった個別的事項ごとに類似意見を集計した要旨が暫定版として公表されている。それによれば、もっとも意見が多かった事項は中長期目標についての一三七六件で、約二三％を占める。以下、地球温暖化対策税・税制のグリーン化についてが八七一件で一五％、国内排出量取引制度についてが八一六件で一四％となっている。

①中長期目標について

以下の二つの趣旨のような、中長期目標の設定へ明確に反対する意見が一〇〇〇件を超えた。

「鳩山総理大臣が言及した『すべての主要国の参加による意欲的な目標の合意が、我が国の国際社会への約束の前提』を堅持すべき。前提の確保が不明な中で、国内の削減目標を先行して決めることは反対」（五二一件）

「二五％削減を達成するための具体的な対策・施策や、それを実施した場合の経済・雇用への影響、企業や国民の経済的負担、国民生活への影響等を明らかにし、国民的議論を経て、国民の理解を得ることが不可欠。いまだ政府からこのような情報すら示されない中で、国内の削減目標を先行して決めることは反対」（四九〇件）

また、「日本だけが突出した目標を設定した場合、日本の産業の国際競争力を低下させ、産業の空洞化を招く。経済や雇用への悪影響が大きい」という、目標設定に消極的な意見も一七六件あり、「二五％削減を達成すべき」「三〇％以上削減とすべき」という意見は合計一一七件にとどまっている。

②地球温暖化対策税・税制のグリーン化について

「地球温暖化対策税の導入は産業の国際競争力を不当に低下させるものであり、企業活動に疲弊を生じ、産業特に製造業の空洞化を招くだけである」という導入に消極的な意見が三四八件、「地球温暖化対策税の導入に当たっては、中期的な削減目標の設定、真水の割合の設定、$CO_2$削減効果の分析、産業の国際競争や国民生活への影響の分析などの総合的な検討を行ない、その結果について国民の判断を仰ぐべき。そのような過程を経ずに基本法に位置付けることは反対」という導入反対意見が二三〇件である。

これに対して、「全体（すべての排出者）への炭素税を導入すべき」とする意見は一一八件である。また、「税収の使途や既存税制との関係、税制中立か増税か等が提示されなければ議論ができない。財源確保のためなら、ただの増税であり、効果は期待できない」という賛否を明示しない意見も、同じく一一八件あった。

③国内排出量取引制度について

ここでも、導入に反対ないし消極的な意見が大半を占めている。

「産業の国際競争力を低下させ、経済や雇用、ひいては国民生活に悪影響を及ぼす」という反対・消極的と考えられる意見（一七八件）。

「業種間の公平性や過去における削減努力分の評価等を踏まえた公平・公正な排出枠の割当が不可能であり、努力をしていないものが得をする制度になりかねない」という消極的意見（一四二件）。

「日本の産業は、世界最高水準のエネルギー効率を達成しており、削減ポテンシャルは小さく、国内排出量取引制度を導入しても、海外から排出権を購入せざるをえず、国富が海外へ流出する」という（ほぼ）反対意見（一二四件）。

「投機資金が流入し、マネーゲーム化する可能性は否めず、企業経営の不確実性とリスクを招き、技術開発や省エネの投資インセンティブを削ぐことになる」という（ほぼ）反対意見（七六件）。

一方、「大口排出者を対象とすること、排出総量による義務的参加型取引制度とすること等の条件を満たす制度を導入すべき」という積極的賛成意見は九八件にとどまった。

## 3　パブリックコメントの意見の分析と反映結果

環境省がまとめた概要では、「中長期目標の設定、地球温暖化対策税の導入、国内排出量取引制度の実施」の三点セットに対して、同一人物・団体がすべて同様のスタンスを表明しているかどうかは、定かではない。なぜなら、個々の人物・団体が各制度に対して、どのような意見を提出しているかを公表していないからである。

とはいえ、三点セットのうちいずれかに反対する意見の根拠をみると、すべての主要国（とくに、現行の京都議定書に基づく義務を負おうとしない米国と中国を意味する場合が多い）の参加の要請や企業の国際競争力低下の懸念という点で共通している。したがって、三点セットのいずれかに賛成して、いずれかには反対するという意見は、少数であると推定される。たとえば中長期目標の設定に反対する人・団体であれば、地球温暖化対策税や国内排出量取引制度にも反対であり、逆に目標設定に賛成であれば、対策税や取引制度にも賛成であるとみなせるだろう。

そこで、本件に対する意見提出が一人・一団体あたり二～三件であることも考慮すると、二二三八九人・団体のうちの三点セットすべてに賛成する意見提出者は一〇〇人前後だろう。また、三点セットすべてに反対する意見提出者は、少なくとも五〇〇人以上はいたと考えられる。

これらを、仮に「賛成意見提出者」「反対意見提出者」と名付けるとすれば、彼(女)らはどんな利害を有する人・団体なのだろうか。その手がかりとなるのは、これまで地球温暖化対策に関して発言している主要団体の公式文書である。

「賛成意見」側では、温暖化問題に関して国内でもっとも多くの市民団体で構成されているNPO法人「気候ネットワーク」のスタンスが参考になるだろう。気候ネットワークは、二〇〇九年九月七日に、「鳩山代表、『中期目標二五％削減』の発表を歓迎」というタイトルの文書を発表した。また、九月一六日にも、新首相に任命される鳩山由紀夫・民主党代表(当時、筆者注)が「地球温暖化防止のための日本の中期目標として二〇二〇年までに一九九〇年比二五％削減をめざす」と発表したことを受け、「地球温暖化問題に関して、現政権(麻生太郎首相、筆者注)よりも前向きに取り組む意図を示したもので、大いに歓迎する」旨を述べている。

加えて、九月三〇日には「地球温暖化対策税と国内排出量取引制度案(第一次案)」を提案。「これらの政策は、これから国内で温室効果ガスを着実に削減し、日本を真の低炭素社会に転換していくための重要な柱となっていくものであり、早急に実現するべきものである」と、その必要性と緊急性を訴えている。

「反対意見」としては、根拠として産業の国際競争力の低下が再三あげられているので、日本経済団体連合会（以下「経団連」という）のスタンスが想定される。経団連は二〇〇九年一二月二八日のパブリックコメント締め切り直後に、環境安全委員会地球環境部会名で、「地球温暖化対策の基本法の制定に向けたメッセージに対する意見」を発表し、次のように主張した。

「経団連ではかねてより、全ての主要国が参加する公平かつ実効的なポスト京都議定書の国際枠組みの必要性を訴えてきた」

「中期目標の設定にあたっては、国際的公平性、実現可能性、国民負担レベルの妥当性が確保される必要がある」

「国内排出量取引制度および地球温暖化対策税の導入等については、京都議定書上のわが国の目標は京都議定書目標達成計画に定められた政策により十分に達成可能と思われることから、京都議定書の現約束期間における排出量取引制度や地球温暖化対策税等の導入は不要である」

おそらく、少なくとも五〇〇人・団体以上が経団連をはじめとする財界・産業界の基本的スタンスに沿った意見を提出し、一〇〇人前後が気候ネットワークをはじめとする地球温暖化問題に取り組むNPO・NGOの基本的スタンスに沿った意見を提出したと考えられる。

では、これらの意見はどのように法案へ反映されたのだろうか。野党であった民主党が二〇〇九年四月二四日に提案した「地球温暖化対策基本法案」（以下「野党案」という）と、パブリックコメント後の一〇年三月一二日に内閣から提案された「地球温暖化対策基本法案」（以下「内閣案」という）で、前述の三点セットに関する変化があったかどうかを比べてみる。

①中長期目標

野党案では、二〇二〇年までに一九九〇年度比で温室効果ガスの二五％以上削減（中期目標）、二〇五〇年までのできるだけ早い時期に六〇％以上削減（長期目標）を掲げている。一方、内閣案では、中期目標は基本的に同一だが、長期目標については二〇五〇年までに八〇％以上削減と、より大幅な目標を掲げた。

②地球温暖化対策税

野党案では、「国は、適正かつ公平な経済的な負担を課すことにより温室効果ガスの排出の量の削減等に資するため、地球温暖化対策税を創設する」とある。これに対して内閣案では、「国は、地球温暖化対策を推進する観点から、税制全体のグリーン化（環境への負荷の低減に資するための見直しをいう）を推進する」（第一四条）という条文に続き、「国は、前項の規定による税制全体のグリーン化の推進においては、地球温暖化対策のための税について、平成二三年度の実施に向けた成案を得るよう、検討を行うものとする」（第一四条2）と時期を限定した規定が追加された。

③国内排出量取引制度

野党案では、別の法律に基づいて国内排出量取引制度を創設し、二〇一一年度から実施すると規定している。一方、内閣案では、「法律の施行後一年以内を目途に成案を得る」(第一三条)とややトーンダウンした。そのうえで、取引制度で対象とする基準の詳細について、温室効果ガス排出量の「総量の限度として定める方法を基本としつつ、生産量その他事業活動の規模を表す量の一単位当たりの温室効果ガスの排出量の限度として定める方法についても、検討を行う」(第一三条3)と付記されている。

すなわち、中長期目標と地球温暖化対策税については地球温暖化問題に取り組むNPO・NGOの意見を取り入れたようにみえる結果となり、国内排出量取引制度についてのみ経団連などの反対意見も考慮した結果となっている。

このようなパブリックコメントにおける多数意見が反映されていないケースについては、どう考えればよいだろうか。パブリックコメントは多数決ではないので、反映されていないことを批判する必要はないだろう。しかし、多数意見を参考としなければ、何のためにパブリックコメントを実施しているのかという疑問が生じる。それゆえ、なぜ多数意見を最終的には取り入れなかったかを丁寧かつ論理的に説明していく必要があると思われる。

今回のケースに即していえば、多数意見を取り入れると、温室効果ガスの中長期目標を下げ、温暖化対策税の導入を見送る結果になり、低炭素社会の実現が大きく後退しかねない。したがって、多数意見を一定程度は考慮しつつ、低炭素社会実現への流れを止めなかったという意味で、評価すべきものと筆者は考えている。

## 4　環境モデル都市における行動計画への市民参加

次に、低炭素地域づくりをめざす環境モデル都市の「モデル都市行動計画」策定過程における市民参加の現状を分析する。

環境モデル都市は、福田康夫首相が施政方針演説（二〇〇八年一月一八日）において「『低炭素社会』への転換を進め、国際社会を先導してまいります」と表明したことに端を発し、同年二月に設置された「地球温暖化問題に関する懇談会」が主導した取り組みである。その公募に際しては、①温室効果ガスの大幅な削減目標をもつ、②先進的・モデル的な取り組みを行う、③地域に適応した取り組みを行う、④取り組みの実現可能性が高い（合理性や幅広い主体の参加）、⑤取り組みの持続性が高い（環境教育、まちづくりとの連携）が選定の視点や基準として明示された。

その後、二〇〇八年七月に六つのモデル自治体と七つのモデル候補自治体が選定される。そして、〇九年一月にはモデル候補都市も詳細なアクションプラン（以下「行動計画」という）策定の過程で基準を満たしたとされ、すべてモデル都市へ格上げ指定された（表1）。これら一三都市において行動計画に位置づけられた事業が実現し、その結果として大幅な削減目標が達成されるか否か、まさに「モデル」として注目されるところである。

表1では、行動計画策定にあたってパブリックコメント手続きを実施したかどうかも記載した。以下では、実施自治体における状況を紹介する。また、未実施自治体についてはその理由をヒアリ

ング結果から考察するとともに、どのような市民参加手続きを行ったかを述べよう。

①帯広市

環境モデル都市行動計画の素案に対して、二〇〇九年一月一三日から二月一三日までパブリックコメントを実施した。提出された意見は二三件で、提出者は四人であったという。このうち、素案の修正に至った意見が一件、今後の参考とする意見が一〇件、意見としてうかがったものが一二件となっている。素案の修正に至ったのは、「燃料の天然ガスやLPガスへの転換を行動計画(素案)では平成二五年度より取り組むとなっているが、普及には時間がかかるため、もっと早い時期から設置時の補助金の交付などの方策により普及拡大を図るべきである」という意見である。市ではこれを受けて、計画に記載の時期を二〇〇九年度(平成二一年度)に早めた。

また、パブリックコメント以外にも、合意形成段階と実施段階を中心にした市民参加組織として、環境モデル都市推進協議会が設けられている。協議会には

表1　環境モデル都市におけるパブリックコメントの実施状況

| 自治体名 | ヒアリング対象 | パブリックコメント |
|---|---|---|
| 北海道帯広市 | ○ | ○ |
| 北海道下川町 | | × |
| 東京都千代田区 | ○ | × |
| 神奈川県横浜市 | ○ | ○ |
| 長野県飯田市 | ○ | ○ |
| 富山県富山市 | ○ | × |
| 愛知県豊田市 | | × |
| 京都府京都市 | ○ | △ |
| 大阪府堺市 | | ○ |
| 高知県梼原町 | ○ | × |
| 福岡県北九州市 | ○ | △ |
| 熊本県水俣市 | ○ | × |
| 沖縄県宮古島市 | | ○ |
| 合　計 | 9自治体 | 6自治体(実施確認) |

(注)パブリックコメント欄の○は実施、×は未実施、△は正式ではないが近い形式で実施。

一〇名程度のワーキンググループ（公募ではない）と分科会があり、事業者も含めた市民が参加できる。

②横浜市

行動計画（CO-DO30 ロードマップ）の原案に対して、二〇〇九年一月二〇日から二月二〇日までパブリックコメントを実施した。二〇人からのべ九〇件の意見があり、家庭部門対策が二五件、業務・産業部門対策が一九件、再生可能エネルギー普及対策が一四件などとなっている。原案への賛否から意見を分類すると、「原案の内容と同趣旨、賛同しているもの」が二一％、「原案を修正し、趣旨を盛り込むもの」が三％、「趣旨を今後の施策執行時や検討の際に参考とさせていただくもの」が七六％だった。

横浜市の資料からは修正部分が必ずしも明らかではないが、いくつかの意見は根拠があり、妥当性も高いように思われる。たとえば、「重点取り組み分野が個別に施策を打ち立てており（筆者注：原文のまま）、それぞれの連携が弱いように感じる」という意見は、行政の根本的な体質を指摘している。ところが、市は回答すらしていない。そして、四分の三以上が単なる参考意見として扱われるのであれば、パブリックコメントが「聞き置く」手段であるとの批判をうけてもやむを得ないであろう。

横浜市の特徴は、パブリックコメントに加えて、政策アイディアの募集も行われたことである（二〇〇八年一〇月一五日〜一一月一四日）。これに対しては、一七人からのべ四九件の意見が提出された。このうち八六％は、原案に同趣旨の施策が盛り込まれていたり、すでに実施されている施策に関する意見である。また、環境タウンミーティングが二〇〇八年に一〇回開催されるなど、さまざまなチャネルで市民の意見・アイディアを受け付ける努力はなされたといえるだろう。

③飯田市

行動計画素案に対して、二〇〇九年二月二日から一六日までパブリックコメントを実施したが、市民からの提出意見はなかったと報告されている。

④京都市

市民参加の場の一つとして、環境審議会への諮問、審議結果の公開、審議会における市民意見の募集を行ってきた。環境審議会の下には、より具体的な議論を行うための地球温暖化対策推進委員会を設置し、出された意見はすべて公開されている。ただし、同委員会の中間取りまとめなどではパブリックコメント、説明会、公聴会は実施されているものの、行動計画自体についてはそれらが実施されていない。そのため、**表1**では「△」表示とした。

たとえば、環境モデル都市行動計画に関連する「地球温暖化対策条例の見直し等に関する市民意見募集の結果」をみると、二〇〇九年九月に七二名から八六件の意見が寄せられている。ただし、それらの意見は、担当課から地球温暖化対策推進委員会（二〇〇九年度第二回）の「参考資料」として示されただけで、本格的な議題としては議論されていない。もちろん、委員会の委員が市民の意見を考慮して発言している可能性はある。だが、それが委員会の議事録から読み取れないようでは、意見を提出した市民の理解を得られるには至らないだろう。

⑤堺市

行動計画案に対して、二〇〇九年二月二三日から三月一六日までパブリックコメントを実施した。のべ一八件の意見が提出され（提出者数は不明）、温室効果ガスの削減目標や具体的対策など幅広い内容にわたっている。

⑥北九州市

行動計画の策定過程で自治会・婦人会・青年会議所・NPO・商工会議所などで構成される「環境モデル都市地域推進会議」を設置し、行動計画の内容が承認されている。同会議の総会には約九〇〇人が集まるそうで、非常に大規模な組織である。行動計画案については、正式なパブリックコメント手続きではないものの、自治会・青年会経由で意見が提出されたり、パブリックコメントに準じた形式で意見募集が行われたりした。

⑦水俣市

水俣病の発生地としての苦い経験を「環境モデル都市」（政府よりもかなり早く九〇年代からこの用語を使用）をめざすという目標に転換し、近年では「ゼロウェイスト宣言」などめざましい取り組みを行っている。環境モデル都市に関しては、ゼロウェイスト、自転車・公共交通、食と農と暮らし、ISOのまちづくり、環境学習という五つの身近なテーマの円卓会議を設け、一二〇人程度の市民、事業者、職員間で具体的な議論が展開された。ゼロウェイスト宣言の作成にあたっては、市民が文章の一部を執筆したという。職員主導で作成されがちな宣言文で、市民の感覚に近い成案を得られたことは、環境モデル都市の実現のうえで貴重な成功体験になるであろう。

このほか、富山市や梼原町でも、行動計画の具体化に必要な推進組織に、市民や事業者が参加している。富山市では「チーム富山市」、梼原町では「環境モデル都市推進協議会」や「バイオマス利用に関する推進会議」などである。

## 5　市民意見の反映が低炭素社会への道

地球温暖化対策基本法案に関して提出されたパブリックコメントの分析結果では、財界・産業界のスタンスに沿った意見のほうが、地球温暖化問題に取り組むNPO・NGOの基本スタンスに沿った意見よりも大幅に多かった。しかし、意見募集前後の民主党の法案を比較したところ、多数意見を考慮したのは国内排出量取引制度の一部分についてのみである。どちらかというと、NPO・NGOのスタンスに沿った、あるいはより積極的な中長期目標を設定し、期限を定めた環境税制の確立を含む提案となっている（ただし、本稿執筆時点で同法案は成立しておらず、今後の展開に注目しなければならない）。

これに対して自治体レベルでは、財界・産業界VS市民団体という構図が強く見られるわけではない。各地域の特性に応じて、パブリックコメント手続きをはじめ、審議会や各種プロジェクトへの委員としての市民参加、公聴会・説明会など多様な市民参加が行われている現状が浮き彫りになった。ただし、ほぼすべてのモデル都市に共通する問題として、政府（内閣官房地域活性化統合事務局）からの指示で一年に満たない短期間での行動計画策定を求められたため、自治体が独自に策定する環境基本計画などと比べると、十分な市民参加が実現しなかったといえる。パブリックコメントで寄せられた意見について、十分な回答や反映がされていない。

また、地球温暖化対策に対して市民の関心が高いとはいえ、実際に計画案の審議に参加したり、意見を提出したりするには、ある程度の専門知識（たとえば、温室効果ガス排出量などの用語の理解）が必要である。そのため、実際に策定過程に参加するのは専門家や事業者、地球温暖化対策に関心をもつ市民団体の代表者・関係者に限定されているといえる。

今後は、国レベルでも自治体レベルでも、市民・事業者が提出した意見が低炭素社会の実現に資するのであれば政策に反映させて原案を修正すること、反映しない場合はその理由を説明する責任が、強く求められる。冒頭に述べたように、低炭素社会は政府・自治体の政策のみで実現するものではない。市民・事業者が求められる役割を主体的に実行することで、初めて実現していく。その際、相当の時間と労力をかけて意見を提出した市民や事業者が納得いく結論を得られなければ、低炭素社会に向けて行動しようという意欲をそぐことにもなりかねない。

【参考文献】

環境省「これまでのパブリック・コメント／その他意見募集」(二〇一〇年一一月三〇日閲覧) http://www.env.go.jp/info/iken2.html
環境省「地球温暖化対策の基本法の制定に向けた意見の募集の結果概要について(暫定版)」二〇一〇年一月一四日。

佐藤徹・高橋秀行・増原直樹・森賢三『新説市民参加――その理論と実際』公人社、二〇〇五年。

藤原真史「パブリックコメント手続の一〇年」『都市問題』第一〇〇巻第一二号、二〇〇九年。

寄本勝美『政策の形成と市民――容器包装リサイクル法の制定過程』有斐閣、一九九八年。

# 5 「漂着ごみ」に見る古くて新しい公共の問題

鄭　智允

## 1　対馬の漂着ごみ問題とNPO活動の壁

本稿でいう公共の問題とは、個人の力だけでは解決できず、市民、企業、行政の協力が求められるものを指している。そのためには、関連する各主体が自ら解決すべき課題であることを認識しなければならない。しかし、その解決は決して簡単ではない。公共性を認めない主体が存在すれば、説得するためのコスト（時間や労力）がかかるだけでなく、問題がさらに悪化する場合もある。

ここでは、古くからの公共課題であるにもかかわらず、公共性が各主体から認められず、長年にわたって基礎自治体の課題とされてきた漂着ごみに焦点を当てる。対馬《つしま》（長崎県）を事例として、市民活動団体の奮闘、自治体の苦悩、国の責任、そして国際的な協力のあり方を考察したい。

対馬は、九州と韓国の間の玄海灘に浮かぶ面積約七一〇㎢の島である。福岡までが一三八㎞に対して、韓国の釜山《プサン》までは四九㎞しか離れていない。晴れた日には釜山の街並みが見渡せる。二〇〇四年三月に六町が合併し、全島が対馬市となった(一島一市)。合併当時の人口は約四万人だったが、二〇一〇年には約三万五五〇〇人に減少している。一方で高齢化率(六五歳以上の高齢者が人口に占める割合)は、一九八五年の一二・〇%から二〇〇九年には二九・六%と、二倍以上になった。

近年、日本海や東シナ海の沿岸では、簡体字、ハングル、ロシア語の商品名が印字された漂着ごみが増えている。対馬で目立ち出したのは、一九九〇年代に入ってからだという。以前から海を流れてくるごみはあったが、大半は自然災害によるもので、量もそれほど多くなかったそうだ。

こうしたごみは浜辺を清掃する際に住民によって海岸で焼かれ(現在は、「廃棄物の処理及び清掃に関する法律」の改正(二〇〇〇年)によって野焼きは禁止されている)、処理には困らなかった。しかし、韓国や中国の経済発展に伴い、年々漂着量が増え、ときには使用ずみの注射器やガスボンベなどの危険物も含まれるため、いまでは処理に窮している。現在の漂着ごみのほぼ六割は海外由来で、もはや市レベルで解決できる問題ではない。

漂着ごみは海水分を含んでいる。塩分や水分が多いごみを焼却炉に投入すると、表面を傷つける危険があるうえに、温度調節がむずかしくなる。したがって、処理には塩分や水分の量に影響されない高性能の廃棄物焼却施設を必要とする。対馬市には高性能の焼却施設が一基あるものの、漂着ごみの焼却によって故障すれば、島内のごみ処理に支障が生じる。修復にかかる費用負担やごみ収集の停止によって住民が被る不便を考えると、気軽に島内で処理するわけにはいかない。回収した漂着ごみはすべて、海上輸送によって北九州市のエコタウン(1)で処理されている。

ところが、その費用は莫大になる。たとえば、二〇〇八年に対馬市が処理した漂着ごみは七七八㎥である。対馬からエコタウンまでの輸送費用は五九九万円、焼却などの処理費用は一九四万円で、合計七九三万円かかった。しかも、これは海岸に散在する漂着ごみの一部にすぎない。島内の漂着ごみの全体量さえ把握できていないのが現状である。

一年間の予算総額が二七六億円(二〇〇八年度の一般会計。公債費七一億円を除いた実質的に使える予算は約二〇五億円)という対馬市にとって、すべての漂着ごみの処理費用を負担するのは困難である。住民や市民団体による漂着ごみの収集は対馬市にとってありがたくはあるものの、費用の関係ですべては処理できず、一部は放置せざるをえない。

対馬で漂着ごみ問題に対する取り組みが本格的に行われたのは、二〇〇一年以降である。長崎県による「県不法投棄物等撤去事業」が、実施されたためだ。筆者は対馬市を訪れた際、二〇〇七年にNPO「対馬の底力」を発足し、漂着ごみ収集活動を行っている長瀬勉・代表の話をうかがう機会を得た。長瀬氏は設立の動機をこう語る。

「ここ数年、漂着ごみが目立つようになりました。このまま増え続けると、対馬で生まれ育った自分が親しんできた自然の恵みを将来に残すことができなくなるかもしれません。そんな危機意識から、『自分たちの島は、自分たちの力で、きれいに守っていこう』を合言葉に仲間を集めました。魅力ある美しい海を取り戻し、環境美化と島民の生活に少しでも寄与できるように、清掃活動を通じて環境の大切さを訴えていきたいと思っています」

設立当初、約二〇人のメンバーは、ごみ袋を買って海岸の漂着ごみを収集すれば、当然、行政が処理してくれると思っていた。しかし、対馬市からは予算と廃棄物焼却施設の限界を理由に、長崎県からは一般廃棄物であるという理由で、いずれも引き取りを断られた。しかも、漂着ごみの保管場所を長崎県環境部廃棄物対策課に相談したところ、「自分たちが集めたものだから、ストックヤードでも造って自分たちでなんとかするように」と言われたそうだ。

そこで、長瀬氏は、自分が経営している産業廃棄物処理施設の一角にストックヤードを新設し、メンバーや地元の住民、そして日韓両国の大学生が集めた漂着ごみを保管した。すると、廃棄物対策課職員から呼び出されたという。

「漂着ごみは一般廃棄物だから、産業廃棄物処理施設に置くのは違法だ。このまま置き続けるのであれば、産業廃棄物処理施設の許可を取り消す」

島をきれいにしたい、自然を守りたいだけなのに、なぜこんな思いをしなければならないのだろうか。活動にすっかり自信をなくしてしまったと、長瀬氏は当時の気持ちを打ち明けた。

## 2 不明確な処理責任と縦割り行政の弊害

では、なぜこのような問題が発生しているのか。原因を法律から探ってみたい。

廃棄物処理の根幹法である「廃棄物の処理及び清掃に関する法律」は、第四条を以下のように定めている。

「市町村は、その区域内における一般廃棄物の減量に関し住民の自主的な活動の促進を図り、及び一般廃棄物の適正な処理に必要な措置を講ずるよう努めるとともに、一般廃棄物の処理に関する事業の実施に当たっては、職員の資質の向上、施設の整備及び作業方法の改善を図る等その能率的な運営に努めなければならない」

すなわち、市町村の一般廃棄物処理の事務範囲は当該区域の住民が出したごみに限られている。それに限って、市町村が処理責任を負うのである。

また、海岸法では、海岸保全区域に関する管理について都道府県知事が「海岸管理者」として位置づけられ（第五条）、総括的な管理責任を負うことになっている。だが、漂着ごみに関する明確な規定はない。そのため、特別管理廃棄物（エアコン・冷蔵庫などの廃家電製品や、注射器などの医療系廃棄物）に該当する以外の漂着ごみは、一般廃棄物と見なされてきた。

現実には、都道府県の予算や人員の制約により、法的な義務がないにもかかわらず、市町村が関係省庁や都道府県からの補助金と自らの一般財源で漂着ごみを処理している。しかし、島嶼部では安全に処理するために、対馬のように処理を島外へ委託している場合が多い。輸送費用と処理費用は膨らむ一方である。

漂着ごみ問題をかかえる市町村は対策を都道府県へ求めてきたが、いっこうに進展しない。そうしたなかで、漂着ごみ問題に悩む市町村を多くかかえる長崎県は、市町村からの訴えを受けて、「回収・運搬・処分に係る財政支援措置の創設、処理体制の確立、国際協力体制の構築」などを国へ要望してきた。[2] 二〇〇八年三月の県議会定例会でも、「漂流・漂着ごみの対策に関する意見書」を可決し、「①漂流・漂着ごみ削減のための国際協力体制の構築及び効果的な発生対策の実施、②漂流・漂着ごみの処理体制の確立、③漂流・漂着ごみの回収・運搬・処分に係る抜本的な財政支援措置の創設」の要望書を国へ提出している。

国レベルにおける漂着・漂流ごみに関する最初の調査は、一九九九年に海上保安庁が実施した「日本海沿岸への廃ポリタンクの漂着状況について」である。翌年には、農林水産省・水産庁・建設省が「海岸漂着ゴミ実態把握調査」を行った。この結果、九州や日本海沿岸に広く散乱している実態が明らかになる。だが、これらの調査は、対策にはつながらなかった。

その後も関連市町村や市民活動団体からの要望は続き、[3] 二〇〇六年になって政府は関係省庁会議を設置する。ここから、本格的な漂着ごみに関する議論が始まったと言える。この結果、「災害関連緊急大規模漂着流木等処理対策事業」（国土交通省・農林水産省所管）が始まり、「災害廃棄物処理事業費補助金」（環境省所管）も設けられる。厳しい財政難に直面している市町村にとっては、問題解決への明るい兆しであったにちがいない。

前者は、海岸保全施設の機能の阻害の原因となる洪水や台風による漂着ごみ、外国からの漂着ごみを緊急的に処理する海岸管理者（都道府県知事）への支援である。適用区域は海岸保全施設（堤防・

突堤・護岸・胸壁・離岸堤・砂浜等）と、これら施設から一㎞以内の区域で、連続する海岸にまとまって一〇〇〇㎥以上漂着していることが要件だ。後者は、海岸保全区域外の海岸に大量に漂着したごみを市町村が収集・運搬・処分する場合の経費の支援が目的である。災害によるか否かは問わない。また「災害に起因しない漂着ごみ被害にあっては、一市町村における処理量が一五〇㎥未満のものは補助対象から除外する」と規定されていて、前者に比べて体積に関する規定が厳しくない。

市町村は、散乱している漂着ごみが、災害によって発生したのか海外から流れたのか、そして体積がどの程度なのかを調査しなければならない。それによって、どちらの補助金を申請するのかが変わってくるからである。しかし、市町村からすれば、補助金を得るためのこうした調査は無駄な作業でしかない。市町村は、国レベルの縦割り行政によって、調査と申請という二重の行政手続きを強いられているのだ。また、いずれの補助金も都道府県を通じて配分されるため、その意向が反映される可能性がある。これは、市町村が地域の特性を生かした計画を立てる妨げになる。

## 3　新たな法律や基金でも残る壁

二〇〇九年七月一五日、長年にわたる市町村や市民活動団体の要請が実を結び、「美しく豊かな自然を保護するための海岸における良好な景観及び環境の保全に係る海岸漂着物等の処理等の推進に関する法律」（以下「海岸漂着物処理推進法」という）が議員立法で成立した。この法律では、漂着ごみの処理責任（海岸管理者＝都道府県の責任）、費用に関する国の責任、国際的な取り組みなどが明示され、漂着ごみ問題解決への期待が高まっている。また、対馬の底力のような民間団体の活動の支援についても定められた。

「（民間の団体等との緊密な連携の確保等）

第二五条

国及び地方公共団体は、海岸漂着物等の処理等に関する活動に取り組む民間の団体等が果たしている役割の重要性に留意し、これらの民間の団体等との緊密な連携の確保及びその活動に対する支援に努めるものとする。

（財政上の処置）

第二九条3

政府は、海岸漂着物対策を推進する上で民間の団体等が果たす役割の重要性にかんがみ、その活動の促進を図るため、財政上の配慮を行うよう努めるものとする」

そして、環境省は二〇〇九年度第一次補正予算に「地域グリーンニューディール基金」を計上した。その目的については、「地球温暖化問題等の喫緊の環境問題を解決するために不可欠である地域の取組を支援し、当面の雇用創出と中長期的に持続可能な地域経済社会の構築のための事業を実施する」と述べられている。この対象事業の一つに、漂着・漂流ごみの回収・処理や発生抑制対策など、漂着ごみ関連事業があげられたのだ。漂着ごみの処理責任を政府が認めたことは評価できるが、気になる点がいくつかある。対馬の例に即して指摘しよう。

地域グリーンニューディール基金の事業実施要領によると、「海岸管理者等として実施する海岸漂着物等の回収・処理に関する事業（民間団体等と協力・連携して実施する事業を含む）」の実施方法は「都道府県等における基金事業の実施に係る契約の際には、各都道府県等の財務規則等に基づく競争性のある手続きを原則とする」。また、事業効果に関する項目において、「都道府県等は基金事業を実施する場合には、直接的な雇用効果を把握するものとする」と定めている。

したがって、地域グリーンニューディール基金のおもな目的は、事業を起こして雇用を創出することであり、競争入札が基本である。海岸漂着物処理推進法で定められた「民間の団体」は「事業者」に置き換えられ、市民活動団体への支援が抜けている。だが、漂着ごみ問題に関して行政が処理しきれなかった課題に取り組んできたのは、対馬の底力のような市民活動団体にほかならない。市民活動団体の支援（活性化）より、競争入札による民間企業へのバックアップ（経済活性化）を目標としていることには、いささか違和感がある。

実際、地域グリーンニューディール基金によって漂着ごみ処理の予算（一一億三〇〇〇万円）がついた長崎県は、公共事業として漂着ごみ清掃の発注を決めた。対馬の底力は再び県から呼ばれ、これから清掃活動を行う場所と期間を聞かれたという。対馬の底力が収集する以外の県が管理する海岸保全区域を公共工事として発注する方針のためであろう。対馬の底力では、駐車場とトイレが近い海岸を選んだ。これまで人の出入りがむずかしい海岸に重機を持ち込んで清掃を行ったこともあったが、活動資金が少ないため、そうした区域は選択できなかっからだ（漂着ごみの収集活動に多くの人びとが参加し、現状を知ってほしいという狙いもあった）。

次に、地域グリーンニューディール基金のもう一つの限界は、有効期間が三年に限定されている点である。漂着ごみ問題が三年で解決できるとはとても考えられない。競争入札によって民間企業が事業を引き受けたとしても、三年後の資金と担い手に関する議論が欠落している。基金がある間は民間企業に任せ、なくなったら市民活動団体に再び頼むというのは、あまりにも虫のよい話だ。地域の人びとが漂着ごみ問題を議論し、一〇年後、二〇年後を見据えた長期的な計画を立てられるような基金のあり方でなければならない。

さらに、地域グリーンニューディール基金の受け皿の問題があげられる。漂着ごみ事業に関しては都道府県が受け皿になり、その地域計画に従って各市町村に基金が割り当てられる。事業の実施主体は市町村であるにもかかわらず、受け皿は都道府県なのだ。市町村は基金を獲得するため、地域の特性や市民活動団体の状況を考えるよりも、都道府県の意見を聞かざるをえない。実績がある市民活動団体への支援を手厚くして、基金終了後の取り組みにつなげたくても、県の計画（入札による民間企業への委託）を優先せざるをえないと、対馬市の担当職員も嘆いていた。

二〇〇〇年の地方分権改革で機関委任事務が廃止され、国・都道府県・市町村は対等・協力関係となったはずである。しかし、多くの補助金制度は、国から都道府県・政令指定都市へ、都道府県から市町村へという、従来の上下・主従関係のままになっている。現状は本来の意図から程遠い。

## 4　国際的な協力が求められている

海は国々をつなぐ道であり、資源の宝庫である。だが、近年においては、漂着ごみという負の遺産を共有する道にもなっている。天然ガス、石油、水産物といった海の資源は誰もがほしがるが、漂着ごみは誰もほしくなどない。当然ながら、発生者が処理の責任をとってほしい。現に、日本でも処理費用を原因者国家に負担させるべきだという見解もみられる[4]。だが、原因者国家に対策を要請しても、その非を認めない場合は外交問題につながるおそれすらある。

しかも、実際には、漂着ごみの発生国を明らかにすることは簡単ではない。たとえば韓国国土海洋部（漂着ごみの担当省、日本の国土交通省に該当）は、中国からの漂着ごみの量が膨大であり、その対策は喫緊な課題であるという。同時に、韓国からの漂着ごみは日本の海岸を汚しているし、日本のごみもカウアイ島からミッドウェー諸島に至る北西ハワイ諸島まで漂流している[5]。このように、漂着ごみ問題は一国だけでは解決できない公共の課題である。韓国が中国の責任を問い、日本が韓国の責任を問うてすむ問題ではない。

したがって、漂着ごみの関連国、関連自治体、そして市民活動団体が一堂に会し、解決策を話し合わなければならない。責任の追及ではなく、現在の大量生産・大量消費・大量廃棄の経済社会システムの転換を視野に入れて議論し、廃棄物を少しでも減らすシステムの共有が求められている。韓国では二〇〇〇年から対馬の漂着ごみの実状が知られ始め、大学生が毎年対馬を訪れて、島民や日本の大学生とともに収集活動を行ってきた。

それに先立つ一九九四年からは、国連環境計画(ＵＮＥＰ)の地域海計画の一つである北西太平洋地域海行動計画(North-west Pacific Action Plan：ＮＯＷＰＡＰ)に、日本、韓国、中国、ロシアの四カ国が共同で取り組んだ。現在までに一五回の政府間会合が開催され、海を守るための具体的な計画が立てられてきた。たとえば、データベースと情報管理システムの設立、各国の環境法や政策に関する情報の共有、地域のモニタリングシステムの構築、海洋汚染に対する対応などである。

漂着ごみについても実態調査に基づいて議論され、海洋保全のための協力が探られている。たとえば、北西太平洋地域海行動計画参加国は、地方自治体やボランティア、ＮＰＯが浜辺や海岸線の漂着ごみをモニタリングするためのガイドライン(二〇〇六年)を共同で策定した。これは、各国が漂着ごみの清掃・調査を行う際に種類・量・発生源を把握するために役立つ。また、参加国は調査結果の国際的な共有にも努力している。

## 5　関連主体を排除しないパートナーシップ

民主党政権の発足以降、新しい公共という言葉が広がった。今村都南雄氏は、市民や市民的活動団体、行政機関、民間事業者のリンケージを重視し、排除ではなく相互に連携し、協力関係を取り結ぶところにその新しさがあると指摘する。(6)

もちろん、その行方は明るいだけではない。内閣府や経済産業省による報告書について、「『新しい公共』論の基本的なロジックは、政府における厳しい財政状況を前提として、行財政の効率化(財政削減)のために、端的に言って、公共サービスのアウトソーシング先として社会的企業やＮＰＯに期待したいというもの」で、それらの「社会的機能や民主主義との関係、政策形成局面での参加について論じられているわけではない」とする厳しい指摘もある。(7) にもかかわらず、「国の政府も、自治体政府も、制度疲労から地域における市民のニーズ把握が十分できない」ため、新しい公共に関する議論そのものへの必要性はさらに高まっている。(8)

漂着ごみ問題は、決して新しい公共の問題ではない。長年にわたる国の責任転嫁によって市町村や市民活動団体が処理してきただけの話である。ようやく公共性を認められ、新しい公共課題となった。財政状況など行政側の都合によって市民や市民活動団体が使われるのではなく、対等な立場で議論し、解決していかなければならない。

環境問題は、たとえば地球温暖化問題に典型的なように、各国のトップレベルの議論によって解決策を探るしかないと考えられる場合がある。しかし、地球レベルの課題であるように見えても、もともと地域で発生した問題が世界に広がったという事実を忘れてはいけない。地域で発生した問題に地域住民の声を反映しない解決案は、そもそもありえない。

漂着ごみの原因者が不明な場合があるのは事実だが、公共的に処理すべき課題であることは明らかである。収集活動を行う市民活動団体が存在しない市町村は競争入札によって民間企業に頼らざるをえないとしても、市民活動団体が存在しているのであれば、その活動を支援すべきである。公共の問題を解決するために活動しているさまざまな団体が排除されることがないように、地方分権のあり方に関する議論を深める必要もあるだろう。地方分権改革では、もっぱら政府間関係の権限・財源に焦点が当てられてきた。しかし、本稿で取り上げたような公共の問題に取り組む場合には、地域の市民活動団体を含めた権限・財源のあり方を議論する必要があるだろう。今村氏が指摘するように、公共的課題を解決するためには、すべての関連主体が排除されずに、パートナーシップを組めなければならない。そして、必ず現地に足を運んだうえで新たな制度やシステムをつくってほしいと切に願う。

(1) あらゆる廃棄物を他の産業分野の原料として活用し、最終的に廃棄物をゼロにすること(ゼロ・エミッション)をめざす北九州市の政策によって建設された企業団地。技術や経験を蓄積してきた環境関連企業や研究機関が進出し、目標達成のために努力している。
(2) 環境省主催で開かれた「漂流・漂着ゴミに係る国内削減方策モデル調査地域検討会」の参考資料「長崎県の漂流・漂着ごみ対策について」二〇〇七年八月、三ページ。
(3) 環日本海環境協力センターと海と渚環境美化推進機構は、それぞれ漂着ごみに関する調査を実施し、その結果に基づいて、漂着ごみ問題は取り組むべき喫緊の課題であると国に働きかけてきた。
(4) 「漂着ごみ増加　国際的枠組みで対策図れ」『琉球新報』二〇〇九年七月一二日。
(5) 小島あずさ・眞淳平『海ゴミ――拡大する地球環境汚染』中央論新社、二〇〇七年、一二八ページ。

(6) 今村都南雄「『新しい公共』をめぐって」『自治総研』二〇〇三年八月号。
(7) 原田晃樹・藤井敦史・松井真理子『NPO再構築への道――パートナーシップを支える仕組み』勁草書房、二〇一〇年、一三一ページ。
(8) 坪郷實「『新しい公共』と市民社会の強化戦略」『生活経済政策』二〇一〇年一一月号、三六～三七ページ。

# 6 公民協働に支えられた予防的健康福祉サービス
## ――フィンランドの事例から

萩野 寛雄

## 1 効率的・効果的なフィンランドの予防的健康福祉サービス

近年、日本でもフィンランドの健康福祉サービス（医療、健康増進、社会福祉、高齢者福祉など）が多く紹介されるようになったが、フィンランド・モデルの定義は定まっていない。他の北欧型福祉国家との比較で確たる独自性はないとする者もいれば、情報コミュニケーション技術などの積極的活用で省力化を図る健康福祉サービス[1]、福祉と雇用・産業創出の一体化[2]と提唱する者もいる。単に予防や自立を重視したサービスを称する場合もある。

フィンランドの福祉国家形成過程は、山田眞知子の著作に詳しい[3]。一九八四年のヴァルタヴァ改革[4]を経て現在に至るフィンランド型福祉国家は、九一年のソ連崩壊に伴って大きな経済的打撃を受けた。同時に、世界第二位の速度で高齢化が進んだ。国勢調査などによれば、高齢化率が七％から一四％に達するまでの年数は、フランス一一五年、イギリス四七年に対し、三六年であった（日本は二七年で世界第一位）。これは、高齢化への対応がむずかしいことを意味する。

高齢社会の進展は、介護サービスの量的な激増に加えて、質的な変化をもたらした。不況と相まって、従来の北欧型福祉国家に典型的な高コストの公的セクターによる供給や、介護需要が発生してから対応する事後的サービスでは対応できなくなる。その結果、新しい健康福祉サービスの開発と、その効率的・効果的な供給が急務とされた。

そこでとられたのが、事後的サービスとは一線を画す、包括的な予防的健康福祉サービスの開発と供給である。筆者は文部科学省の知的クラスター創成事業（二〇〇七〜一一年度）に参加し、フィンランドの情報を収集・分析する機会を得た。そこでわかったのは、予防的健康福祉サービスの多様なメニューと、その効率的・効果的な供給の仕組み、すなわち公的セクターによるサービス供給から第三セクターを多様に活用した福祉ミックスへの変革である[5]。

ただし、それはコスト削減のための単なる下請け利用では決してない。北欧のコンセンサス形成型民主主義に立脚した公民協働によるものである[6]。高負担・高福祉の北欧型福祉国家の前提は、政治と行政に対する住民の声の十分な反映、監視制度の整備、透明性の維持である。フィンランドでは、民主的すぎるとも言われるほどの情報公開と住民参加制度[7]が整備され、予防的健康福祉サービスにおいても市民本位の姿勢が貫かれている。収集した事例では、こうした土壌を基盤にした公民協働によってメニューが開発され、効率的・効果的に供給されていた。

日本でも二〇〇五年の介護保険制度の改正を機に、こうした予防的健康福祉サービスの導入が図られている[8]。本稿は、日本の予防的健康福祉サービスへの示唆とすべく、フィンランドのケースを紹介するものである。

## 2　功を奏していない日本の予防的健康福祉サービス

経済発展に伴う栄養状態の向上や衛生環境の改善、医療技術の進歩は、日本の平均寿命を著しく延ばした。二〇〇八年の平均寿命は八二・六歳に達し、一九八八年に比べると約一〇年も延びている。こうした高齢化の急速な進展と同時に進行した、都市化・核家族化・女性の社会進出などによる家庭介護能力の喪失は、高齢者介護の社会化を要請し、その対策として二〇〇〇年に介護保険制度が導入された。

しかし、介護保険制度による健康福祉サービスへの準市場導入は多くの歪みを生み、介護保険財源を圧迫していく。不必要な介護保険サービス利用による廃用症候群[9]も指摘された。これを受けて、二〇〇五年に予防に力点を置いた改正が行われる。軽度の要介護者に対しては家事援助などの限度額が減らされ、代わって「運動機能の向上」「栄養改善」「口腔機能の向上」といった予防的健康福祉サービスが導入されたのである。近い将来に機能低下が予想される高齢者に対しては、市町村が提供する予防的サービスである地域支援事業と、その実質的担い手としての地域包括支援センターが設けられた。

予防に力点を置いた改正に対しては、筆者が所属する東北福祉大学付設の各種施設を含めて多くのところから、本当に必要な利用者へのサービス減少につながるという懸念の声があがった。事実、予防重視の姿勢にコスト削減の狙いが強いのは否めない。同時に、介護保険財源の枯渇や社会福祉事業への公的資源の投入拡大が困難である現状では、事後的サービスを中心にするかぎりサービス水準は維持できない。

そこで、現時点で健康ないし要介護状態が低い高齢者に対する一次予防を推進して介護需要コストの増大を抑制し、最優先すべき要介護度が高い高齢者へのサービス水準を守る苦肉の策として、予防重視が打ち出されたといえるだろう。専門家による効果検証を経て導入された予防的健康福祉サービスは、高齢者にとっては元気に暮らせる時間の延長、介護保険の保険者である市町村にとっては介護保険を持続可能とする施策と目されていた。

だが、蓋を開けてみると、介護予防事業の利用は遅々として進んでいない。厚生労働省の『平成二〇年度介護予防事業（地域支援事業）の実施状況に関する調査結果』によれば、高齢者人口二八二九万人に対して、介護予防サービス（通所型・訪問型特定高齢者施策）を利用した高齢者は一二万人、わずか〇・五％にすぎない（同二一年度の調査でも、二八九〇万人に対して一四万人で、〇・五％）。

予防的健康福祉サービスは、多くの対象者が継続的に利用しなければ効果は得られない。世界に先駆けて予防的健康福祉サービスに先鞭をつけたフィンランドが、その成功を注目されている[10]要因はどこにあるのだろうか。

## 3　健康福祉サービスの供給における公民協働

まず、フィンランドの健康福祉サービスの供給を概観しよう。フィンランドの健康福祉省は、関連法体系の整備や政策過程の調整など国家単位での健康福祉行政の大枠を定めるにとどまり、地方自治体の詳細な事務には関与しない。職員はわずか四五〇名程度であり、国民の健康に関する独自の情報収集すら困難である。

そのため、健康福祉省を知識・情報・資金面でバックアップする外郭団体や政府系・非政府系研究機関が多い。これらは健康福祉省に代わって、同省が定めた規制や基準、資格などの認証業務を扱ったり、実施にあたってのスーパーバイズ(11)機能を果たしたりする。その際、データの作成については、NGOなどの民間セクターや地方自治体と密接に協力せざるをえない。この過程で、間接的ではあるが、地域の実情や民間セクターの情報が中央政府の政策判断に反映される。

そうした組織の一つであるフィンランド国立健康福祉研究開発センター（STAKES、二〇〇九年の行政改革後は国立保健福祉研究所に統合）には約五〇〇名の研究者がおり、その七〇％は学士・修士レベルで、二〇％は博士号をもつ。同センターは健康福祉分野でさまざまな政策モデルを作成し、自治体が実態に応じて選択できるようにしている。フィンランドは自治体レベルへの広範囲な

図1　フィンランドの健康福祉サービスにおける行為者と職務の関連図

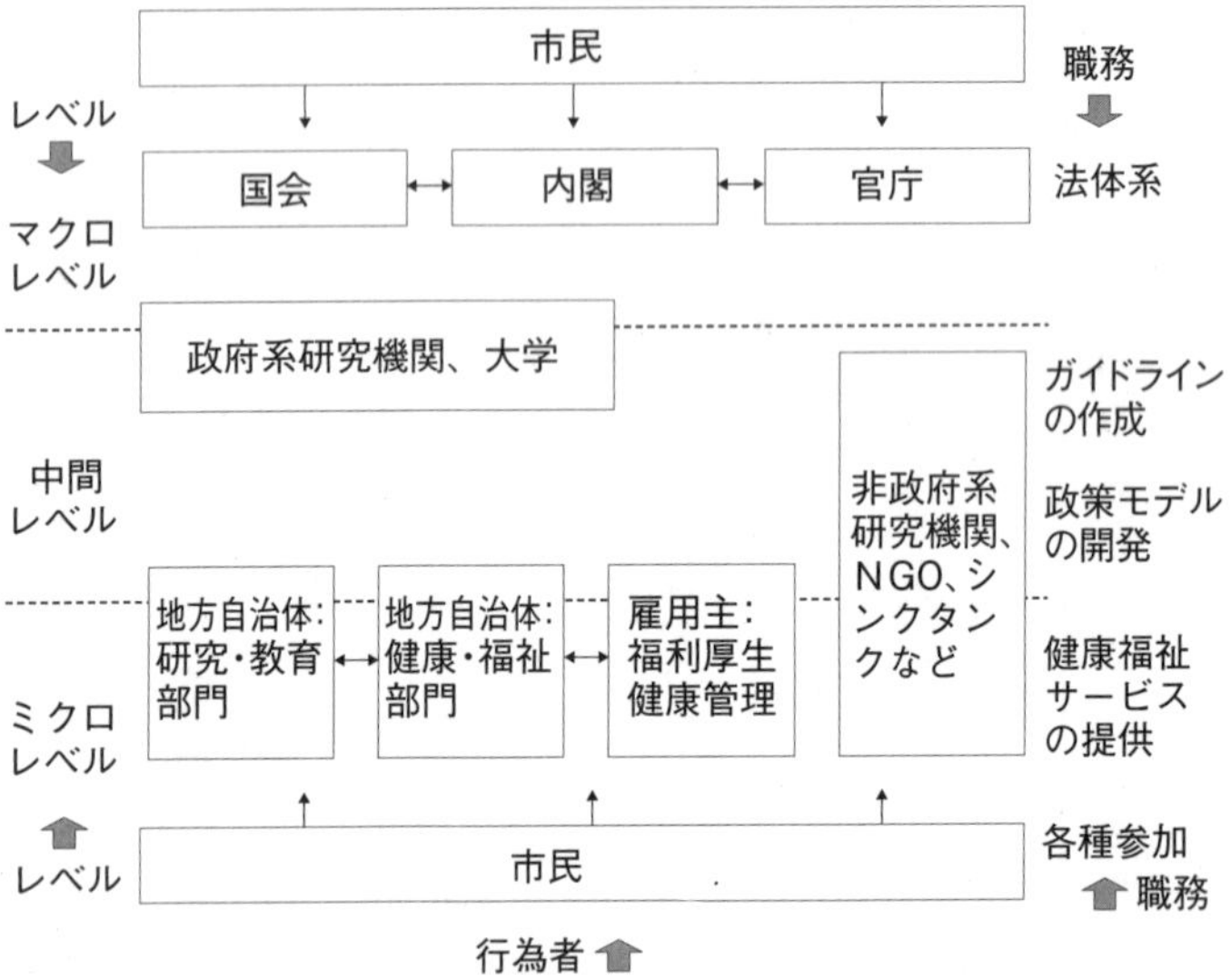


権限移譲で有名だが、同センターの情報提供機能なしに、健康福祉分野で市町村が有効な政策決定を行うのはむずかしい。健康福祉サービスの有効性の点からも、地方自治拡充の点からも、公民協働を効果的にするためにも、こうした周辺組織は重要である。

周辺組織を各レベルごと分けて図1に示した。選挙や各種住民委員会への参加を通じて、フィンランド市民は国会議員や政府、省庁などに直接的・間接的に影響を行使する。

法律はマクロレベルのフレームワークを形成するのみである。そのフレームワーク内で健康福祉サービスを行うためのガイドラインづくりなどを行う中間レベルでは、前述した外郭団体や各種研究機関が大きな役割を果たす。やはり重要な役割をもつNGOなどの民間セクターや地方自治体とも協力し合って、ガイドラインや諸政策の多様なモデルをつくるのである。この段階で、民間セクターや地方自治体の意向が反映される。これに基づいて行われるミクロレベルでは、顧客である市民の声を受けて政策が見直され、選挙結果によってはマクロレベルに直接還流される場合もある。

こうした一連のプロセスで、縦系統の一方的な命令は稀である。相互が尊重し合い、意見交換しながら、全体として一つのシステムをつくりあげるのであり、公的セクターがパートナーである民間セクターに権威的に命令するのではない。この相互作用的な公民協働が、健康福祉サービスにおけるフィンランド・モデルのポイントである(12)。

## 4　先進的な予防的健康福祉サービス

フィンランドでは地方自治体への財源移譲が実施され、地方分権、職員参加、住民参加が進むとともに、各自治体の行政効率化へのインセンティヴは高い。健康福祉分野の行政サービスはほとんどの自治体で予算や職員数において五〇％以上を占め、その効率化は必須である。一方、国民の権利意識に応えるためにも、サービスの質は落とせない。したがって、健康福祉省、外郭団体、各種研究機関と協働して、既存サービスの改善や革新的なサービスメニューの開発に取り組んでいる。

筆者はヘルシンキ在任中、ラウレア応用科学大学とヘルシンキ商科大学の専門家と、先進事例を厳選して収集した。前者は看護学部やソーシャルワーク学部などに多くの専門家をかかえ、エスポ市[13]やバンタ市[14]などの地元自治体と各種サービスを開発し、提供している。後者はビジネス研究における ネットワーク・マネジメント理論[15]に基づいて、エスポ市とのネットワーク化によるサービスの効率化を進めている。ここでは、公民協働に基づき展開されてきた先進的な予防的健康福祉サービスの概要を紹介する。それらの多くは民間セクターとの協働で開発され、民間セクターとともに供給されてきた。なお、個々の事例の詳細は報告書を参照されたい[16]。

①病気の予防、健康教育、他の教育効果と関連させた包括的予防機能を学校給食にもたせる。

②女性の常勤雇用率が高いため、父親も含めた子育て支援策として、新生児用パックを無料支給する。

③ノキア社などとの産学官連携で健康日記を開発。携帯電話に組み込み、日常生活を視覚化・自覚化させた結果、多くの市民が利用している。

④パイヤットーハメ郡では、健康福祉政策の決定、プログラムの開発、供給の全プロセスを地元の研究機関や企業と連携して行う、ゴールドプランを策定した。

⑤科学的根拠に基づいた予防運動プログラムとして、ノルディック・ウォーキングを産学官連携で開発した。フィンランド人の文化に根ざしているため日常生活に定着し、身体面のみならずメンタル面や社会的つながりという点でも効果をあげている。

⑥こうした包括的予防サービスの開発と供給に活躍するNGOやボランティアを財政面で支えている機関は、フィンランド・スロットマシーン協会である。

これらの先進事例には二つの共通点が見られる。一つは人びとが継続して行えるような配慮、もう一つは公民協働である。

予防的サービスは治療とは異なるため、おざなりにされがちだ。しかし、継続されないかぎり予防効果は見込めない。その点フィンランドの各種サービスは、無理なく、楽しく、日常生活に組み込めるように工夫されている。フィンランドでは一般に生活の質を測る指標として、（身体の）健康、メンタルヘルス、栄養、アクティビティ、社会的つながり、住居の六つがある。[17] 予防的健康福祉サービスの多くは、これらの指標の複数を満たすように設計されているため、人びとが継続でき、高い効果を生み出している。彼らにとって、強いられるものではなく、日常生活のなかに楽しみとともに埋め込まれ、効果が実感できるものである。

そして、各種サービスのメニュー開発から供給に至る全過程で、地方自治体や政府系研究機関とともに、民間セクターが重要な役割を果たしている。民間セクターの主体的参加によって、利用者の声が具現化されるのである。利用者のニーズ[18]に基づいて開発が着手され、供給過程で彼らの反応が研究機関にフィードバックされ、ニーズにより即したサービスに改良されていく。

## 5　自治体の革新的な取り組み

エスポ市とバンタ市ではラウレア応用科学大学とヘルシンキ商科大学と連携して、予防的健康福

基づく健康福祉サービスのイノベーションモデル

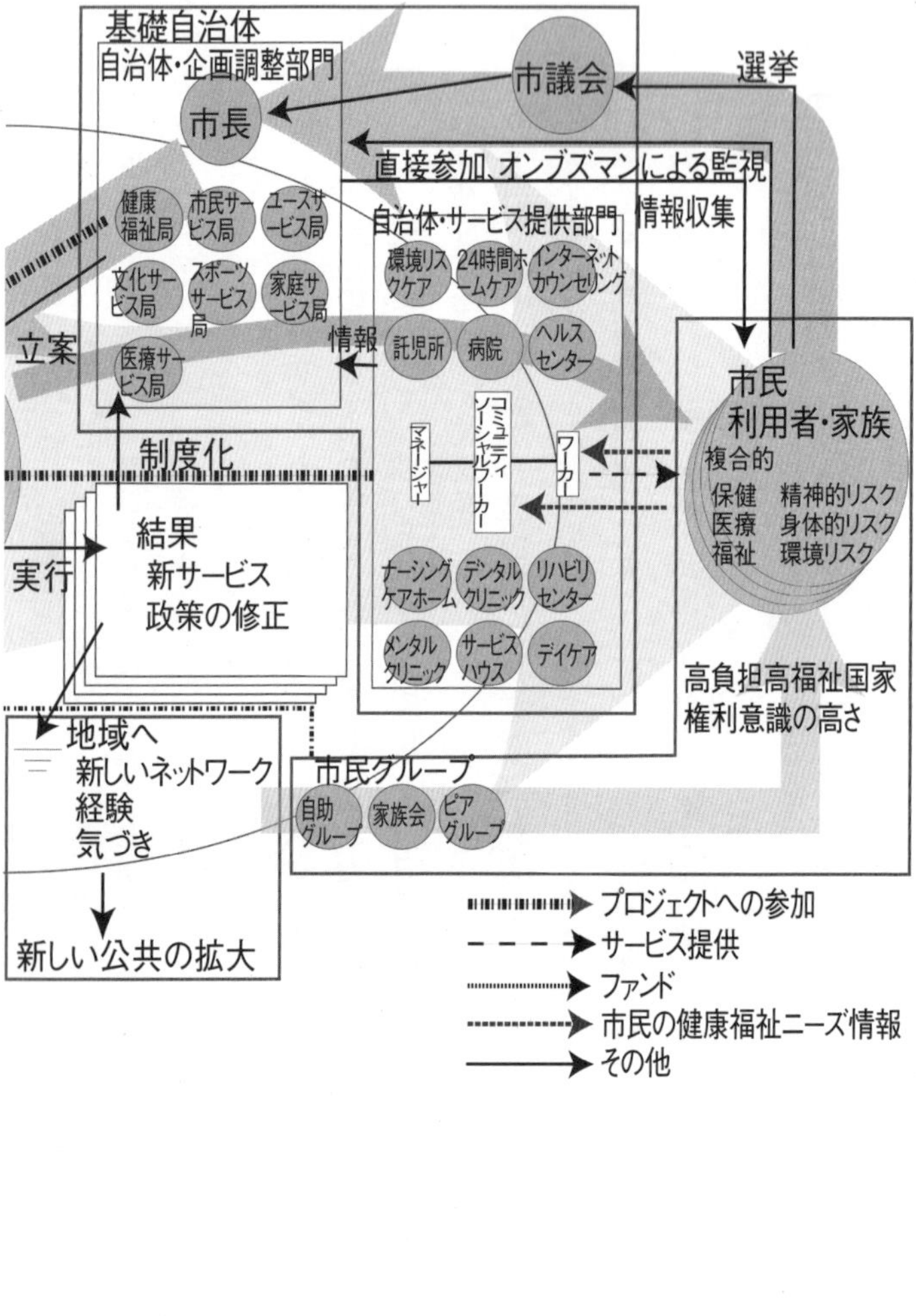
基礎自治体
自治体・企画調整部門
市長
市議会
選挙
直接参加、オンブズマンによる監視
情報収集
健康福祉局
市民サービス局
ユースサービス局
文化サービス局
スポーツサービス局
家庭サービス局
医療サービス局
立案
情報
自治体・サービス提供部門
環境リスクケア
24時間ホームケア
インターネットカウンセリング
託児所
病院
ヘルスセンター
マネージャー
コミュニティソーシャルワーカー
ワーカー
ナーシングケアホーム
デンタルクリニック
リハビリセンター
メンタルクリニック
サービスハウス
デイケア
市民
利用者・家族
複合的
保健　精神的リスク
医療　身体的リスク
福祉　環境リスク
高負担高福祉国家
権利意識の高さ
制度化
結果
新サービス
政策の修正
実行
地域へ
新しいネットワーク
経験
気づき
新しい公共の拡大
市民グループ
自助グループ
家族会
ピアグループ
プロジェクトへの参加
サービス提供
ファンド
市民の健康福祉ニーズ情報
その他

図2　エスポ市とバンタ市の公民協働に

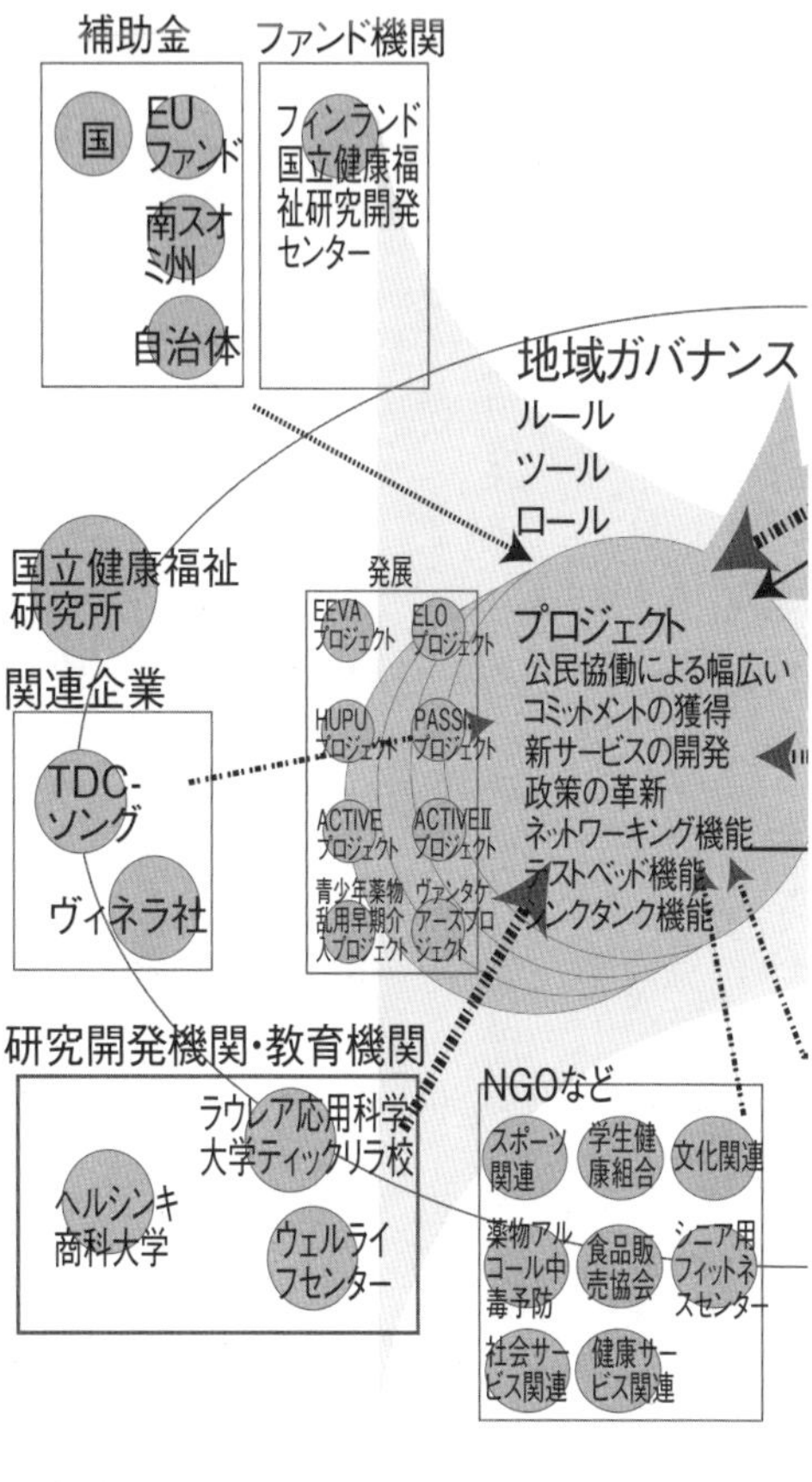


祉に関する革新的取り組みを行っている。両市の特徴は、州レベル、国レベル、EUレベルの資金を積極的に導入し、多くのパイロットプロジェクトを公民協働で開発し、成果を政策につなげている点にある。(19) フィンランドの健康福祉サービスの供給は、一般的にはいまも公的セクターが大きな割合を占める。そのため、通常は縦割りに陥りがちだが、両市では各部局をプロジェクトを通じて連携させ、その繰り返しが経験として蓄積されていく。図2には、多様な問題に対してプロジェク

トが連続的・重層的に行われ、そこに官民の多様な主体が結集していく様子が描かれている。

こうしたプロジェクトには大学・研究機関発の革新的な提案が持ち寄られ、費用対効果の高い健康福祉サービスの開発が行われる。その大きな推進力は分権社会である。

フィンランドは一九九〇年代の経済不況へ対応するなかで、中央政府と地方政府、地方政府の管理部門と現業部門、地方政府と住民という三つのレベルで分権化を進めていく。ヴァルタヴァ改革と国庫負担金制度廃止による包括補助金化以降、健康福祉サービスの主体は自治体に移り、自由度も高まった。その一方で、補助金の総額は減少し、従来のサービス水準を維持できなくなる。だが、高い税金を支払っている市民は、その見返りとして健康福祉サービスに対する権利意識が強い。費用対効果に敏感で、自治体によるサービスの効率化や有効な新しいサービスの開発を厳しく監視している。

また、住民一人あたりの地方議員数は日本の二〜六倍で、その多くは職業政治家ではない。市民感覚の強い議員からなる議会によって市長は任命され、その市長が局長クラスを選ぶ。こうした自治体幹部職員の多くは政治的任用であり、短期での具体的成果を強く求められるため、住民の声に敏感にならざるをえない。

さらに、自治体の各部局の方針を定めたり、予算の行使を監督する各種の委員会には一般市民を多く任命するため、二重三重に住民の声が反映されやすい。自治体行政は常にその期待に応え、住民本位の低コストで高品質なサービスを開発・提供すべく、日々努力する。たとえば、健康福祉局長が一〇人規模の高齢者の会合に出向いて意見を聴くことも、稀ではない。

住民のニーズに応えるべく、自治体と大学・研究機関や企業は積極的に協働する。自治体は外部資金を獲得して研究機関とともにプロジェクトを企画し、成果が既存サービスの改善や効率化、新サービスの導入などの政策へ反映される。プロジェクトにはＮＧＯやボランティアが参加し、公的セクターの部局を超えた連携に加えて、公的セクターとＮＧＯ、企業、家族会など民間セクターとの連携や、ピアグループ[20]など市民グループとの連携も進んでいる。共通の価値と目標を共有する官民の多様なアクターが協働する場がプロジェクトである。

入札制によって民間セクターを安価な委託先として活用するだけではない。プロジェクトを通じて地域に蓄積された協働の経験は地域ガバナンスへとつながり、強い権利意識だけではなく、助け合って新しい公共を担う市民を育んでいく。こうした協働を円滑化するために、たとえばヘルシンキ商科大学のネットワーク・マネジメントの知見が発揮される。研究者が各主体の小規模な会合にも密接に関与し、ネットワークの形成や活性化、適切な管理をきめ細かに行う。こうして、地域社会に費用対効果にすぐれた各種政策が持続的に提供されるようになっていく。エスポ市とバンタ市の事例の先進性は、以下の四つに整理できるだろう。

第一に、自治体が研究機関をシンクタンク的に積極活用して地域ニーズを発見し、外部資金を獲得して、政策に生かしている点である。

第二に、重点的分野の決定と外部資金の導入後は、自治体がプロジェクトに関与する主体の利害関係の調整やサポート役に徹している点である。多様な主体が気持ちよく活動できるために、ネットワーク・マネジメント理論の知見が導入されている。

第三に、新しいサービスや製品の供給過程や改善に、草の根の市民を巻き込んでいる点である。この結果、市民の参加意識や健康意識が高められる。

第四に、供給過程で発生した課題を次のプロジェクトにつなげている点である。プロジェクトの継続を通じて、縦割りの解消と市民の意識改革を狙っている。

日本とフィンランドには、人口、歴史、文化、国民性、制度など大きな違いがある。もちろん、フィンランドモデルをそのまま導入することはできない。また、フィンランドの大学教員は、外部資金を獲得しないと給料が減額される場合すらあるため、産学官連携にきわめて熱心である。政府が補助金の重点項目を使って大学教員の研究分野を左右していることも否めない。

とはいえ、日本の予防的健康福祉サービスを持続的・効果的にするために、フィンランドの姿勢や取り組みは参考になる。経費削減を目的とするのではなく、公民協働を進め、研究・開発・供給過程に学生を積極活用して教育機能も高めている点は、大きな示唆を与えるであろう。

（1）マニュエル・ヒマネン、ペッカ・ヒネマン著、高橋睦子訳『情報社会と福祉国家――フィンランド・モデル』（ミネルヴァ書房、二〇〇五年）など参照。

（2）経済産業省の健康サービス産業創出支援事業に指定された仙台ウェルネス・コンソーシアム（ＳＷＣ）

事業や仙台フィンランド健康福祉センター（FWBC）事業は、その一例である。

（3）山田眞知子『フィンランド福祉国家の形成――社会サービスと社会分権改革』木鐸社、二〇〇六年。

（4）健康福祉サービスに関する国庫補助金制度の改革。従来は保健サービスに比べて国庫負担率が低かった社会福祉サービスの負担率を同率にした。遅れて福祉国家化したフィンランドでもこれ以降、北欧型福祉国家の特色である普遍的福祉サービスが拡充され、在宅ケアへの移行が進んだ。詳しくは山田眞知子「フィンランドにおける高齢者福祉政策の展開と国庫支出金制度改革――一九八四年のVALTAVA改革を中心に」（『北大法学研究科ジュニア・リサーチ・ジャーナル』第四号、一九九七年）参照。

（5）藪長千乃はフィンランド国立健康福祉研究開発センターの資料をもとにフィンランドの健康福祉サービスにおける民間部門の拡大を分析し、三つの自治体で聞き取り調査を実施。入札による民間部門の活用によって、財政的理由で公的セクターでは供給できなくなった部門の補完が行われていることを紹介している。藪長千乃「NPM改革と自治体における福祉サービス供給――フィンランド三自治体の事例から」『文京学院大学人間学部研究紀要』第九巻第一号、二〇〇七年。

（6）東北福祉大学知的クラスター事業推進室『知的クラスター創成事業　広域化プログラム　東北福祉大学実施分　平成二一年度成果報告書』二〇一〇年。

（7）竹下譲監修『世界の地方自治制度』イマジン出版、一九九九年、一八三～二〇二ページ。

（8）二〇〇五年の改正では介護予防サービス（新予防給付）や地域支援事業が導入され、介護予防の推進が制度化された。

（9）日常生活の活動量低下によって起こる運動機能や認知機能の低下。高齢者が多少の無理をしてでも自ら家事を行うことで維持されていた能力が、介護保険の家事サービスの利用によって喪失するとされている。

（10）キシリトールによる虫歯予防はとくに有名で、多くの歯学関係の研究がある。また、山田眞知子は自殺予防の取り組みを紹介し、森明人は地域包括ケアの観点から分析している。山田眞知子「フィンランドの自殺予防対策――国と自治体の連携の試み」『北方圏生活福祉研究所年報』第一二巻、二〇〇六年。森明人「地域福祉における包括的予防の視座の考察――EUとフィンランドの政策動向とサービス事例の分析を通して」『東北福祉大学研究紀要』三四号、二〇一〇年。森明人「フィンランドにおける予防型地域包括ケアシステムに関する考察――ローカルガバナンスに焦点をあてて」『東北福祉大学大学院研究論文集総合福祉学研究』七号、二〇一〇年。

(11) 総合的観点から現場をよりよい方向に導くべく行われる監督、指導、助言など。

(12) 入札競売方式による健康福祉サービス（診療所や民間ホスピスなどでの医療サービスや民間老人ホームの施設サービスなど）の購入による民間セクターの活用は、そうした公民協働の一つの事例である。

(13) ヘルシンキ市の西隣に位置し、人口約二五万人、フィンランド第二の都市。世界最大の情報コミュニケーション技術会社ノキア社の本社があり、産学官連携都市として知られる。

(14) ヘルシンキ市の北隣に位置し、人口約二〇万人、フィンランド第四の都市。ヘルシンキ－バンタ国際空港がある空の玄関で、難民や定住外国人も多い。

(15)「ネットワーク」と「ネットワーク型組織」は異なる概念である。自生的ネットワークの完全なマネジメントは不可能だが、目的のために人工的につくられたネットワーク（≒ネッツ）はある程度のマネジメントが可能である。組織統治原理には、市場、階層制、ネットワークなどがあるが、異なる統治原理を有する構成要素からなるネッツを構築し、運営・発展させていくために行われるさまざまな行為を総称してネットワーク・マネジメントと呼ぶ。

(16) ここにあげた事例は、東北福祉大学知的クラスター事業推進室『知的クラスター創成事業 広域化プログラム 東北福祉大学実施分 平成一九年度事業報告書 多様で創造的な予防健康増進サービスの先進事業事例――「フィンランド・モデル」から学ぶ』（東北福祉大学、二〇〇八年）や、同別冊五 "Advanced

Preventive Health Care Services in Finland”” 同別冊六 “Best Practice in Finnish Health Care Prevention”” 同二〇年度報告書別冊一 “Best Practices in Finnish Mental Health Promotion and Depression Prevention”” 同別冊二 “Networks of Preventive and Integrated Care in Finland”)に収録されている。

(17) Katariina Raij, PaulaLehto, Arja Piirainen, “Quality of Life and New Interpretation of Rehabilitaion”, Helena Erjanti & Koichi Ogasawara (eds.), *REFURBISHING ELDERLY CARE The New Streams and Organisational Transformation in Finland and Japan*, Laurea, UAS, 2009.

(18) 社会福祉の文脈では、ニーズは対象の身勝手な要望とは峻別され、公的資源を投入して社会的に解決すべきであるという理解を得られると判断されるものを指す。

(19) たとえばバンタ市では、「アクティヴアート」と呼ばれる臨床美術(絵を描いたり粘土をこねたりしながら、セラピストとの対話を通じて作品を創り上げる)を予防的健康福祉サービスとして採用し、ラウレア応用科学大学の教員と学生が講師となって、二〇〇七年春から老人施設で三〇名の高齢者に提供している。バンタ市とラウレア応用科学大学がEUの基金を得て、企画段階から協働した。日本の介護保険制度では、サービスの供給が民営化されても、メニューはかなり限定される。フィンランドの入札による健康福祉サービスでは、メニューも自由に設定できるところに特徴がある。エスポ市でもEUの基金を得て、「ケアリングTV」と呼ばれる予防的健康福祉サービスを三〇~四〇家庭に提供している。一人暮らしの高齢者の孤立防止や家族への介護技術提供などが目的で、インターネット回線の簡易な双方向通信で行う。二つのサービスとも大学生の力をフル活用し、研究・開発・教育を一体化している。

(20) 本来は子どもの集団における友人関係をいう。最近では、互いの異質性を認め合う、対等な関係の人びとによって形成される集団も指す。

# 7 地方分権改革後の自治体職員像
## ――自治体コーディネーターの提唱

早川　淳

### 1　職員数の削減を伴った分権改革

本稿は、筆者の二〇年間の自治体職員としての体験に基づき、自治体職員のあり方を考えるエッセーである。エッセーと書いたのは、研究者ではない筆者には、実態調査や細かい統計データを引用する余裕はなく、あくまで個人的な体験をベースとしているからである。しかし同時に、現場の体験に基づく研究の重要性こそ寄本勝美氏の一貫した主張であり、本書の意義もそこにあると考える。現場の体験を安易に一般化はできないが、実際に起きていることから社会を考える視点は重要である。そして、現場の職員による問題提起を研究者が受けとめていくことは、役割相乗型社会の公共政策(1)の確立において一つの大切な要素であろう。

地方分権改革とは、いうまでもなく一九九九年の地方分権一括法(地方分権の推進を図るための関係法律の整備等に関する法律)の成立に象徴される大転換(以下「分権改革」という)を指す。それは、規制緩和や市町村合併を伴う行政改革の一環として行われたという特徴をもっている。自治体職員論として重要な点は、「定員適正化」の名のもとに自治体職員数の削減を伴いながら分権改革が進んだことである。

分権改革は「現住所主義」(2)といわれるように、事務の移譲ではなく、それまでの事務配分に権限を合わせている。たとえば建築確認の事務は、機関委任事務から自治事務に変わった。これによって責任や業務量は確実に増えた。たとえば、訴訟や不服審査に備えなければならない。不服審査そのものも自己責任となり、国の発行する行政実例集に頼るわけにはいかなくなった。

にもかかわらず、自治体職員数は下降の一途をたどったのである。一九八〇年代にも公民コスト比較による行政経営論が主張され、それに基づいて民間委託が進んだ。ただし、当時は自治体財政は拡大傾向にあった。一方、バブル崩壊後の分権改革においては自治体財政が縮小傾向にあり、自治体現場への影響はより大きかったと言えるだろう(3)。

筆者が自治体職員となったのは一九九〇年である。したがって、分権改革の前後でほぼ同じ期間を過ごしたことになる。この二〇年間における変化を一言で表せば、余裕がなくなったということにつきる。

入庁時は、勤務時間中にじっくり調べものをしたり、企画案を練ったり、推敲したりする時間があり、一つ一つの仕事に思い入れをこめられた。しかし、現在では、日々生じる新たな課題やトラブルにその日のうちに対処せざるをえず、結果として不十分な「やっつけ仕事」とならざるをえない。それは、筆者が係長になり、役職が重くなったためだけではない。分権改革以前の係長は、職員の仕事のチェックや進行管理、他部局との調整がおもな仕事だった。いまは、自ら日常業務をこなさなければならない。一人あたりの業務量が大幅に増えたことが、余裕がなくなった要因である。

時間的な余裕がなくなったと最初に感じたのは、一九九二年に完全週休二日制が導入されたときである。ただし、それは業務量が増えたからではない。勤務時間が短縮されたのに対して、業務量が変わらなかったからである。また、完全週休二日制の導入は、職場にもう一つの変化をもたらした。それは、人間関係の希薄化である。それまでは土曜日の午後に、同僚とスポーツをしたり、クラブ活動を行ったり、職場旅行に出かけていた。ワーク・ライフ・バランスの観点からは職場を離れた余暇が増えることはいいのだろうが、職場の人間関係の希薄化はメンタル面で病む職員を増やす要因の一つとなっていると思われる。

分権改革以降、一人あたりの業務量は急激に増大し始めた。その大きな要因は、職員数の激減である。統計データを示す余裕はないが、職員数の減少はとどまるところを知らない。全体の業務量は増えているにもかかわらず、職員数が減っているのだ。しかも、近年の団塊世代の大量退職がこれに追い討ちをかけている。減少がもっとも著しいのは、学校用務員・給食調理員・清掃作業員をはじめとする現業職（技能労務職）である。

職員の減少に反比例して、非常勤職員や臨時職員といった非正規職員が増えた。図書館などの窓口職場や保育園などの不規則勤務職場には、大量の非正規職員が雇用されている。こうした職員は勤務時間が限られているため、お互いに顔を合わすことがなかったり、勤務時間外に話をする機会は少ない。これも、職場の人間関係を希薄化ないし複雑化した要因の一つと思われる。また、非正規職員側に意見や不満があっても、下働き的な仕事が多いのはやむをえないため、なかなか言い出せない。

## 2　増え続ける業務

現業職員の減少は、委託業務の増大につながる。委託業務の増大は、決して事務量の減少とはならない。直営のときは、個々の職員に任せておけばよかった。ところが、委託の場合は詳細な仕様書の作成や進行管理が必要となるため、担当者の事務量はむしろ増える。また、契約における談合防止、環境への影響、情報セキュリティや労働条件の確保などの配慮事項が増えるにつれ、委託契約事務自体の業務量も増大していく。

そして、委託業務の増大は職員の管理・監督職化をもたらす。自ら企画・発案する力を失い、委託事業者につくらせた案をチェックするだけとなるのである。現場の創意工夫は失われ、形式的な法令遵守や財政的観点のみからの判断となりがちである。本来、委託をするのであれば仕様の検討段階から十分に時間をかけ、関係者と協議し、不測の事態にも対応できるよう詳細な仕様書を作成すべきである。受託者は、仕様書に書いていないことを実施する義務はないからだ。

ところが、委託は多くの場合、財政担当課や人事担当課の意向で予算査定の段階で決まる。したがって、事業担当課は短期間で委託の見積もりから始めなければならず、十分な仕様書が作成できない。しかも、概して要求額より減額された予算査定となる。仕様書が不十分で、委託契約金額が必要より少なければ、結果として職員がフォローしなければならない範囲が増える。

分権改革後の業務量増大のもう一つの要因は、自己責任の増大による自治体の自己統制事務の急増である。たとえば、情報公開に関する事務があげられる。文書をつくる際、情報公開に耐えられるよう注意を払うことは当然だが、情報公開の請求件数の増大は日常業務に大きな負担となっている。とくに、多くの自治体で、手当たりしだい大量請求を行う「マニア」がいる。ひとたび大量請求が行われると、可否の決定期限までに各部局の庶務担当に一斉に指示がとび、当該文書の洗い出しから個人情報のマスキング（被覆）、そしてコピーとりと、膨大な事務作業が発生する。また、請求案件を部局間で情報共有する場合、個人情報の保護のために逐一本人の同意を得なければならず、手間が非常にかかる。申請者側からは、同じ書類を複数の部署に提出せねばならず、せめて同じ自治体の場合は同一の申請書ですむようにしてほしいという声も聞かれる。

さらに、日常的な相談業務や苦情対応もばかにならない。条例制定権の拡大などによって自治体独自の制度が増えるにしたがって、説明会の開催や問い合わせが増える。まずは、職員が説明や回答ができるように、勉強しなければいけない。住民から首長への手紙に回答義務を課す制度ができれば、日常業務を放り出しても期限までに回答を作成しなければならない。こうした対応は係長級職員が行う場合が多い。筆者も日々発生する苦情にその日のうちに対応せざるをえないため、日常業務が期限内にこなせなくなることも少なくない。「モンスター」といえるような理不尽な苦情が増えていると思われる。

住民からの苦情を放置したり、対応を誤ると、訴訟に発展する。とりわけ二〇〇四年の行政事件訴訟法改正は、自治体の訴訟対応業務を飛躍的に増大させた。この改正による原告適格の拡大と訴訟種類の拡大は、予想外の訴訟を生じさせている。

その典型は非申請型（直接型）義務付け訴訟だ。筆者が都市計画課に所属していたとき、開発許可を要しない建築行為について、「本来開発許可を受けるべきにもかかわらず、許可なしで行っているので、工事中止命令を出すべし」という義務付け訴訟がなされた。開発許可の事前相談を行っている物件について、「許可申請が出されていないのだから、許可するな」という差止訴訟も提起された。これらの訴訟に対しても、期限付きで膨大な資料を作成し、法廷で反論しなければならない。

## 3　自治体コーディネーターへの役割転換

分権改革によって、自治体職員の仕事の進め方も変容を余儀なくされている。変化のひとつは、トップダウンの増大である。職員が起案した政策を首長が決裁するのではなく、首長の発案を職員が実行する事例が増えている。これまでも法令の改正によって、新規業務が生じるケースはあった。ただし、法令の改正であれば所定の手続きを経る時間があるし、現場の実情に合わせた法解釈によってボトムアップ的な進め方もできる。

これに対して、自治体独自の仕事を首長の発案で行うときは、制度設計から財源調達まで自前で行わなければならない。しかも、多くの場合は、首長の選挙公約（マニフェスト）や議会発言によって政策の実施だけが決まっており、あとから制度づくりや財源調達が行われる。時間がないために十分な検討ができず、不完全な内容となり、補完や修正の必要がある場合も多い。

一方で、トップダウンの増大は自治体における政治主導の発揮でもあり、住民の意向が反映されやすくなった結果であるともいえる。これに伴う基礎自治体職員の仕事の進め方の最大の変化は、国や都道府県におうかがいをたてる機会の激減だ。国や都道府県に出張する代わりに、首長室で行われる政策会議に費やす時間が長くなっている。これは、職員が国や都道府県の意向を反映して政策をつくるのではなく、住民の声に基づく政策づくりに変わったといってもよいだろう。

機関委任事務がなくなり、大部分が自治体の事務となった影響も、やはり大きい。もちろん、従来の「機関委任事務体質」が抜けきれたわけではない。それでも、機関委任事務の廃止はボディーブローのように自治体職員を変化させつつある。ここでいう機関委任事務体質とは、判断基準を中央省庁の通達や行政実例に求め、自分で判断せずに責任を回避する体質を指す。

さらに、「第二次分権改革」ともよばれる「三位一体改革」[4]による補助金の一般財源化の影響も見逃せない。補助金であれば国が示したメニューにしたがって実施すればよかったが、一般財源化によって、ある事業を実施するかどうか、どこにどれだけの費用をかけるかが、自治体の判断となったからである。

こうした状況をふまえると、自治体職員に求められる役割の転換が見えてくる。これまでは、国から権限や財源、さらには出向による人材の調達が求められていたのに対して、これからは地域からの要望の調整や地域内での人材の調達が求められる。それは、専門性の見直しにもつながるであろう。

自治体職員論において、「専門家」か「ジェネラリスト」かという論点がある。保健師や看護師などの医療職や、建築職や土木職などの技術職ではない、事務職の専門性をどう考えるべきだろうか。専門性は、ある分野に専念し続けることによってみがかれていく。異動が多い事務職は、専門性は低くなると思われがちだ。しかし、法務や財務の専門性はどの部局に異動しても通用する。

自治体職員の専門性とは、言い換えれば政治からの自律性であるといわれる[5]。分担された事務事業について、どれだけ首長や議会から任されるかの度合いといってもよい。逆説的には、政治が関心をもたない領域こそ専門性が高まるともいえる。したがって、分権改革によって首長や議会の権限が強まり、政治的リーダーシップが高まると、自治体職員の専門性は弱まることになる。

だが、真に問われているのは専門性と市民性の対立の克服である。行政のみならず社会のあらゆる領域で、専門家のプロフェッショナリズムと市民の常識との対立が生じている。そのなかで、自治体職員の本来の専門性とは、いかに市民にわかりやすく行政を説明できるかの力量であるといってよい。説明責任を果たすことが専門家としての自治体職員の要件なのである。

最近の期待される自治体職員像として、プランナー、コーディネーター、ファシリテーターという表現がされる。プランナーは自ら計画を立てて進めるという意味で行政主導であり、ファシリテーターは第三者的立場で市民活動を促進するという意味で市民主導、コーディネーターはその中間で両者を含むといったところだろうか。いずれも、社会の多様な利害を調整しながら行政を進めることを職員の重要な役割としている。筆者は、今後のあるべき自治体職員像を自治体コーディネーターと考えている。

施策を行う過程では、過剰な要望が出されたり、意見が対立したりする場合がある。このとき、それぞれの要望や意見をまとめ、住民がある程度の負担も引き受けるように調整することが、自治体職員にもっとも求められる能力である。そうした能力をもつ職員を自治体コーディネーター（調整型職員）と呼びたい。ここでの判断基準は、国の通達や先例から住民へと一八〇度転換する。

ところが、真面目な職員は、与えられた仕事を黙々とこなしているだけである。内容や方法を見直す余裕はなく、前任者が行ったとおりにやることで精一杯だ。係の業務量が飽和状態に達すると、係長が直接担う仕事が増える。係長としての本来の仕事は、係全体の調整である。だが、各職員の担当業務に余裕がなく、他の係や課からの応援体制も簡単には組めない以上、係長自らが手伝いや選挙事務従事のような動員仕事を担わざるをえない。降り積もった業務がのしかかる係長の業務は、もっとも過剰となっているのではないだろうか。

この難局を打破するためには、業務そのものを見直し、応援を求めるしかないであろう。他部局との連携に加えて、アウトソーシング（外部資源の有効活用）や住民との協働が必要となる。ここでも、自治体コーディネーターの役割が重要となる。課長や係長は、どこまでなら職員の力でできるかを見極め、できないことは外部に応援を頼むという判断が求められる。

一人や一つの係ではできなくても、係や課の壁を越えて協力体制を組めばできる仕事もある。幼稚園と保育所を一体化する幼保一元化施設の設置などは、その典型だ。さらに、住民や事業者・NPOとの協働によって可能となる仕事も多い。たとえば、通学路に立つ「緑のおばさん」と呼ばれていた学童の安全な登下校を守る職員（学童擁護員）の多くは、シルバー人材センターのスタッフや地域のボランティアに置き換わった。放置自転車の防止・撤去・運搬も、市区町村の職員自らが行うケースは少なくなっている。

## 4　自治体職員に求められる能力

こうしてみると、これからの自治体職員に求められる能力がはっきりしてくる。

第一に、コミュニケーション能力である。その基本は、常に外部に説明しながら仕事を行うことだ。内容だけでなく、意義や進捗状況、今後の展望なども発信していかなければならない。説得力をもってわかりやすく話す力、資料を作成して表現する力、相手の状況を勘案しつつ本音を聞き取る力が重要である。従来型の説明会方式ではなく、ワークショップや円卓会議方式をとり、住民との相互対話を促していく工夫も求められる。とりわけ、都市計画による用途地域規制や地区計画のような住民の権利の制限を伴う仕事は、決まってから説明するのでは必ず反対を招く。計画の立案段階から住民と話し合いながら進めることが不可欠だ。

第二に、他部局や庁外に出ていく行動力である。自らの係にとどまっていれば、外部の力は借りられない。関係する職場と交渉し、ときには仕事をお願いすることも必要となる。さらに、役所内にとどまらず、街や現場へ出て行くことを忘れてはならない。実際に業務を行っている現場を歩き、直接五感で感じることによって、解決方法が見つかるときもある。トラブルや苦情があった場合は、まず現場を確認して、関係者の話を直接聞くことが解決への近道となる。場合によっては、役所に住民が来るのを待つのではなく、住民が集まる場に出向く必要もある。

第三に、交渉力である。相手の立場を理解しても、対立したままでは解決しない。お互いに譲れる妥協点を見出す。歩み寄れない部分は、議論を尽くして、納得まではできなくても、ある程度は理解するところに到達する。譲れない部分は、なぜ譲れないのかを理解してもらうだけでもよい。これにはたいへんな時間と労力と精神力を要し、粘り強い交渉力が求められる。財政状況の厳しい現在の自治体運営においては、住民の要求を鵜呑みにはできない。交渉のなかで代案を提示したり、住民が担えることも見つけたりして、解決に導かざるをえないケースも多い。

第四に、構想力である。すぐにできない仕事や事態に直面したとき、どんな手順で、誰を動かせば難局を切り抜けられるかを工夫する力である。現実には、試行錯誤のなかで行うしかないが、焦らず、あきらめずに、解決への道筋を切り開く。そして、展望を見出したら他の職員や市民に提示し、合意を形成していく力である。

こうした能力を身につけた自治体コーディネーターが育てば、職員や事業者と住民や利用者の歯車がかみ合っていく。役割相乗型社会は、自然には生まれない。自治体コーディネーターが潤滑油のごとく、職員や事業者と住民や利用者の間をつなぎ続けねばならない。

## 5　市民課長の挑戦

筆者が自治体職員の道を選ぶきっかけになったのは、黒澤明監督の映画「生きる」を観たことだ。定年まで数年の主人公・渡辺勘治市民課長は課長席で書類に判子を押し、市民からの陳情を他の部局へ回すだけの存在であった。やがて自分の体がガンに冒され、余命数カ月と知る。市役所を無断欠勤し、酒におぼれ、享楽のかぎりを尽くすが、虚しさにさいなまれる。そんなある日、渡辺は市役所を止めた元部下の若い女性と出会う。彼女はおもちゃ工場に再就職し、子ども向けのおもちゃをつくることが、かつての退屈な役所の仕事に比べて大きな生きがいとなっていると、渡辺に話した。

役所でつくれるものはあるだろうか。悩んだ渡辺は、「近所の汚水溜めから蚊がわいて困るので、公園にしてほしい」という住民からの陳情を思い出したことで生まれ変わる。もちろん、市民課長に公園はつくれない。しかし、結果として公園はできあがった。そこでとった彼の行動は、まさに自治体コーディネーターの原点である。

渡辺が何をしたかは映画をご覧いただきたい。完成した公園のブランコに揺られて亡くなった彼の葬儀には、陳情した住民たちが参列して、ひたすら泣き続ける。その結果、誰が公園をつくる鍵となったのかの真相が明らかとなった。

筆者はいま、毎日残業をしても終わらない仕事をもっている。次々と新たな課題が生じ、精神的にも押しつぶされそうな状況にある。それでも、自分が担っている仕事の意義と自治への期待の大きさを信じて、自治体職員論をあらためて考えてみた。結果として、二〇年以上前に見た映画を思い出し、主人公のような自治体コーディネーターの役割に難局を打開する道を探ることになった。本稿が意味あるものかどうかは、筆者自身の実践にもかかっている。

（1）寄本勝美「二つの公共性と官、民」寄本勝美編著『公共を支える民――市民主権の地方自治』（コモンズ、二〇〇一年）参照。

（2）「従前の機関委任事務の振り分け先として、……自治体の法定受託事務または自治事務にする場合には、原則として、これまで当該機関委任事務が都道府県の執行機関に委任されていたものは都道府県の、市区町村の執行機関に委任されていたものは市区町村の事務とすることとし、これを現住所主義と称した」(西尾勝『地方分権改革』東京大学出版会、二〇〇七年、五九ページ)。
(3) 実態調査や理論的枠組みに基づく研究として、金宗郁『地方分権時代の自治体官僚』(木鐸社、二〇〇九年)参照。
(4) 国庫補助金の廃止・縮減、地方交付税の見直し、税財源の移譲の三つを一体として改革する考え方。二〇〇二年六月に閣議決定された「骨太の方針二〇〇二」で示された。
(5) 日本の公務員の国レベルの専門性を英国と比較・分析した研究に、藤田由起子『公務員制度と専門性——技術系行政官の日英比較』(専修大学出版局、二〇〇八年)がある。

# 第Ⅲ部

# ——問われる自治の仕組み

# 1 「裁判員型」市民参加を通じた自治体政策の形成
## ――和光市の大規模事業検証会議を事例として

長野　基

### 1　公募型市民参加に代わる手法

二〇〇〇年代に入り、日本の基礎自治体において、住民基本台帳から無作為抽出した名簿による郵送で参加を呼びかけ、参加に同意した市民が少人数のグループを形成して、自治体側の諮問に対して討議・提案を行う参加手法が拡大している。たとえば、後に詳しく見るドイツの「計画細胞」方式を参考にした「市民討議会」企画は、二〇〇五年の千代田区(東京都)が第一号といわれ、〇六年に三件、〇七年に一九件、〇八年には二八件実施された[1]。司法制度改革の一環で始まった「裁判員制度」と類似するこうした参加手法には、有償の場合もあれば無償の場合もあり、さまざまな工夫が試みられつつある。

なぜ、無作為抽出方式が拡大するのか。その理由のひとつに、公募型市民参加への批判があげられる。「一部の意見のみが反映される」という参加の偏りへの批判や、「いつも顔ぶれが同じだ」という参加の固定化への批判である。これらに対して、新たな参加の掘り起こしと参加の多様性の確保をめざして活用されている。

加えて、政治的パワーゲームにおける役割も見逃せない。無作為抽出方式は、その住民代表方式が地域内有力団体の参加方式とは異なるため、「異なる正統性」に依拠するといえる。首長・議会を問わず、実施側は新たな正統性獲得をめざし、その正統性を既存の政策動向あるいは「既得権」の打破に活用するのである。

そうしたなかで、和光市(埼玉県、人口約七万八〇〇〇人(二〇一〇年一二月現在))では二〇〇九年に、市長公約を起源とした「大規模事業検証会議」(以下「検証会議」という)が組織された。これは、一八歳以上の市民から無作為抽出で選ばれた九名と学識者の委員長で構成された会議である。そこでは、市長が指定した事業費規模が数億円以上の事業に対して、事業ごとの評価と対象事業全体における相対評価が実施された。そして、検証会議の答申と、その後に実施したパブリックコメントもふまえて、市長が一部事業の延期などの最終的な政策判断を下す。筆者は、この検証会議で委員長として評価基準、審議手順の設計と実際の審議・とりまとめに従事した。

一般に、どんな事業・施策も実施決定時の時代背景に拘束される。市民ニーズや前提としてきた国・都道府県からの補助制度といった政策環境の変化に伴い、その優先度も変化する。したがって、定期的な市民参加によってその是非を検討し、政策をコントロールしていくことは、自治体運営にとって必須である。

そこで、本稿では、無作為抽出による「裁判員型」市民参加の取り組みを通じた政策審議・政策形成の可能性と課題を和光市の検証会議から分析する。そして、今後、各自治体で実施していくうえでの留意点を考察したい。

## 2 無作為抽出型市民参加の理論的背景と日本での実施状況

無作為抽出に基づく市民参加の取り組みは、次の二つの理論的背景が相まって欧米各国で同時発生的に始まった。第一は、既存の代議制民主主義の機能不全を補完しようとする「熟議（討議）民主主義」[2]の理論である。第二は、公選公職者による政策決定手続きへ当事者参加の充実でより的確にニーズが伝わるようにし、利害当事者自身も参加を通じて分析を担い、課題解決への貢献も促そうとする「参加型政策分析」[3]の理論である。

これらに基づき、ドイツの「計画細胞」[4]、北欧で科学技術の利用に市民の意見を反映させることを契機に始まった「コンセンサス会議」[5]、そして、米国の「市民パネル」[6]「討議型世論調査（Deliberative Poll：DP）」[7]、英国の労働党政権下で利用が拡大した「市民陪審」[8]などが開発され、相互に影響を与えてきた。これらはいずれも少人数グループに分かれた市民が専門家による講義・情報提供、あるいは「証言」を受け、当該分野の背景を学びながら、討議を繰り返し、答申書をまとめ、諮問者である政府側へ提起する。こうした手法は基礎自治体だけではなく、国政、そしてEU全体の問題にも利用されている。

このうち日本の自治体で多く試みられているのが、「計画細胞」方式を参考にした「市民討議会」である。各自治体が単独ないし青年会議所と提携して、市民の要望の取りまとめや総合計画策定に活用する例が増えている。これと並んで無作為抽出型市民参加が活用されるようになったのが、「事業仕分け」である。NPO法人「構想日本」が支援する事業仕分けは当初、外部専門家のみの参加であったが、無作為抽出市民も「判定人」に加わる試みが始まっている[9]。

事業仕分けと同じく〝もめる〟話題である公共事業関係では、無作為抽出市民と地権者などの利害当事者が同席して実施された東京外かく環状道路中央ジャンクション三鷹地区検討会以外の例はほとんどない。また、条例制定については、二〇一〇年に新宿区で行政と議会の合同組織のもとで市民討議会企画が実施された（まちづくりワークショップで多くの実績をもつNPO法人まちぽっとが新宿区からの委託で運営を担った）。だが、活用例は多くない。

次に実施方式としての意思決定手続きに着目すると、欧米では市民が合意の結果として答申を作成し、行政当局側に提出する方法が多い。合議を踏まえた「コンセンサス方式」である。一方、「計画細胞」方式を参考にしている市民討議会では、独自の工夫として、意見取りまとめで投票方式（多数決）を導入している。これは、司法の場における「評決」と同じといえよう。また、神奈川県自治総合研究センターが道州制をテーマに実施した「討議型世論調査」（「神奈川DP」[10]）では、途中の時点と終了時に会場参加者へのアンケートで「世論の可視化」が行われている。事業仕分けでは、点数への投票を通じた多数決による「判定」が行われる。このように、日本では多数決型が多い。

こうしたなかで、和光市の検証会議では、公共事業計画という「係争的」な施策課題に対して討議を重ね、「コンセンサス方式」によって答申書が作成された。争点も実施手続きも比較的珍しいケースといえる。

## 3　検証会議の準備と審議

### 委員の選出と対象事業の選定

和光市の検証会議は、市会議員出身の松本武洋氏が二〇〇九年五月の市長選挙で現職を破って当選したことから始まる。松本氏は選挙公約のキャッチフレーズに「こどもにツケをまわさない」を掲げ、「学校建設以外のハコモノはすべて一旦凍結、市民参加で『必要』か『不要』か、検証します」を選挙公約の一つにした。当選後に指示を受けた市企画部は、「(仮)ハコモノ建設みなおし隊」として企画を立案する。たまたま筆者は以前から和光市の専門委員としておもに企画部門への参画機会を得ていたため、学識者枠(委員長)として運営に参加することとなった。

会議参加者の選定は、無作為に抽出した一八歳以上の市民一〇〇〇名に対する、趣旨と無償参加であることを明記した依頼文書の郵送から始まる。そして、応募のあった三三名(うち二名辞退)から、男女比、年齢構成、地域構成、「過去三年間、審議会などの委員に参画したことがない」を条件にした公開抽選を経て決定された。「審議会未参加要件」は、顔ぶれの固定化批判を懸念する市長の意向である。

その結果、地元中小企業経営者（男性）、主婦（三名）、建築士（男性）、ＩＴ技術者（男性）、金融系企業コンサルタント（女性）、大手広告代理店社員（男性）、大手電気機器メーカー管理職（男性）の合計九名（うち女性は四名）が選ばれた。これに加えて、部長級一名、課長級一名、係長級一名、主任級一名、主事級一名の事務局体制で運営されていく。

対象となる事業は、まず和光市の実施計画（二〇〇九〜一一年度）その他で予定事業費が一億円以上の未着手の事業で、国・県の補助の制約がないもの、長年の懸案事項のものを抽出した。最終的には市長自ら市民に是非を問うべきと考える事業を加えるなどの「市長調整」を行い、以下の七事業に決まる。

①アーバンアクア広場整備事業、②大和中学校体育館建替え（または耐震補強）事業、③図書館整備事業、④消防署白子分署建替え事業、⑤市民葬祭場整備事業、⑥認定こども園整備事業、⑦総合児童センタープール棟建替え事業。

これらのうち、下水処理施設の上部施設を利用してスポーツ施設利用を図る①のアーバンアクア広場整備事業は埼玉県との協定がすでに結ばれ、市民参加ワークショップによる構想も策定済みであった。また、⑤の市民葬祭場整備事業は東京外かく環状道路の上部に整備しようとするもので、道路公団（当時。現・東日本高速道路株式会社）との利用協定が結ばれたうえ、二〇〇七年度に市民から三〇〇〇名以上の署名による推進要望書が提出されている。さらに、和光市駅近くの人口増加地区にある②の大和中学校体育館建替え事業は老朽化に加えて、教育指導要領の改正（武道の必修化）による武道場整備という事案もかかえていた。

審査基準は、事業が中止された場合の補助金返還のリスクなどは一旦、脇において検討を進めることを前提に、市民委員が採点しやすいように、いくつかの項目に分けて得点化する方式とした。具体的には次の八項目で、評価は五段階である。

①緊急性（緊急性の有無）、②目的の妥当性（市民ニーズの有無）、③公平性（特定の個人・団体に受益が偏っていないか）、④効率性（事業計画で予定されている内容はコスト削減の余地がないか、費用対効果は高いか）、⑤手法の適正化（他の手段と比べて適切か、他の代替手段はないか）、⑥成果（波及効果の高さ）、⑦環境への配慮（環境への負担の低さ、環境向上への貢献）、⑧市民協働・市民参加の拡大。

ここで問題となったのは対象事業間での「相対順位化」だ。そもそも政策領域が異なる案件の間で相対化ができるのかは、後に市民委員からも疑問が提起されるが、市長からの指示を受けて、相対化して順位付けすることとした。

### 熱心な審議と綿密な資料の作成

審議が行われたのは、二〇〇九年一〇月から翌年一月までの全六回である。市民委員が参加しやすいように夜七時から開始し、九時半過ぎまで審議が続くのが通例となった。

一回目に事業所管課からの説明と質疑・意見交換を実施し、次の会合で判定を行うのが基本である。事業仕分けでは当日中に判定を行うのが一般的だが、この検証会議では二週間程度、自宅作業を通じて「考える」時間を設けた。また、判定の回の冒頭では、前回の所管課からの説明と質疑で整理された内容を振り返る概要資料が示され、事実関係が確認されてから審議を開始した。このような審議をスムーズに進めるための資料作成や各部署への調整、そして自宅作業の間に各委員から寄せられる質問への対応も、事務局の重要な業務である。

参加する市民委員が行う作業は非常に多い。まず、事務局が事業所管課を通じて作成した事業資料を読み、八つの評価項目に関する疑問点を用紙に記入して提出する。そして、事業課の説明を受けた後、各評価項目に点数とコメントを記入して提出し、次の審議に臨んだ。

一方、委員長の役割は、全体の流れを事務局とともに組み立てるほか、事業所管課の説明の回では各市民委員からの「事前疑問シート」への疑問にもれなく答えが得られるような議事進行、事業判定を行う回では市民委員からの「評価シート」における意見の対立点を読み込み、委員会としての合意が形成されるようなファシリテートである。そのため、ある程度の検討が進んだ段階で委員長から得点の目安を示し、それをふまえて全員が合意するという手順も取られた。また、政策的視点から漏れがないよう適宜、視点を提供する役割も担った。

表1　検証会議の審議結果（相対評価得点表）

| | アーバンアクア広場整備事業 | 大和中学校体育館建替え（または耐震補強）事業 | | 図書館整備事業 | 消防署白子分署建替え事業 | 市民葬祭場整備事業 | 認定こども園整備事業 | 総合児童センタープール棟建替え事業 |
|---|---|---|---|---|---|---|---|---|
| | | 建替え | 耐震補強 | | | | | |
| 緊急性 | 1 | 1 | 5 | 1 | － | 1 | 1 | 1 |
| 目的の妥当性 | 1 | 1 | 5 | 1 | － | 1 | 2 | 2 |
| 公平性 | 1 | 1 | 4 | 1 | － | 3 | 3 | 3 |
| 効率性 | 1 | 1 | 3 | 1 | － | 1 | 2 | 1 |
| 手法の適正化（代替案） | 1 | 1 | 3 | 1 | － | 1 | 1 | 1 |
| 成果（効果） | 1 | 3 | 3 | 1 | － | 2 | 2 | 3 |
| **合計点数** | 6 | 8 | 23 | 6 | － | 9 | 11 | 11 |

（出典）「大規模事業検証会議報告書」2010年2月。

## 審議の結果

こうした作業を経て評価を行った結果を表1に示す。第一位は大和中学校体育館耐震補強事業、最下位がアーバンアクア広場整備事業と図書館整備事業である（消防署白子分署建替え事業については、耐震診断が前提とされているために評価点をつけられず、定性的な評価のみとなった）。

事業手法によって評価が分かれた中学校体育館の整備事業については、市民の生命を守ることは必須であり、緊急性・優先度は高いが、「建替え」か「耐震補強」かの方法論では、市財政を踏まえて耐震補強を優先すべきとされた。一方、図書館整備事業は、計画が具体化されていなかったため、低い点数となったものの、期待度は高かった。また、アーバンアクア広場整備事業については、事業所管課から非常に具体的な事業説明や適切な情報提供はあったが、埼玉県との協定という部分を除くと緊急性が低く、波及効果もあまり望めないのではないか、という結論に至り、相対的に低い点数となったのである。

## 4 検証会議をめぐるポリティックスと評価

### 会議のミクロポリティックス――市民委員の反応

市民委員として集った顔ぶれはそれぞれ違う背景をもち、パーソナリティも異なる。そうした差は発言のなかで当然反映されるが、市民参加型の政策審議の場という視点で見た場合、いくつかの共通した反応・意見が見られた。

第一に、検証会議の前半では「われわれのミッションは何か」「そもそもどのような基準で選ばれたのか」という質問が繰り返し出された。市当局側への不信感というべきものである。これに対しては市長や事務局側が繰り返し説明に立ち、資料も補足するなかで、徐々に解消されていった。家族のインフルエンザ罹患による一回を除き、すべての回に出席した市長の積極的姿勢も、解消に貢献したようである。

第二に、審議の途中では「勉強しないままでやってよいのか、よくわからない」という不安の声が寄せられた。一方で、個別施策の背景情報として「市議会などでどんな議論がされてきたのか示してほしい」「すでに推進要望書が提示されているのならば示してほしい」という声も発せられた。事業所管課が準備した資料だけではなく、多面的な情報を得ようとしたわけだ。

第三に、より大きな視点として、「政策ビジョンがない」、つまり和光市全体としての方針が伝わってこないという不満も、繰り返し市長側に表明された。審議のための座標軸を求めたとも言えるし、市民の代表として大きな政策の方向性を市長は示してほしいという有権者としての希望が表明されたとも言えるかもしれない。

このように参加型政策審議を進めるうえでのさまざまな「建設的な不満」をかかえながら、あるいは解消しながら、審議は進められていく。もうひとつの側面である「熟議（討議）民主主義」に関しては、「私自身はこの学校の近くに住んでいて、子どもも通わせているので、全面建替えで、きれいになってほしい。だが、市全体の状況を考えれば、耐震補強でよいのではないか」といったように、「熟議の場」の設定によって意見が変化した例もいくつも見られた。そして、審議の最終回では各市民委員が振り返りのコメントを述べたが、一様に審議の場に参加できたことへの満足感と、こうした場を設定した挑戦性への評価が表明されたのである。

## 政治的な圧力

検証会議は、さまざまな政治的圧力にさらされる環境で進行した。

その第一は議会における争点化である。審議の傍聴者席はほぼ市議会議員で占められ、議会側も大きな関心を寄せた。審議途上であった二〇〇九年一二月議会の一般質問では、市長に対して検証会議の取り組みをそもそもどう評価しているのか、予算編成にどう活かすのかという質問があり、その後の会期でもたびたび取り上げられた。そこでの代表的な反応は、「本当に真剣に市民の方が御飯も食べずに駆けつけてくださって、遅い時間まで真剣になってやってくださっている」(二〇〇九年一二月定例会議事録)というものである。無償で参加している市民の「汗かき」への肯定的な評価といえる。

一方、政策の争点で質問が集中したのは、大和中学校体育館建替え事業と市民葬祭場整備事業である。とくに前者について、「建替え(又は耐震補強)という形で二者選択を迫るというような設問の仕方というのは、これはちょっと適切ではないのではないか」(二〇〇九年一二月定例会議事録)という審議の組み立て方への批判や、建替え推進を主張する質疑が多く行われた。なお、全体的には、争点の設定方法や情報提供の不足などへの批判はあったが、参加した市民の長期間かつ長時間にわたる審議活動そのものについての批判はほとんどなかった。

第二の圧力は住民からのものであり、最大の反応が寄せられたのは、やはり大和中学校体育館建替え事業であった。二〇一〇年一月には、大和中学校PTA会長名で、市長宛に次のような要望書が寄せられた。

「大和中学校体育館の改築については、現在、大規模事業検証会議において、耐震補強で進めればよいのではないかと議論がなされており、その結果をもって市が最終的に判断すると聞いております」「耐震補強ではなく、早急な改築をするように三七四三名の書名を添えて強く求めます」

ただし、結果として、この要望書が審議過程に影響を与えることはなかった。

## 答申後の政策過程

和光市では二〇一〇年二月中旬から三月上旬にかけて、検証会議答申書をホームページや図書館、公民館などで公開し、当該事業についての市民の意見を募集した。その結果は、市民葬祭場整備事業を早期に進めるように求める意見（二件）のみであった。そのほか、答申後に市側へ寄せられたものには、「市長への手紙」で中学校体育館建替えを要望する意見（一件）、二〇一〇年三月に出された市民葬祭場整備を求める要望書（署名人数一一〇一名）があった。後者は二〇〇七年に引き続きの提出である。

こうした市民の意見や議会の反応をふまえて、市はどのような最終的な政策判断をしたのだろうか。結果は次のとおりであった。

①二〇一〇年度当初予算において、改築・耐震ともに対応可能な設計費を計上し、要望書も寄せられていた大和中学校体育館建替え事業は、実施する。
②三〇〇〇名以上の署名による推進要望書が寄せられていた市民葬祭場整備事業は、財政好転まで凍結する。
③認定子ども園整備事業と図書館整備事業も、財政好転まで凍結する。
④総合児童センタープール棟建替え事業は、廃止する（修繕による維持管理）。
⑤埼玉県との協定が締結されていたアーバンアクア広場整備事業は、計画変更する（縮小実施）。
⑥消防署白子分署建替え事業は耐震診断の結果をふまえて再検討する。

検証会議の評価

まずは、答申を受けての政策決定内容に関する評価である。財政が比較的よかった時代に計画されていた事業計画を審議したため、各種事業の推進に否定的な答申となった面をもつ。これが結果として、財政規律主義から見た場合の「抑止力」として活用され、政策決定の正統性調達手段として利用された点は否定できないであろう。

次に、市民参加による政策分析からの視点である。「普通の知識」「現場の知識」[(11)]の活用については、地域活動や生活実感からの意見が盛んに出された。市民がもつ専門性の発揮という点では、建築士、企業コンサルタント、中小企業経営者の立場に裏打ちされた発言が多く見られた。これもある程度成功したといえる。ただし、こうしたいわゆる専門職能・管理者層の参加を得られたのは、参加呼びかけの内容によって、参加者にバイアスがかかった結果と見ることも否定できない。説明文に「市の財政状況を鑑み」という趣旨が入ったゆえに、財政規律重視という思想に共感をもつ層が呼びかけに応えたという可能性である。

そして、取り組み費用である。各地の事業仕分けでは、企画の支援を行うコンサルタント組織へ委託料が発生する。また、行政による審議会では出席謝金が通常支払われるし、無作為抽出型市民参加でも日当が支給される例が増えている。しかし、今回の検証会議では市企画部による直接の企画・運営のため委託料は発生せず、市民委員も無償である。関係職員の人件費は間接的に投入されているものの、直接の事業費は安かった。一方で調整コストは大きく、各地の事業仕分けから報告されているのと同様に、「なぜ、自分たちが所管している事業計画を審議の場にかけるのか」という抵抗[12]を乗り越える必要がある。こうした問題は所管部署の努力のみでは解決できず、首長による各部署への指揮・リーダーシップの発揮なしには乗り越えられない。

さらに、判断基準の是非があげられる。審議途上では、異なる政策分野における争点を相対化して評価できるのかが大きな論点となった。また、当初予定していた「環境への配慮」「市民協働・市民参加の拡大」は、最終的には相対化の基準からはずされた。建物の仕様など整備手法のアセスメントとしては必要であるが、事業目的そのものが環境保全を主眼とはしていないなどがその理由である。今日の行政施策として環境や市民協働の要素は不可欠であるという認識のもとで評価項目に組み込んだものの、相対評価という目的では十分に使いこなせなかったわけだ。

## 5　「裁判員型」市民参加による政策審議の留意点

ここまで、「裁判員型」市民参加手法を詳しく見てきた。今後それを各基礎自治体で取り入れていく場合、担当職員の努力や発意する首長の政治側のリーダーシップ・積極的な関与という要素のほかに、留意すべき内容には何があるだろうか。

第一は、市民委員選出過程の呼びかけにあたって、趣旨・問題設定の適切な説明を行うことであろう。この内容によって、呼びかけに応える市民の偏りが生じる恐れがあるからだ。

第二は、無作為抽出で選出された市民委員がよりよい判断を下すための審議過程の工夫である。総合的な判断をするには、できるかぎり考えやすいように要素に細分化させ、単純化させなければならない。そして、シンプルな問いかけを複数の次元で組み合わせて、「総合的」にするのである。また、普通の市民が判断を行う点に主眼がある以上、いわば「肌感覚」で判断ができるような条件設定も不可欠である。和光市で補助金交付条件や契約負担行為などを捨象して審議を進めたのは、その工夫のひとつであった。

第三は、審議場面での工夫である。まず、小集団での集団討議で留意しなければならないのが「集団的浅慮」[13]への対応だろう。的確に事実を共有化できる資料づくりに加えて、議事進行者には参加者に満遍なく発言の機会を引き出し、「意見の多様性[14]」を確認する工夫、市民委員が記入した評価票から意見の差異を把握し、できるだけ多様な意見が審議の場で共有されるようにすることが求められる。また、市民委員が事前に自らの意見をまとめて持ち寄り、議論を通じて修正していく「宿題方式」も工夫のひとつではないだろうか。このような手間をかけ、熟慮する時間を設けることは、全体の合意をもって答申とするコンセンサス方式をとる場合に大切な点である。

第四は、企画の要となる委員長の役割である。委員長は、「プロセス設計者」「政策専門家」「ファシリテーター」という三つの役割を遂行しなければならない。もちろん、外部コンサルタント組織に委託する場合は、プロセス設計者やファシリテーターを当該コンサルタントが担うであろう。しかし、そうではない場合、委員長職にある者は自治体側担当者と協力しながらプロセス設計を行い、審議においてはファシリテーターとして市民委員がもつ知見を共有化し、議論を熟成させるとともに、政策専門家として議論を一定以上の質となるようにガイドしていく技術が求められよう。

第五は、市民委員が個人的に攻撃されないようにする危機管理である。和光市の事例では、公共事業の判定という性質上、利害関係者が市民委員へ直接陳情するなどの圧力をかける可能性があった。幸いそうした事柄は生じなかったが、この懸念への対応として、会議用の作業資料として各市民委員が作成した評価コメントは匿名で公開した。また、あくまでも公選公職者の政策決定手続きにおける諮問機関として位置づけた。最終的な責任は公選公職者にあることを明確にし、パブリックコメントなど複数実施する市民参加の手続きの一環であることを注目する市民・利害関係者に適切に発信していくことも、市民委員の心理的負担を下げるのに意味があるだろう。

本稿で取り上げた無作為抽出による「裁判員型」ともいうべき市民参加の政策審議には、新たな参加民主主義の拡大に加え、「参加型政策分析」として、多くの利害関係から一歩引いた立場で政策判断への貢献が期待される。とはいえ、いくつかの懸念をかかえていることも指摘しなければならない。

まず、実施者側に正統性を得たとして、「強行突破」に使われる恐れや、逆に「意見を聴きました」というカタチをつくることで、実質的には何の変化も引き起こさないことの言い訳に利用される恐れである。

次に、人口比例的参加者抽出であるがゆえに「マイノリティの参加」が阻害される可能性(15)や、直接の利害関係者の参加が不十分となる恐れである。逆に言えば、こうした層を積極的にすくい上げるのが、公募型や少数派の参加枠を設ける方式である。

政策決定者側の責任ある取り組み姿勢と、参加手法の適切かつ多段階の組み合わせによって、自治体政策の審議・形成手法としての「裁判員型」市民参加の良さが活きるのではないだろうか。[16]

（1）篠藤明徳『まちづくりと新しい市民参加――ドイツのプラーヌンクツェレの手法』イマジン出版、二〇〇六年。

（2）篠原一『市民の政治学――討議デモクラシーとは何か』岩波書店、二〇〇四年。田村哲樹『熟議の理由――民主主義の政治理論』勁草書房、二〇〇八年。

（3）秋吉貴雄「参加型政策分析の概念――公共政策決定のパラダイム転換」総合研究開発機構『わが国の政策決定システムに関する研究(第二期)(上)』総合研究開発機構、二〇〇〇年。宮川公男『政策科学入門(第二版)』東洋経済新報社、二〇〇二年。

（4）原則二五名で構成し、有償で四日間を標準とした一定期間、専門家や利害当事者からの情報提供を受け、毎回メンバーを交代しながら約五人の小グループでの討議を繰り返す。その結果は「市民答申」として委託者へ報告される。篠藤明徳「無作為抽出型市民討議会の進展」『都市計画』二八六号、二〇一〇年。

（5）久保はるか「科学技術をめぐる専門家と一般市民のフォーラム――デンマークのコンセンサス会議を中心に」『季刊行政管理研究』九六号、二〇〇一年。

（6）Crosby et al., "Citizen Panels: A New Approach to Citizen Participation", *Public Administration Review*, Vol.46, 1986.

（7）柳瀬昇「討論型世論調査の意義と社会的合意形成機能」『KEIO SFC JOURNAL』第四巻第一号、二〇〇六年。

（8）（財）自治体国際化協会「新しい英国の市民参加手法――市民パネル、市民陪審を中心として」『CLAIR REPORT』一九二号、二〇〇〇年。

（9）小瀬村寿美子「事業仕分け――政策の正当性・妥当性を向上させるために」『地方自治職員研修』二〇一〇年九月号。

（10）神奈川県自治総合研究センター・東京工業大学大学院坂野研究室「神奈川DP」(http://kanagawadp.org/)（最終アクセス二〇一〇年一一月八日）

（11）秋吉貴雄「政策形成における二つの知識のあり方に関する考察」『熊本大学社会文化研究』第一巻、二〇〇三年。

（12）南学・小瀬村寿美子・荒井英明ほか「強力な事業チェック手法となった『事業仕分け』（下）――『ライブ』だからこそ大切な事前準備」『地方財務』二〇〇九年三月号。

（13）Fishkin, James S., *When the People Speak: Deliberative Democracy and Public Consultation*, Oxford University Press, 2009.

（14）ジェームズ・スロウィッキー著、小高尚子訳『「みんなの意見」は案外正しい』角川書店、二〇〇九年。

（15）前田洋枝・広瀬幸雄・杉浦淳吉・柳下正治「無作為抽出をもとにした市民会議参加者の代表性の検討」『社会技術研究論文集』第五巻、二〇〇八年。

（16）本稿執筆にあたり、和光市企画部政策課の皆様から資料のご提供などさまざまなご支援をいただいた。ここに記して、お礼申し上げたい。

# 2

# 転換期における自治体総合計画の課題と展望
## ──三鷹市第四次基本計画の策定から

一條 義治

### 1 「仕組み」と「あり方」の見直し

市町村に対する基本構想の策定義務を撤廃する地方自治法の改正案が、二〇一〇年の国会に提案された(審議未了)。一方で、国政に先駆けて二〇〇三年の統一地方選挙から始まったマニフェストは首長選挙を中心に普及が進み、首長のマニフェストとの関係で総合計画のシステムが問われるなど、自治体総合計画は転換期を迎えている。

また、自治体の総合計画は、「仕組み」だけでなく、「あり方」そのものについても転換期にある。これまでは、人口の増加とそれに伴う予算や施策の拡大を前提としてきた。しかし、今後は人口減少や少子高齢化の進行に直面する。これまでのような歳入の伸びが見込めないばかりか、歳出面でも高齢者福祉費の激増や公共施設の一斉更新への対応が求められるなど、厳しい状況が予測される。

こうしたなかで東京都三鷹市（人口約一八万人、面積約一六㎢、二〇一〇年一二月現在）は、次期総合計画となる第四次基本計画の策定を進めている。その策定方針では、計画期間をこれまでの一〇年から一二年とした。これは、市長任期と連動させて四年ごとに策定や改定を行うことによって、首長のマニフェストを迅速に総合計画に反映させるためである。加えて、計画策定に向けた職員の政策研究チームによって、人口減少や少子高齢化が今後の市の財政にどのような影響を及ぼすかのシミュレーションを行っている。本稿は計画策定の担当職員の立場から、三鷹市の取り組みの経過と現状とともに、今後の自治体総合計画の課題と展望を述べるものである。

## 2　進展を重ねた計画策定への市民参加

### 計画行政の始まりとコミュニティ・カルテの取り組み

三鷹市では、一九六九年の地方自治法による市町村の基本構想の策定義務化に先立ち、本格的な計画行政として六六年に中期財政計画を策定し、公共下水道の一〇〇％整備などの都市基盤整備を積極的に進めた。一九七一年には第二次中期計画を策定するとともに、六九年の地方自治法改正をふまえて基本構想策定室を設置。一九七五年に初めての基本構想を市議会で議決し、七八年には第一次基本計画を策定した。その後、第二次の基本構想と基本計画を一九九〇年と九二年に策定し、新たな世紀の総合計画として、二〇〇一年には第三次の基本構想と基本計画を策定している。

第二次中期計画で「ポスト下水道」の主要施策として掲げたのは、コミュニティ行政の推進である。具体的には、市域を概ね中学校区に相当する七つの「コミュニティ住区」にゾーニングし、各住区ごとに、全国初の本格的な複合施設となるコミュニティ・センターを建設した。そして、センターの管理運営を地域の住民自治組織である「住民協議会」の自主管理に委ねることによって、コミュニティづくりを進めたのである。

一九七九年からはコミュニティ・カルテの作成に取り組んだ。住民協議会がコミュニティ住区内の生活環境診断を行い、その報告書を受けて市が基本計画や実施計画などに反映させる。こうして一九九〇年代後半まで、住民協議会が総合計画策定における市民参加の中心的役割を果たしてきた。コミュニティ・カルテは、アンケート調査、実地調査（フィールドワーク）、地域集会という手法で作成していく。そのため、行政による公聴会・対話集会のような方法に比べて、地域の状況をよりトータルに把握し、行政計画に反映させられる。たとえば、公園の不足、ガードレールや街路灯の設置などの身近な問題について、報告書で作成した地域マップに基づく計画的な整備につながった。また、市民自身の手によって地域の課題や要望が集約・分析され、行政に対する要望にとどまらず、住民協議会の活動指針になるという点でも、画期的な意義をもっていたといえる。

まちづくりプランの導入

市民参加の新たな手法として先駆的であったコミュニティ・カルテづくりではあるが、一九七九年と八四年の実施計画の策定ごとに行うなかで、問題点や限界も見えてくる。

たとえば、報告書で要望された課題のすべてを達成できるわけではない。都道の拡幅やバス路線の新規開設など、実現が困難であったり時間を要する要望もある。ところが、コミュニティ・カルテづくりを行うたびに同様な要望が重ねて出され、市は「努力中・検討中」と回答する。同じことの繰り返しとなってしまうのだ。また、コミュニティ・カルテは「市民の希望値の集約」であるが、それは市民の要求を「羅列」したものでもある。まちづくりは行政だけで行うものではなく、市民との協働や市民自身の自治的な活動が不可欠である。にもかかわらず、「要求する市民」と「承る行政」という構図を形成してしまう側面もあった。

加えて、地域のマイナス点を列挙し、強調しがちとなる。地域にはマイナスの面もあればプラスの面もある。本来はそれらをトータルに捉えることによって、新たな価値を見出し、将来のまちづくりがイメージできる。報告書によるマイナス点の強調だけでは、そうした方向に向かいにくい。

このような問題点をふまえて、第二次の基本構想と基本計画の策定を射程に入れた一九八八年には、コミュニティ・カルテに加えて、「まちづくりプラン」の策定という新たな手法を導入した。まちづくりプランは、一〇年後のコミュニティ住区の将来像を検討し、福祉や生涯学習などのソフト面だけでなく、道路や公園整備などのハード面についても住民協議会がモデル事業案を策定するものである。ハード面では、各住区でモデル事業地区を二～三カ所選び、具体的な事業案の絵をイメージパースとしてビジュアルに描くことにした。

こうして、一九九〇年にまちづくりプランが策定される。市はこれを基本計画・実施計画や個別計画へ最大限に反映させ、ほとんどの提案が事業化されるに至っている。(1)

### 全員公募や無作為抽出による新たな市民参加方式

二〇〇一年度を初年度とする第三次の基本構想と基本計画の策定においては、「白紙からの市民参加」「原案策定以前の市民参加」と呼ばれる、新たな市民参加方式を導入した。それは、全員公募の三七五名による「みたか市民プラン21会議」と市がパートナーシップ協定を締結し、市民会議の提言をもとに市が基本構想・基本計画を作成する方式だ。従来の市民参加では、行政が作成した素案に対する個別意見の表明にとどまり、素案作成段階での関与や意見の反映に制約があった。そこで、素案作成段階から市民参加を組み入れるべく、新たな手法を開発・導入したのである。

この白紙からの市民参加方式は、従来の方式にはない新しさと、市民の意見をより反映できる可能性をもっていた。実際に、若い世代も含めて、これまで参加経験がなかった研究者やマスコミ関係者、建築家などの専門的な知識・経験をもつ市民が数多く参加する。その結果、これまでになく専門的で多様な意見が反映された提言書を作成できた。(2)その後、全員公募・パートナーシップ方式は、埼玉県志木市や北海道苫小牧市の計画づくり、東京都多摩市や山梨県甲府市の自治基本条例の策定など、多くの自治体で導入されている。

二〇〇六年四月には自治基本条例を施行した。この条例第三二条には、パートナーシップ協定の規定が定められている。これに基づいて市と三鷹青年会議所が協定を締結し、同年八月に、行政が主催者としては全国初の、無作為抽出による市民討議会「みたかまちづくりディスカッション」を開催した（ドイツの市民参加手法である「計画細胞（プラーヌンクスツェレ）」（二六七ページ参照）を参考としている）。

これまで参加の機会がなかった市民の意見を聞くために、住民基本台帳から無作為抽出で選んだ一八歳以上の市民一〇〇〇名に依頼状を郵送。応諾した約五〇名によって、二日間にわたって「子どもの安全安心」をテーマに討議会を行ったのである。一〇〇〇名という数字は、五〇名程度の参加者で討議したいと考え、五〜六％の応諾率を想定して導き出した。

二〇〇七年には、第三次基本計画の第二次改定において、この手法を同規模で実施する。このときは「三鷹の魅力と課題」「災害に強いまち」「高齢者にも暮らしやすいまち」の三つの課題についてディスカッションした後、市民実行委員会が提言書をまとめて市に提出し、計画素案への反映を図った。参加した市民のアンケート結果では満足度が高く、「これまでは市政に参加する機会がなかったが、これを契機に市政に関心をもち、今後も市民参加の機会があれば参加したい」との意向も多く示されている。市政に特別な関心がなかった市民が二日間の討議によって、まちづくりに関する「気付き」を得るきっかけともなったわけである。

さらに、基本計画の策定や改定を行うときは、無作為抽出した三五〇〇名を対象に市民意向調査を実施している。この種のアンケート調査の有効回答率は低い自治体では一〇％台、全国平均でも二五%程度である。これに対して三鷹市では、全一六ページ四〇項目というボリュームのあるアンケートであったにもかかわらず、二〇〇四年は四三%、〇七年は四七%というきわめて高い回答率を得ている。これは市の取り組みの積み重ねとともに、潜在的な部分も含めて、市民の市政やまちづくりへの関心の高さを表しているだろう。

これまでの自治体における市民参加は、審議会方式であれ全員公募の市民会議方式であれ、「参加の機会」や、仕事や家庭などの条件をクリアして時間を捻出できるなど「参加の条件」を備えた市民による参加であった。そこで、「参加の機会と条件」がなかった「声なき声」をもつ市民の参加の機会や場の創出に、より積極的に取り組む必要があると考えて、こうした施策を行ってきたのである。

## 3　新たな総合計画の策定に向けて

### ローカルマニフェストと総合計画の課題

全国の市区の総合計画担当者を対象にしたアンケート調査(二〇〇二年二月)の結果では、総合計画の問題・課題として、「事務事業の優先順位が明確ではない」「事務事業削減のための方針として機能していない」「内容が総花的である」「職員に計画スケジュールや進行管理の意識が希薄である」「職員に計画の重要性が認識されていない」などがあげられている。(3) ここから、総合計画の問題点を「総花的で事業の優先順位が明確ではなく、事業の見直しにも機能していないし、進行管理などのマネジメントの視点もなく、職員にとって重要なものとなっていない」とまとめられるだろう。

これらはかねてから指摘されていた点である。そこで、三鷹市は現行の第三次基本計画を策定するにあたって、これらの課題に対応するために、総合計画に次のような戦略計画の要素を付加するなどの見直しを行っていく。

まず、これまでの実施計画を廃止して基本計画に統合し、三層構造を基本構想と基本計画の二層構造にするとともに、基本計画に主要事業の事業費のほか各年の実行計画を記載して実施プロセスを明示するなど、より具体的な内容とした。また、計画の改定を五年から三〜四年に改めて、機動的な見直しを行うローリング方式を導入する。さらに、「重点プロジェクト」の設定によって優先課題を明示し、施策ごとに成果指標である「まちづくり指標」を設定した。

一方、アンケート実施時には問題となっていなかったものの、近年に大きな課題となっているのが、総合計画とローカルマニフェストの関係である。各自治体ではローカルマニフェストを実行する仕組みとして、マニフェストと連動して一体的な運用を図る総合計画のあり方を模索している。

首長の任期と総合計画の策定や改定を連動させる取り組みとしては、古くは東京都武蔵野市、最近では武蔵野市の仕組みを応用した岐阜県多治見市が知られている。だが、これらの計画は、首長任期の二年目を計画期間の初年度とするとともに、任期に一年遅れて計画期間が終了するなど、首長任期と計画期間が完全には一致していない。そのため、マニフェストの目標と各計画の達成目標

図1　第4次基本計画の策定・改定時期と市長選挙

| 年度 | 2011 | 2012 | 2013 | 2014 | 2015 | 2016 | 2017 | 2018 | 2019 | 2020 | 2021 | 2022 |
|---|---|---|---|---|---|---|---|---|---|---|---|---|
| | ○ | | | | ○ | | | | ○ | | | |
| | 第4次基本計画 | | | | | | | | | | | |
| | 前期 | | | | 中期 | | | | 後期 | | | |

（注）○は市長選挙の予定年。

が別々に設定され、達成状況の関連がわかりづらいという問題がある。(4)

新たな総合計画の策定方針

三鷹市の第三次基本計画は、二〇一〇年度末に計画期間が終わる。そのため、市の研究機関である三鷹まちづくり総合研究所に「第四次基本計画と市民参加のあり方に関する研究会」を設置し、その提言をふまえて、二〇一〇年二月に「第四次基本計画及び個別計画の策定等に関する基本方針」を策定した。この基本方針では、第四次基本計画と個別計画、そして計画策定における市民参加のあり方について、次のように考えている。

まず、計画期間をこれまでの一〇年から一二年とし、改定時期は市長任期と完全に一致させて四年ごととした(図1)。並行して改定・策定する二〇を超える主要な個別計画(行財政アクションプラン2010、環境基本計画、健康・福祉総合計画2010、都市計画マスタープランなど)も同様である。

これまでの自治体の総合計画では、一九六六年に当時の自治省の研究会が示した総合計画のモデルや、国や都道府県の計画との整合性などが重視されてきた。したがって、計画期間や改定の時期は首長の任期と無関係で、公約やマニフェストを迅速に反映させる仕組みとなっていない。

三鷹市の次期市長選挙は二〇一一年四月に行われ、現行の第三次基本計画の期間満了と時期が重なる。市はそれを、市長任期に連動させたマニフェスト対応型総合計画へ転換する好機として捉えた。また、マニフェストは一期四年の政策と目標が中心となるため、都市計画道路整備や下水道更新といった都市のインフラ整備などの長期的な課題がかかげられにくい。一二年間の総合計画とすれば、四年間の実現目標に加えて、財政の見通しもふまえた長期的・総合的なまちづくりのビジョンと達成目標を示すことができる。

基本計画と個別計画の関係については、自治基本条例において「基本計画と個別計画との整合及び連動を図る」と規定し、法令等の定めがあるものを除き、各施策の個別計画の目標年次や改定時期を基本計画と合わせている。その結果、二〇を超える主要な個別計画の計画期間が第三次基本計画と同様に二〇一〇年度末で満了となる。それゆえ、第四次基本計画の策定においては、多くの個別計画の改定や策定も同時並行的に進めるという、初めての取り組みを行うこととなる。

これは一方で、基本計画と個別計画の関連と役割分担を明確にする好機でもある。基本計画では、施策の課題と取り組みの方向、事業の体系と重点課題を明らかにする。個別計画では、基本計画の体系に基づく各事業の目標、スケジュールおよび詳細な取り組み内容を定める。これによって、機能的な役割分担が図られると考えている。

市民参加の基本的方向については、首長のマニフェストを反映させる必要はあるが、それだけで基本計画や個別計画がつくられるべきものではない。マニフェストに示されている政策の基本的方向性に加えて、市民の意見やニーズを的確に反映するために、これまでに開発してきた手法を駆使し、「多元・多層の開かれた市民参加」の推進が重要である。

たとえば、三鷹市の「市民参加の原点」ともいえる地域レベルの市民参加に関しては、住民協議会と協働してコミュニティ住区ごとにフィールドワークやワークショップを行い、提案をまとめる。施策の検討では、福祉やまちづくり、教育など分野別に設置された市民会議・審議会から、新たな計画の策定に向けた提言を得る。

また、市民会議・審議会により多様な意見の反映を図るために、関係団体からの委員選出や一般公募方式に加えて、無作為抽出による市民委員の選任を二〇一〇年度から始めた。これは、無作為抽出した市民に委員への就任意向を照会し、同意のあった者による委員候補者名簿を作成して、そこから選ぶ方式である。同年度当初に、一〇〇〇名の市民に依頼した。市ではこれまでの市民討議会の応諾率から想定して、八〇名程度の同意が得られれば成功と考えていた。だが、実際には予想を上回る一一一名の市民から同意があり、こうした方式による市民参加の機会を拡充する必要性を再認識したところである。

二〇一一年度には、前述した市民討議会を再び行う。あわせて、検討テーマや参加者、実行委員会を拡充するために、二〇一〇年度末までに市民討議会を運営する市民スタッフの養成講座を実施する。こうして市民参加を支援する市民層を拡大するとともに、他の市民会議との連携も図ることとしている。

図2　市長選挙後の第4次基本計画策定の流れ

（注）各種の市民参加は2010〜11年度にかけて実施。計画の最終確定は2011年度末であるが、計画期間の始期は11年度としている。

## 策定プロセスと職員に求められる能力

第四次基本計画の素案をつくる作業は市長選挙終了後の二〇一一年四月から始まり、同年度末に確定する（図2）。当選した市長のマニフェストを反映させる形で、まず六月に第四次基本計画の「討議要綱」を策定し、九月には「骨格案」、一二月には「素案」を策定する予定である。各段階では市議会の全員協議会などでの質疑を行うとともに、手続条例に基づくパブリックコメントやさまざまな市民参加を行って、次のステップに反映させていく。

総合計画の策定には二〜三年かけるのが一般的である。しかし、選挙後に計画策定に二年かけると、首長の任期は半分が終わってしまう（三鷹市では、市長選挙と重なった前回の第三次基本計画の第二次改定でも、選挙の年度内に計画を確定した）。市長任期と総合計画の連動を図る仕組みとすれば、必然的にスピーディーな計画策定が求められる。これからの計画策定における市民参加や職員参加については、効果的であるだけでなく、効率的な実施プロセスが重要になってくる。

なお、三鷹市ではこれまですべての総合計画を職員が執筆してきた。ところが、東京都内においても、総合計画案の作成をコンサルタント会社に委託せず、職員のみで対応している自治体は、四分の一程度にすぎない。将来的な人口推計などの専門的な分析はともかく、自治体のまちづくりの指針となる総合計画の作成は、コンサルタントなどの「外部」に委ねるべきではない。自治体ごとに多様な課題があるからこそ、市民参加と職員参加によって「自力」で計画を作成する「政策力」が必要である。加えて、マニフェスト時代においては迅速な計画策定が重要なため、一層、庁内で対応する能力が求められるのである。

## 4　総合計画策定の「前提」の転換

高齢化の急速な進行と扶助費の増大

冒頭で述べたように、自治体の総合計画は、計画期間や構造などの仕組みだけでなく、あり方そのものについても転換が求められている。

三鷹市では、第四次基本計画の前提として、人口減少や少子高齢化が市の財政に与える影響の分析や政策の方向性を研究するために、二〇〇九年度に庁内にプロジェクトチームとして「三鷹将来

図3　三鷹市における人口構成の将来推計

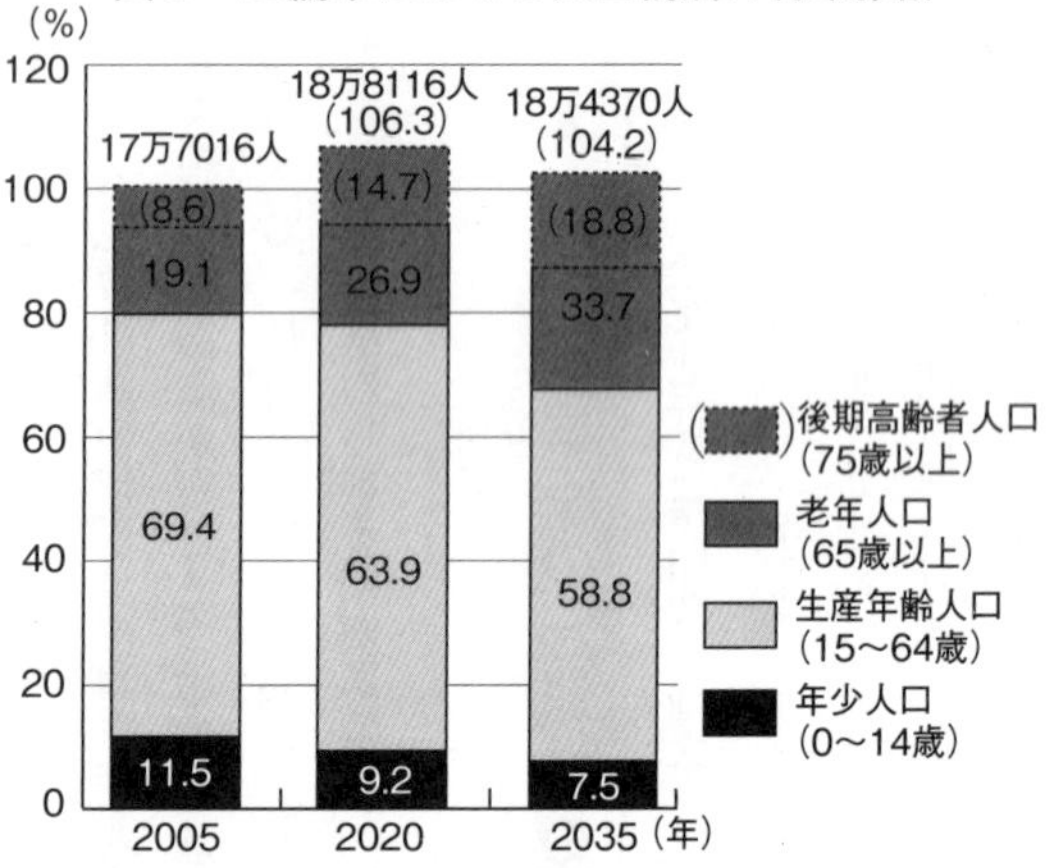


(注) 国立社会保障・人口問題研究所の2008年12月推計をもとに作成。

構想検討チーム」を設置。各種のシミュレーションを行い、分析結果とともに政策提案を報告書にまとめた。

三鷹市の人口は、国立社会保障・人口問題研究所や市独自の推計では、二〇二〇年ないし二五年ごろまでは緩やかな増加が見込まれている。ただし、その増加幅は実質的に老年人口の増加に相当しており、急速な高齢化の進行が予想される。同研究所の推計では、六五歳以上の老年人口は二〇〇五年の一九・一%から三五年には三三・七%に急増する。その一方で、一四歳以下の年少人口は一一・五%から七・五%に、一五〜六四歳の生産年齢人口は六九・四%から五八・八%に減少する見込みである。なかでも、七五歳以上の後期高齢者人口は八・六%から一八・八%に激増し、全国の増加率を上回る(図3)。

こうした高齢化の進行に伴う扶助費(社会保障制度の一環として、生活困窮者、高齢者、児童、心身障がい者などに対して行う支援に要する経費)や高齢者福祉費の増大は、どの程度だろうか。それを見通す

図４　扶助費（児童福祉費・教育費を除く）と65歳以上人口との関係

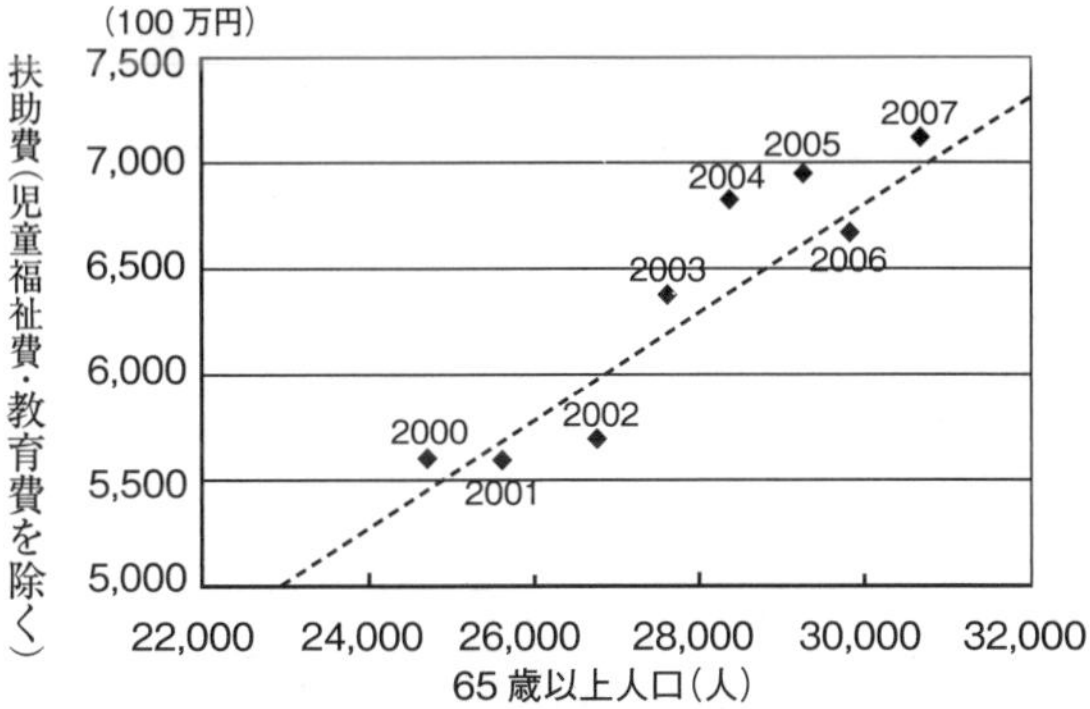


ために、これまでの六五歳以上の人口と扶助費などの関係を回帰式で分析し、今後の推計値を算出した。その結果、児童福祉費と教育費を除く扶助費は六五歳以上の人口とほぼ正比例と言える強い相関関係にあることが明らかとなる（図４）。高齢者が一人増えると約三〇万円増えることもわかった。

### 扶助費と住民税のシミュレーション

地方交付税の不交付団体である三鷹市の歳入の六割弱は市税収入で、このうち個人市民税が約五〇％、法人市民税は五％程度である。個人住民税の構成比の全国平均が約三〇％であるのに比べると、三鷹市の割合はかなり高い。

景気や企業業績に左右されやすい法人市民税に比べれば、個人市民税は比較的安定した税源と言われる。人口増に伴い、これまでは税収の増加も期待できた。しかし、今後は少子高齢化が進み、生産年齢人口が減少する。そこで、個人市民税の推移を予測するために、複数の前提条件を設定してシミュレーションを行った（図５）。

その結果、楽観ケース（実質賃金上昇率一％、年金給付水準は二〇三五年に二割減、一人あたり税収額は

図5　個人市民税シミュレーションのフロー

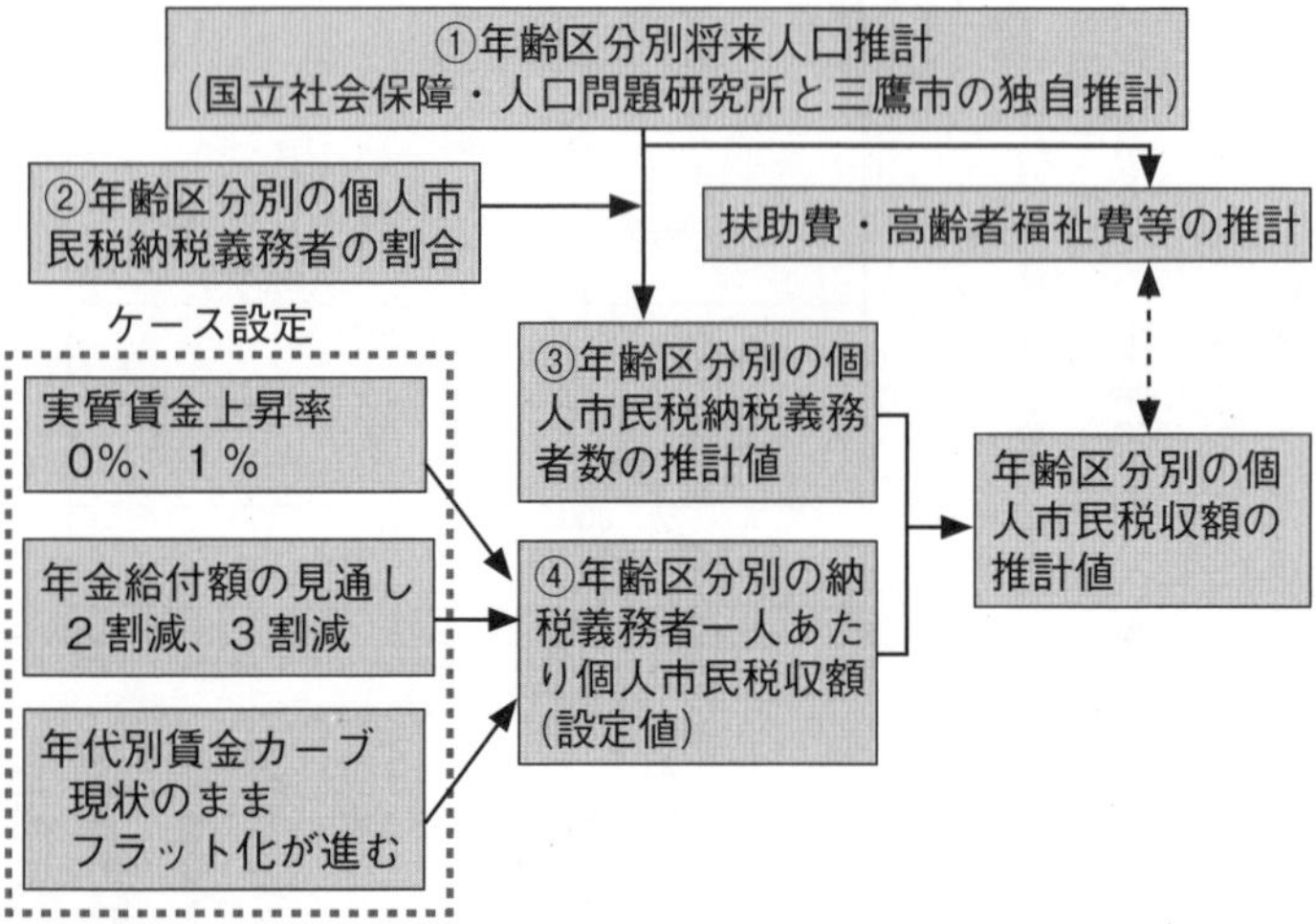


五四歳まで右肩上がりで現状維持）では、今後も個人市民税収額は増加する。しかし、扶助費は高齢化に伴って増加するから、個人市民税収額に対する扶助費の割合は約六〇％から八五％に増え、財政の硬直化が顕著に進む。

一方、悲観ケース（実質賃金上昇率〇％、年金給付水準は二〇三五年に三割減、一人あたり税収額は四五歳以降は従来の半分の伸び）では、人口が増えても個人市民税収額は逓減していく。そして、ついには扶助費が個人市民税収額を上回るという、これまで想像しなかった結果となったのである（図6）。

したがって、今後の総合計画や自治体経営を考えるとき、しばらくは人口が維持・増加する都市部の自治体においても、悲観ケースもふまえた政策の検討が必要である。しかも、都市部の自治体は団塊の世代の高齢化による歳入の減少と高齢者福祉費の急増に見舞われるため、地方都市よりもむしろ経営は

図６　個人市民税収額と扶助費の推移

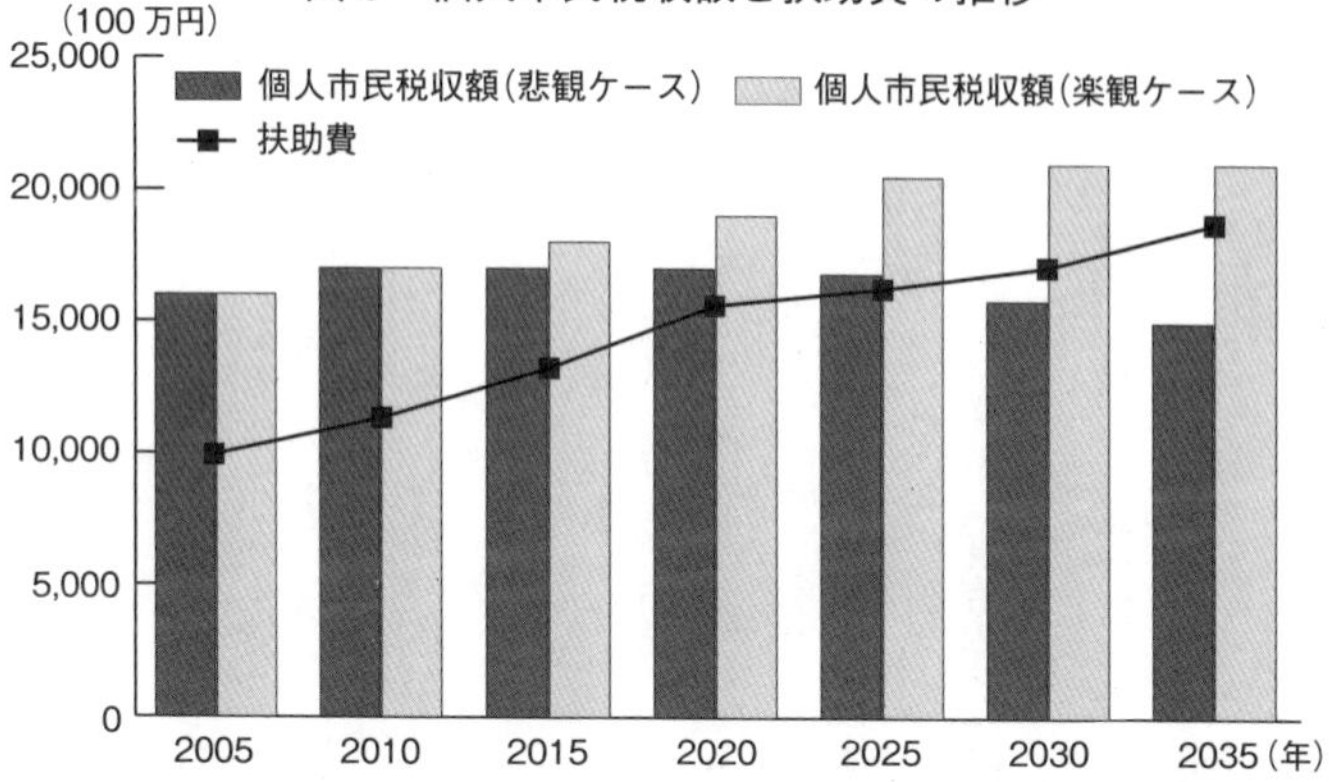


厳しくなる。

市町村は、団塊の世代がすべて後期高齢者となる「二〇二五年問題」や子育て施設整備などの少子化問題への対応、さらには高度成長期に整備した公共施設・都市基盤の一斉更新など、避けがたい歳出の拡大要因にこれから直面していく。一方で、歳入はこのシミュレーションのように、都市部の自治体も含めて非常に厳しい状況が予測されているのである。

## 5　分権時代を切り拓く総合計画のために

市民と将来の課題を共有して総合計画を策定するプロセスでは、「人の高齢化と施設の老朽化」などの将来課題への対応と同時に、人口減少・低成長時代における内発的な発展に向けたまちづくりのあり方の模索が求められる。それは、すべての自治体にとって「未知の領域」の課題と言えるだろう。

人口減少が急速に進む地方都市においては、避けがたい都市の縮小や衰退の現実を受けとめて、市街地および居住地域の計画的縮小や集約化・拠点化など、人口減少に応じた「賢い衰退(Smart Decline)」や「賢い縮小(Smart Shrink)」のあり方を総合計画で描いていく必要があると考える。それは、小さくなること、縮むこと、退くことを否定的に捉えず、むしろ、エネルギー浪費体質を改め、環境を重視しながら、豊かさを追求するチャンスと受けとめ、新たなまちづくりのあり方を創り出す営みでもある。

こうした営みは、当然ながら、国がモデルを示すことなどできない。地方分権・地域主権の時代を切り拓くためにも、各自治体が自律的な自治の実践として、主体的で創造的な総合計画の策定に取り組まなければならないのである。

（1）コミュニティ・カルテやまちづくりプランについては、一條義治「計画策定過程における新たな市民参加の実験――三鷹市基本構想・基本計画策定の取り組みから」(『自治総研』二〇〇〇年八月号)参照。

（2）「みたか市民プラン21会議」による計画策定については、一條義治「『パートナーシップ協定』による市民参加方式の一考察」(『地方自治職員研修　臨時増刊号　住民参加の考え方・すすめ方』二〇〇三年)参照。

（3）日本都市センター『自治体と計画行政――財政危機下の管理と参加』日本都市センター、二〇〇三年、一三九～一四二ページ。

（4）一條義治「新しい総合計画論――三鷹市の総合計画を事例として」縣公一郎・北川正恭・総合研究開発機構(NIRA)編『政策研究のメソドロジー――戦略と実践』法律文化社、二〇〇五年、三一〇～三二二ページ。

# 3 小規模自治体における職員と住民の協働
## ――那須烏山市の総合計画をめぐって

中村 祐司

### 1 国への依存からの脱却

二〇〇九年九月に「地域主権」を政策の筆頭に掲げる新政権が誕生し、一〇年三月末をもって「平成の大合併」は実質的に終焉をむかえた。だが、近年の未曽有の経済不況のもとで、地方自治体は否応なく行財政改革への取り組みを迫られている。

一方で、とくに小規模地方自治体においては、存続の危機をバネにした諸改革が住民参加を取り入れた形で実践され始めた。「協働」という名のもとで、一面では本来行政が果たすべき役割を市民に押し付けようとしてきた状況から、脱する芽が生まれつつある。見方を変えれば、補助金、地方交付税（補助事業の自治体負担分を確保するためや、地方債の発行許可を得るための、地方交付税の利用）、さらには地域活性化プロジェクトや合併特例債も含め、いわゆる国依存型の「ひも付き」財源に頼らない地域社会の再生が模索され出したのである。

栃木県那《な》須《す》烏山《からすやま》市では、総合計画の策定プロセスにおける徹底した住民・職員の参加による協働の実践、すなわち新しい公共形成への挑戦が進行中である。以下、同市における地域総合力向上の切り札ともいえる総合計画策定のプロセスと、策定後の計画実施に対する市民によるチェック管理の仕組み、施策チェックや事業仕分けの試みを紹介していく。そして、こうした一連の庁内組織（総合政策課）[1]と住民委員による挑戦から見えてきた自治の可能性と課題を明らかにしていきたい。

那須烏山市は栃木県東部に位置し、二〇〇五年一〇月に旧南那須町と旧烏山町との合併によって誕生した。人口は二〇一〇年一一月現在で二万九三九〇人。一九九〇年には三万三六九九人だったが、二〇〇九年に三万人を切った。六五歳以上の高齢者人口の割合は二七％（二〇〇八年度）と高く、いわば先細り感の強い基礎自治体である。財政状況（二〇一〇年度）を見ても、市税収入は約二八億円で〇七年度と比べて四億円減少し、市債残高は一三〇億円に達している（同年度）。財政の弾力性を示す経常収支比率は九〇・五％（二〇〇八年度）と、県内で九番目に高い[2]。

このように那須烏山市は、財政基盤の脆弱な小規模基礎自治体同士の合併の典型例として捉えられる。また、庁舎の位置は合併後の課題として持ち越したため、旧両町の住民感情や議員のスタンスの違いを調整する必要に迫られた。そのほか、少子化と財源不足による学校の統廃合が日程に上っている。

## 2　総合計画の策定と住民参加

「那須烏山市総合計画」は、基本構想（二〇〇八〜一七年度）、基本計画（〇八〜一二年度の前期基本計画と一三〜一七年度の後期基本計画）、各年度の実施計画（期間は基本計画と同じ）の三層構造からなる。そこでは、総合計画（基本構想と前期基本計画）の策定プロセスおける住民参加と同時に、関係者間の重層的な相互コミュニケーションを徹底させる意思決定の仕組みが展開された。

那須烏山市職員と大学教員との研究会や研究成果の報告、「那須烏山市総合計画策定方針」（二〇〇五年一一月）の公表といった準備段階を経て、〇六年一〇月に設置された総合計画審議会のもとに、「行政経営」「健康福祉」「都市建設」「経済環境」「教育文化」の五つの部門別まちづくり懇談会を設置。宇都宮大学との包括協定に基づき、各懇談会のアドバイザーとして五名の教員を配置した。各懇談会は、公募委員二名と有識者一〇名程度、そして関係課職員（行政経営懇談会の場合、総務部長、総務課長、企画財政課長、税務課長、会計課長、議会事務局長）、アドバイザー（教員一名）の合計二〇名弱程度で構成された[3]。各懇談会の会長を務めたのは、関係部長である。

総合計画審議会は、各懇談会から二名（公募委員と有識者各一名）ずつ選出された委員に、市議会議長、有識者三名を加え、行政経営懇談会のアドバイザーが会長に就いた[4]。二〇〇六年九月以降、各部門別懇談会は〇七年八月までに六回程度、総合計画審議会は同年一二月までに七回の審議を行う。そして、二〇〇八年一月に、市長に「那須烏山市総合計画」（前期基本計画）を答申した。

議会の長が総合計画審議会の委員に加わった結果として、議会による基本構想の承認プロセスに至る連結機能が働いたことは事実である。また、行政執行部の部長クラスを各懇談会の長とし、関係課長クラスを委員としたために、成果指標の設定などをめぐり、各懇談会の意思決定と、これを受けた行政の各担当部局の対応に乖離が生じなかったといえる。

総合計画では、住民が常に手元に置いて参照する「まちの設計図」としての役割を総合計画書にもたせたいという思いのもとで、基本理念「みんなの知恵と協働による〝ひかり輝く〟まちづくり」や目標人口（二〇一七年に三万人）を設定した。地方自治法第二条第四項に基づき策定する基本構想では、八つの基本目標を「まちづくり編」と「行政経営編」に分けて設定した。

八つの基本目標には、全部で三九の政策が掲げられている。たとえば基本目標⑧の場合、政策が「無駄のない自律的な行政経営」であり、これに対応する施策は「事務・事業等の見直し」「公共施設の適正配置・管理」「第三セクターの見直し」「効率的・効果的な財政運営」「歳入の確保」「公営企業等の見直し」といった具合だ。

また、三九の政策を包含する形で「定住を促すまち戦略」「快適・便利なまち戦略」「健康・子育てのまち戦略」「教育・文化のまち戦略」「改革の進むまち戦略」の五つを掲げ、さらに各重点戦略に二つずつプロジェクトを当てはめ、「チャレンジプロジェクト10」と称した（表1）。基本計画の内容にめりはりをつけ、優先して取り組む内容を浮き上がらせる工夫が取られたのである。

総合計画における政策、施策、成果指標の連関にも注目したい。すなわち、政策ごとに合計

表１　那須烏山市総合計画における「チャレンジプロジェクト10」

| プロジェクト名 | 取り組み内容 |
|---|---|
| 1 雇用創出 | ■企業誘致促進■新事業創出促進 |
| 2 定住促進 | ■通勤利便性ＵＰ■土地利用誘導■都市計画誘導■定住支援■農業ＵＪＩターン■自然・生活環境の保全■安全・安心の確保■交流人口の増加 |
| 3 ネットワーク強化 | ■循環交通網整備■人にやさしい交通網整備■情報通信環境の充実■道路網整備 |
| 4 市街地再生 | ■中心市街地活性化■都市再生整備 |
| 5 子育て支援 | ■学童保育の充実■幼保一元化の推進■子育てコストの軽減 |
| 6 健康づくり | ■地域医療の充実■介護予防施策の充実■健康づくりの推進 |
| 7 地域教育力向上 | ■学校適正配置の推進■特色ある教育の推進 |
| 8 文化スポーツ拠点形成 | ■史跡公園の整備■文化スポーツ拠点の整備 |
| 9 参画・協働 | ■参画・協働の仕組みづくり |
| 10 行財政基盤強化 | ■市役所スリム化の推進■民間活力利用の促進■公共施設等跡地対策■行政評価の推進■収納対策の推進■補助金適正化の推進 |

（資料）『那須烏山市総合計画・前期基本計画』3〜9ページより作成。

表２　那須烏山市総合計画における「学校教育の充実」の成果指標例

| 施策 | 成果指標 | 単位 | 直近の実績値 | 目標値（2012年度） |
|---|---|---|---|---|
| 3-1-1 | ○不登校児童の割合 | % | 1.2 | 0.9 |
| | ○不登校生徒の割合 | % | 3.1 | 2.7 |
| | ○非常勤講師の配置数 | 人 | 20 | 30 |
| | ○児童・生徒の相談件数 | 件 | 233 | 260 |
| | ○サタデースクール実施により学習の理解が増したとする児童・生徒の割合 | % | 800 | 900 |

（資料）『那須烏山市総合計画・前期基本計画』47ページより作成。

一三四の施策が配置され、さらに施策ごとに合計二六六の成果指標が連なる体系となっている。(5) 表2は施策の一つである「学校教育の充実」にかかわる成果指標例である。

## 3　総合計画をめぐる〝協働実践〟の萌芽

総合計画審議会では、総合計画の策定を行政に対する通過儀礼ないしはお墨付き付与機関としては終わらせずに、行政とキャッチボールをしながら、中身を練り上げていく。答申案の内容が議題となった際には、自然発生的に複数の委員の間から、「総合計画を策定しただけでは意味がない。住民が計画の着実な実施をチェックしていくために、住民参加による公的な評価・チェック機関を設置する必要がある」という提案がなされ、全員の賛成で答申書に盛り込まれた。次のような答申書が二〇〇七年一〇月に提出されたのである。

「行政自らが政策・施策の評価・分析をするだけでなく、今回のような成果指標に対する目標値の達成度合いに関し、客観的で効率的な評価をするための一つの手段として、政策・施策の目標達成に向けた定期的な進行管理が確実に履行できるよう、参画の段階より携わってきた市民を含めたチェック機能を有する組織構築に努められたい」

そして、二〇〇八年度から一年間かけて、条例設置の可能性も探りつつ、この「進行管理機関」の設置を検討することとなった。そのための検討組織として設立したのが「那須烏山市総合計画進行管理システム研究会」(以下「進行管理研究会」という)である。

進行管理研究会の構成は、相互の十分な意思疎通が図られるよう八名とした。内訳は、総合計画審議会・懇談会アドバイザー一名、総合計画審議会・懇談会委員四名、懇談会経験者一名、市行財政改革提言委員経験者一名、有識者一名である。事務局には総合政策課の職員七名が入り、関連資料の提供や議事録作成に携わるコンサルタント一名も加わった。職員は進行管理研究会委員ではなかったものの、実質面では積極的に議論に参加する旨が第一回研究会(二〇〇八年一一月)で承認され、後にそれが行政と委員とをつなぐ連結効果を生むようになる。

第一回〜第四回の進行管理研究会のおもな内容は、以下のとおりである。

第一回——提言書の総論の柱となった、チェックをめぐる体制、仕組み、システム運用のあり方についての論点の提示。

第二回——他市町の行政評価制度や外部評価の事例紹介と、メンバー間での理解の共有。

第三回——進行管理システムのあり方に関する提言のスキーム(枠組み)固め、総合計画の重点戦略に該当する定住促進と企業誘致の事業を対象とした評価の試行。

第四回——提言書内容の確認。

こうして、二〇〇九年七月に市長に対して「那須烏山市総合計画進行管理システムのあり方に関する提言書」を提出した。そこでのポイントをあげておこう。

①チェック体制のあり方

市長の交代や行政担当者の変更にも「ぶれない進行管理」の体制こそが大切であり、条例権限に基づく審議会でなければならない。まずは試行的な実施を積み重ね、二〜三年かけて、これまでの流れを理解している審議会委員を中心にチェック体制を確立していく。

②チェックの仕組みのあり方

行政職員が評価作業において形骸化や過剰負担に陥らないような、理解しやすい継続可能な仕組みの設計が必要である。

③チェックシステム運用のあり方

総合計画における目標数値の修正の指摘もあり得る。二〇一三年度以降の次期総合計画策定（後期基本計画）の数値目標設定につながっていかなければならない。優先順位の明確化や成果をめぐるプロセス重視が不可避である。

このようにして、総合計画の進行管理（評価）を住民参加で行う環境が醸成されていく。しかし、同時に、審議会体制、設置時期、庁内体制の役割分担など、正式な審議会への移行にあたってつめなければならない課題も多かった。そこで、審議会の役割や機能について明確にするために第五回進行管理研究会を開催（二〇〇九年一〇月）。担当者が評価調書を作成し、それをもとに課長と副市長による考察を加えた行政内部としての一次評価を実施後に、審議会による外部評価を実施するという活動の基本内容を確認した。

## 4　住民参加による施策チェック・事業仕分け

### 総合政策審議会の設置

条例の改正部分に注目するならば、従来の総合計画審議会との違いは、第一に総合政策審議会の所掌事務について、「総合計画の策定及び進行管理に関する事項」「行財政改革に関する事項」「その他市政の運営に関する重要な事項」と明確になった点である。また、市長に意見と提案を行う権限が与えられた。総合政策審議会は、総合計画審議会の機能格上げの性格を有している。

第二に、総合政策審議会の構成員についての変更である。「委員一五人以内で組織し」は維持しつつ、旧条例にあった「議会の議員」「執行機関の委員並びに公共的団体等の役員及び職員」を削除し、「学識経験を有する者」「公募により選考した者」「その他市長が適当と認める者」とした。地方議員を構成メンバーに入れなかったのは、執行機関の長と地方議会議員を別々に公選する二元代表制本来の趣旨に立ち返ったともいえる。

第三に、旧条例にはなかった「資料の提出等の依頼」の規程を新たに盛り込んだ。従来の総合計画審議会が調整機関であったのに対して、総合政策審議会は政策を立案・提示する機関であることが明示されたのである。

最終回となった第七回進行管理研究会（二〇一〇年五月）において、一〇年度を試行期間としたうえで、「新行革プラン」のあり方について調査検討を行い、翌年度以降そのノウハウを生かして本格的な調査検討を進めるなかで、後期基本計画策定に向けた施策チェックに取り組むことが確認された。具体的には、二〇一二年一二月の答申に向けて、①前期基本計画の施策別達成状況のチェック、②それをふまえた施策別後期基本計画の方向性への意見提言、③後期基本計画本編（素案）への意見提言、④基本構想における見直しの必要性に関する意見提言が活動の骨格となる。

また、新行革プランについては二〇一一年三月までの答申をめざし、①総合計画（前期基本計画）の「行政経営編」における施策別達成状況のチェック、②チェックをふまえた今後の方向性についての施策別の意見提言、③アクションプラン（素案）への意見提言を行っていくとした。(6)

こうして、二〇一〇年六月に総合政策審議会（学識経験者一名、公募委員一三名（うち進行管理研究会委員経験者六名）、事務局は総合政策課、業務支援アドバイザーとして栃木県内のコンサルタント一名）の活動がスタートする。総合政策審議会は、前期基本計画の施策チェックと事業仕分け、新行革プランのあり方についての答申、後期基本計画の策定(7)という複数の重責を担うこととなったのである。(8)

総合政策審議会による施策チェックと事業仕分け

施策チェックについては、まず財政運営関連の「中長期財政収支見込みに基づく財政運営」「公債費比率抑制のための取組」「予算編成手法の見直し」「財政状況の公表」を組上に載せた。

最初に、所管課が「施策チェックシート」と「事業仕分けシート」を記入する。それをもとに、総合政策審議会は必要に応じて所管課から関係資料の入手や審議会での職員ヒアリングを行い、後日、各委員が審査票を事務局に提出する。集約された審査票は所管課にわたり、所管課がその内容を受けてシートの記入内容を修正し、再考調書として事務局に提出する。総合政策審議会は再び提出されたシートを対象に、審議会としての見解をまとめる。(9) なお、この再考調書そのものが先述の新行革プランの主要内容となるように工夫されている。

事業仕分けについては、前期基本計画「行政経営編」三九施策のなかから六施策(「窓口サービスの向上」「外部委託等の推進」「公共施設の適正な配置」「公共施設の効率的な維持管理」「水道事業の効率化」「下水道事業の見直し」)をピックアップし、これらを構成する事務事業を対象に施策チェックを行うこととした。たとえば外部委託の推進で対象になったのは、給食センターの運営事業、スクールバス運行事業、運動公園管理事業など一四事業である。それぞれ、現状の改善点、直営・指定管理・業務委託などのうちいずれの運営形態がふさわしいかについて、所管課作成の事業仕分けシートに基づき、委員と所管課の間で質疑応答がなされた。(10)

これらを二〇一〇年七月から一〇月まで行い、一一月からその他の三三施策の施策チェックを一一年三月まで行う。一一年四月以降は、前期基本計画「まちづくり編」の九五施策を対象に、後期基本計画へ反映するために施策チェックを進めていく予定である。

また、施策チェックとこれに連なる事業仕分けとは別に、二〇一〇年一一月に終日かけて、市単独事業の再検証のための事業仕分けが実施された。対象になったのは、①定住促進対策事業、②産学連携(共同開発・販路開拓)促進事業、③企業誘致事業、④若者交流事業、⑤チャイルドシート購入助成金など一〇事業である。この結果は二〇一一年度予算へ反映される。たとえば、チャイルドシート購入助成金（一万円を上限に三分の一を補助する事業）をめぐっては、子どもの成長に伴って不要となる状況をふまえて、所管課からリサイクル仲介事業への転換の考えが示され、一三人の委員が助成金を不要と判断した。(11)

## 5　新しい公共の形成へ

那須烏山市では、総合計画（前期基本計画）の策定プロセス、策定後の進行管理のための施策チェックと事業仕分け、その成果を後期基本計画に生かすための仕掛け、新行革プランとの連動性、これら重責を担う総合政策審議会の設置と活動などが、住民参加と職員参加によって確実に進行中である。これまでの協働実践から見えてきたことは何だろうか。

第一に、総合政策課職員が各担当課を俯瞰し、いわば横割りの視点で国や県の政策動向を見据えつつ、市全体の行政サービスを総括する企画調整担当部局としてまちづくりにかける情熱と奮闘があげられる。志や気概をもった職員の存在は、上司にも部下にも周囲にも連鎖していく。基本構想と前期基本計画策定の準備過程、そのための組織づくりの体系化、前期基本計画の策定で終わらせずに施策、成果指標、事業の進捗をチェックし、後期基本計画の策定に生かす道筋をつけた。まさに「那須烏山方式」ないしは「那須烏山モデル」とも呼び得る、全国的にも類例を見ない先進・先導的な取り組みであることは間違いない。

同時に、マニフェストで行財政改革や住民の参画・協働の仕組みづくりを掲げ、二〇〇九年一一月に再選を果たした市長の存在も大きい。市長のリーダーシップがいわば調整弁として、総合政策課主導で進む改革プロセスで生じる各所管課との摩擦の回避・軽減に役立ち、これに呼応した市議会の動きを促す役割を果たしている。

第二に、しかし一方で、この協働実践は行政主導である。住民参加のための仕組みづくりや総合政策審議会機能の設定、施策チェックや事業仕分けの手法や段取りなど、すべてが住民に「お膳立て」された形で整備されている。いわば居心地のいい器を行政が用意し、住民はそこに後追い的に入るだけでいいといった環境にあることは否定できない。

第三に、それでも、行政による「お膳立て」を脱却する住民主導の萌芽を確実に見て取ることができる。もともと、つくりっぱなしではない総合計画への道筋は、委員の鋭敏な見識から生じたものである。管理のあり方、実際の施策チェックや事業仕分けの過程では、ヒアリング前のポイントを突いた事前質問など、那須烏山市に強い愛着をもつ生活経験者でなければ指摘できない論点が毎回の会議で提示された[12]。

そこには、国レベルの事業仕分けで展開されるパフォーマンス性はない。だが、数値データ依存では捉えきれない地域生活者の知恵がいかんなく発揮され始めている[13]。たとえば、本当の意味で地域社会における身近な事務事業を理解するとはどういうことなのか、行政・企業・住民が事務事業をどのように支えていけばいいのか、三者の協力と役割分担はどうあるべきか、などである。

第四に、この協働実践は、総合政策審議会委員と職員に対して、新たな公共の形成、当事者・担い手・協力者の意識改革、そして住民自らができることについて真剣かつ等身大で向き合う自治の機会を提供している。総合政策審議会の委員は、施策シートや事業仕分けシートへの記載や担当課とのヒアリングなどあらゆる段階を通じて、①これまで批判の対象としてのみ見ていた行政サービスや事務事業の一つ一つに地域特有の社会的背景があること、②財源と担い手の不足や事業実施がなかなか進まない背景には地域固有のこみいった事情があること、③事業間での錯綜や連関が存在すること、などを学習するようになる。

職員にとっても、シート記入や資料作成、ヒアリングにおける質疑応答の場は、住民への説明責任を試される重要な場であり、個々の担当業務の課題と価値を再認識する場である。総合政策審議会活動そのものが、住民と行政とのまちづくりをめぐる協働のあり方を模索する新しい公共空間を生み出しつつあるといえるだろう。

第五に、施策チェックや事業仕分けの経験を通じて、総合政策審議会委員(住民)と行政との関係は今後、乖離ではなく交錯、さらには協働へと向かっていくのではないか。もちろん、一つ一つの事務事業は単独では完結し得ない。何らかの形で社会と接点をもち、直接あるいは間接に社会(人びとの生活)へ影響を及ぼしている。事務事業を基礎単位とする施策や政策についても同様である。事務事業には本来的に、生活連関性、非完結性、相互影響性および相互非均衡性といった特質・性格が備わっている。

その意味で、事務事業、施策、政策、行政サービス、公共サービスのすべてに通暁する人間は、住民、学識経験者、職員を含めて一人もいない。しかし、そうであるからこそ、事務事業を協働の視点で捉えていけるかどうかが、地域社会の維持・再生の鍵となるのではないだろうか。施策チェックや事業仕分けの活動プロセスにおいて、住民・職員・議員など関係者の間で情報共有を図りながら、新たな公共形成への活動実践を一つ一つ積み重ねていく。その作業が、那須烏山市総合計画基本構想の基本理念である「みんなの知恵と協働による〝ひかり輝く〟まちづくり」に至る道程であるように思われる。

（1）本稿の執筆が可能となったのは、二〇〇五年から始めた那須烏山市職員との研究会、それ以後の総合計画審議会、進行管理研究会、総合政策審議会など、総合計画にかかわる機会を得たがゆえである。それぞれの委員の方々には、現在進行形で多大な協力をいただいている。同時に、大谷範雄市長をはじめ、那須烏山市職員の地方自治の実践にかける情熱と志に接したことが大きい。とくに、金子真寿（総合政策課総合政策室課長補佐兼総括地域主権担当）、小口正一（総務課人事行政係長）、関雅人（総合政策課総合政策室係長）、相ケ瀬仁志（同主査）、関谷力（栃木都市計画センター業務部計画セクション）、山口堅一（同）の各氏には、ここで記して感謝の意を表したい（肩書きは二〇一〇年一〇月現在）。

（2）那須烏山市『平成二一年度行財政報告書』二〇一〇年九月。

（3）各懇談会の公募委員は、対象を二〇歳以上の那須烏山市民とし、応募者には希望する懇談会が設定したテーマ（たとえば行政経営懇談会の場合は「自立したまち」）について小論文の提出を求め、選考委員会が小論文の内容と面接を通じて選考した。

（4）行政経営懇談会のアドバイザーが総合計画審議会の会長に就いたのは、行政経営の視点が他の懇談会の分野別検討対象、すなわち政策領域全般に横断的にかかわるという理由からである。

（5）三九施策の「行政経営編」と九五施策の「まちづくり編」に分かれ、二六六の成果指標には約九〇〇弱の事務事業が包含されている。その意味で、施策チェックとは実質的に成果指標チェックであり、事務事業を対象とした事業仕分けなのである。また、政策分野と課ごとの成果指標数は、行政経営分野が七七（総合政策課三七、総務課三八、税務課二）、経済環境分野が六三（農政課二一、商工観光課二八、環境課一四）、教育文化分野が三八（学校教育課一四、生涯学習課二四）、健康福祉分野が五六（健康福祉課三二、こども課一七、市民課七）、そして都市建設分野が三二（都市建設課一五、上下水道課一七）である。

（6）「行革プラン」（正式名称は「那須烏山市行財政集中改革プラン」）。対象期間は二〇〇五年度から〇九年度までの五年間）は、〇五年三月に国から示された「地方公共団体における行政改革推進のための新たな指針」に基づく。総合計画の実施計画的な役割を果たす「新行革プラン」（対象期間は二〇一一年度から一七年度までの七年間）を一〇年度中に策定し、一一年度からスタートさせることで、前期基本計画と後期基本計画との接合を果たすと同時に、一三年度から始まる後期基本計画の対象期間と合致させた。

（7）後期基本計画の策定に向けて庁内では、庁議（市長、副市長、教育長、総合政策課長、総務課長で構成）、政策調整会議（全課長で構成）、各課が前期基本計画に設定された成果指標の達成状況を自己チェックするとともに、後期基本計画の素案を策定した。なお、第六回進行管理研究会（二〇一〇年一月）では「後期基本計画等策定に関する基本方針（素案）について」と「総合計画審議会への移行のあり方について」が確認された。

（8）以後、第二回総合政策審議会（二〇一〇年七月）では、那須烏山市の人口フレーム（目標値）と市財政の現状についての勉強会を行った後、中期財政収支見込に基づく財政運営、公債費比率抑制のための取り組み、予算編成手法の見直し、財政状況の公表の四施策について、三回にわたってヒアリングしていく。たとえば第三回審議会(二〇一〇年八月)では、次回ヒアリングのケーススタディと称し、公共施設の効率的な維持管理、保育園運営事業、幼稚園運営事業の一施策二事業について実施した。その後、二〇一〇年一一月に終日かけて「市単独事業の再検証のための事業仕分け」(第七回審議会)を実施した。

(9) 施策チェックシートにおいて所管課は、①対象施策の実現に向けた取り組みや成果、②今後の課題、③今後の対応方針(成果指標に関する現時点の実績値または見込値、二〇一二年度の目標値に対する進捗率など)、④今後の対応方針に基づく取り組みのスケジュール、⑤施策の成果指標(目標値)の再設定、⑥各課局長の意見を記入する。そして、ヒアリング(一施策につき所管課による説明一〇分、審議会委員による質問一〇分)を経て後日、総合政策審議会委員は所管課による記載内容に対する評価・所見と、シート全般や所管課に対する所見を審査票に記入する。

(10) 事業仕分けシートにおいて所管課は、①具体的なサービス内容、②職員の配置、③過去三年間の運営経費、④サービスに対する市民の評価、⑤他自治体のサービス実施の動向、⑥市内の民間によるサービス実施の動向、⑦参考データ、⑧今後のサービスについての考え方(市が実施するのか市以外が実施するのか選択)を記入する。そして、ヒアリング(一事業につき所管課による説明一〇分、審議会委員による質問一〇分)を経て後日、総合政策審議会委員は審査票に、①市の責任のもと運営などは民間に任せる、②市が直接実施しやり方を改善すべき、③市が直接実施すべき、④民間に移管すべき(民間の責任で実施)のいずれかを理由も含めて選択したうえで、所見を記入する。

(11) 二〇一〇年一一月に実施した単独事業仕分けでは、一事業につき三〇分(事業概要の説明五分、質疑応答二〇分、評価シート記入作業五分)で、結果はその場で集計・掲示された。

(12) たとえば、那須烏山市の重点事業である企業誘致事業をめぐる総合政策審議会委員からの事前質問には、①近隣の市町村の企業誘致策、②近隣市町村と比較した場合の優位点と課題点、③企業誘致をめぐる「トップセールス」活動の中身と実績（いつ、誰が、どこに、どのような方法で行っているのか）を問うものがあった。

(13) ある委員は、図書館運営事業が総合計画の基本目標である「人と文化を育むふれあいのまちづくり」とどう結びつくのかを問い、別の委員は公民館運営事業について、「公民館は大切な場所であるが、果たして常時利用されているのか。公民館がまったく利用されていない日が年間どのくらいあるのか算出する必要がある」と指摘した。また、保育所運営事業の担い手について、「官から民への移行を検討する際に一番問題になるのは職員の給与のこと。五〇歳以上になると官の給与は民間より高い水準になる。それに伴う保育士の配置転換はどのようになっているのか」を問う声もあった。さらに、審査票への記入の際の留意事項について話し合った際に、「経費削減とサービス維持の相反する内容を同時に行おうとしているわけだから、市民の満足度をどのように得るのか、経費削減をどのように達成するのかを本質と捉え、自分の問題として認識しながら進むべきである」「財政が逼迫するなか、市民の満足度を向上させつつ経費を削減することには正直無理がある。どこに重点を置き、どこを我慢するのか、市民の痛みも伴う」「〝基本方針〟を達成するために〝政策〟〝施策〟を実施するというストーリーがなければいけない。〝施策〟のみの議論ではコストダウンだけが目的となりがちである。総合的にどうしていくのか判断する旗振り役が必要である」といった発言もあった。いずれも、協働の実践にかかわる重要な指摘であると思われる。

# 4 二元代表制における政治的意思決定への住民参加

岡本 三彦

## 1 政治参加の手段としての住民投票

日本の地方自治体では、住民が議会（議事機関）と首長（執行機関）をともに直接選挙によって選出する。このような仕組みは一般に「二元代表制」と称される。

二元代表制においては、議会と首長は互いに抑制と均衡の関係にあると想定されている。ところが、自治体においては、首長の権限に比べて議会の権限は小さいといわれているように、両者の関係は必ずしもそうなっていない。議会が首長の与党になって、首長が提出した議案はさしたる議論もないまま可決する、というような緊張感がない馴れ合いの場合もあれば、両者がお互いに非難しあって政策の決定や実施が困難になる場合もある。いずれも、住民は視野に入っていない。

近年では盛んに「住民参画」がいわれ、政策の形成や実施、評価、とくに実施については、住民も重要な担い手であるとされている。新しい公共の議論において担い手として想定されているのも、公＝行政に加えて、民＝民間団体、ＮＰＯ、住民である。

それとは対照的に、政策の決定、あるいは政治的意思決定への住民の参加が論じられることは少ない。こうした住民の「政治参加」については、せいぜい選挙のときに投票を呼びかけるキャンペーンがある程度で、議会の議論に住民を参加させる、あるいは意思決定に積極的に関与させるという動きは、ほとんどない。

もちろん、自治体における政治的意思決定の主たる担い手は議会であり、首長である。だが、ローカル・ガバナンスを、利害関係者が協働で地域を統治していくことと捉えるならば、主権者である住民が政治的意思決定から排除されることは適切ではない。「代議制民主主義」が原則であるとしても、住民が、たとえば住民投票などによって直接参加できる可能性は開かれているべきではないか。そこで本稿では、自治体における政治的意思決定への参加手段としての住民投票の可能性と課題について、日本における住民投票制度の推移や住民投票条例などから検討するとともに、今後のあり方について展望しながら議論していきたい。

## 2　住民投票の動向

日本で住民投票制度が注目されるようになったのは、一九九〇年代なかば以降、とくに九六年八月に新潟県巻町（現・新潟市）で住民投票条例による住民投票が実施されてからである。だが、それ以前から住民投票は実施されている。とくに第二次世界大戦後の一時期は、憲法や法律に基づいて多くの住民投票が実施された。

日本国憲法は、第九五条に「一の地方公共団体のみに適用される特別法」の住民投票に関する条文を置いている。これに基づく住民投票は、一九四九年から五二年までの三年間に一九件（一八自治体）で実施された。住民投票の対象となった法律は、「広島平和記念都市建設法」「長崎国際文化都市建設法」「別府国際観光温泉文化都市建設法」など「特別都市建設法」と総称される一六の法律である。[1] ただし、一九五三年以降は、この規定に基づく住民投票は実施されていない。地域を特定する法律を制定しなくなったこと、特定地域に不利益となる法律を制定していないことなどが、理由として考えられる。

憲法第九五条に基づく住民投票よりも多くの自治体で実施されたのが、旧警察法（一九四七年一二月成立、四八年三月施行）による自治体警察（市町村警察）廃止に関する住民投票である。旧警察法では、人口五〇〇〇人以上の市町村に設置された自治体警察と、定員三万人を超えない国家地方警察があった（それぞれ公安委員会が設置され、警察の運営管理を行っていた）。同法は一九五一年に一部改正され、町村では住民投票によって自治体警察を廃止できることになる。

それに基づいて住民投票が実施された結果、発足当時に一三八六あった町村警察は次々と廃止され、一一二七へ減少する。[2] 自治体警察はその後、一九五四年の新警察法の施行によって国家地方警察とともに都道府県警察に統合され、特例として認められていた五大市（横浜・名古屋・京都・大阪・神戸）の市警察も五五年には廃止された。

ちなみに、かつては地方自治法（第二一三条第二項〜第七項、付則第二条）、町村合併促進法（第一一条）、新市町村建設促進法（第二七条、第二八条）などにも、住民投票の規定があった(3)。その後は、原則として、地方自治法の直接請求による首長・議員の解職、あるいは議会の解散請求（リコール）などに住民投票は限られる。なお、法律に基づく住民投票は、投票結果が自治体の意思とみなされ、議会や首長の行動を拘束する「拘束的住民投票」である。

法律などに基づく住民投票以外に、特定の政策や事案ごとに住民投票の実施をめざそうと、直接請求によって住民投票条例の制定（個別型住民投票条例）を求める住民の動きがあった。こうした条例は、住民の意向を表明、確認するための「諮問的住民投票」であり、投票結果が議会や首長を拘束しない。にもかかわらず、そのほとんどが議会で否決された。

そうしたなかで巻町の「原子力発電所建設の是非をめぐる住民投票」は、住民の直接請求によって議会が住民投票条例を制定して実施された、最初の住民投票である。その後、沖縄県や岐阜県御嵩《みたけ》町など、条例を制定して住民投票を実施する自治体が出てきた。その多くは、住民にとって「迷惑施設」である産業廃棄物処理場の建設や原子力発電所建設の是非に関するものである。加えて「平成の大合併」の際には、二〇〇二年の市町村の合併の特例等に関する法律の改正により、市町村議会が否決した合併協議会設置の是非を問う住民投票が可能になったことも関係して、今日までに全国で約四〇〇件が実施されている(市町村合併に関係するもの以外は二〇件程度にすぎない)。

ただし、住民投票条例の請求は、多くが議会において、また首長によって拒否されている。一九七九年以降の成立状況をみると、首長提案の場合は九割近く(八八・二%)が可決されているのに対して、議員提案では約四割(四一・八%)、住民による直接請求では二割にも満たない(一九・三%)[4]。住民の直接請求は、議会の議決に左右されるのである。

象徴的なのが、一九九八年の神戸空港建設をめぐる住民投票条例制定の直接請求であった。神戸市では、条例の制定・改廃に必要な署名数(有権者の五〇分の一以上)の約一三倍にのぼる有効署名三〇万七七九七人(有権者数の二六・六%)を集めて、「神戸空港建設の是非を問う住民投票条例」の制定を求める直接請求をしたものの、空港建設推進派が多数を占めていた市議会において否決されたのである。このように圧倒的多数の署名を付して住民投票条例の制定を請求しても議会が否決するという事例は、広島県黒瀬町(現・東広島市)や静岡県沼津市など他の自治体でも見られた。

## 3　個別型住民投票条例から常設型住民投票条例へ

住民が署名を集めて住民投票の実施を求めても議会と首長によって否決されてしまう個別型住民投票条例に対して、「常設型住民投票条例」を制定する自治体が二一世紀に入って出てきた。常設型住民投票条例とは、住民投票の対象とされた事案について一定数の有権者が住民投票を請求すれば、議会や首長の意思とは関係なく実施しなければならないと定めた条例をいう。このような条例は、愛知県高浜市で二〇〇二年に初めて制定された。

常設型住民投票条例では、一定数の有権者の署名とともに請求すれば、議会の議決を経る必要がないから、比較的短期間で住民投票の実施が可能となる。また、手続きも明確になっており、議会の構成によって左右されないというメリットもある。その反面、個別型住民投票条例に比べて、請求の要件や投票成立の要件が厳しくなる傾向にある。

常設型住民投票条例を有する市町村は、筆者が調査したかぎりでは、二〇一〇年一〇月現在で三九自治体である[5]（表1参照）。常設型住民投票条例を求める声は少なくないが、制定には議会の議決を必要とするために、まだ一部の自治体で制定されているにすぎない。また、市町村合併関連を

31日現在）

| 成立要件 | 制定日 | 施行日 |
|---|---|---|
| 1/2、× | 02.7.9 | 02.9.1 |
| 1/3、× | 02.12.20 | 02.12.20 |
| 1/2、× | 03.1.22 | 03.4.1 |
| 1/2、× | 03.3.20 | 03.9.1 |
| 1/2、○ | 03.3.25 | 03.4.1 |
| 1/2、× | 03.7.1 | 03.7.1 |
| 1/2、× | 03.12.26 | 04.6.1 |
| 1/2 | 04.3.25 | 04.4.1 |
| — | 04.3.30 | 04.4.1 |
| 1/2、× | 04.9.21 | 04.9.21 |
| 1/2、× | 04.12.17 | 04.12.17 |
| 1/2、× | 04.12.22 | 04.12.22 |
| 1/2、× | 05.3.1 | 05.3.1 |
| — | 05.6.22 | 05.8.1 |
| — | 05.12.26 | 06.1.1 |
| 1/2、× | 06.3.3 | 06.4.1 |
| 1/2、× | 06.3.29 | 06.7.1 |
| — | 06.3.30 | 06.10.1 |
| 1/2、× | 06.10.5 | 06.12.1 |
| 1/2、× | 07.3.12 | 07.4.1 |
| 1/2、× | 07.3.16 | 07.7.1 |
| 1/2、× | 07.3.30 | 08.3.30 |
| 1/2、× | 07.6.22 | 08.4.1 |
| 1/2、× | 07.6.26 | 07.6.26 |
| 過半数、× | 07.12.14 | 08.4.1 |
| 1/2、× | 08.3.21 | 08.4.1 |
| 1/2、× | 08.3.25 | 08.10.1 |
| — | 08.4.1 | 09.3.26 |
| 1/2、○ | 08.6.20 | 08.10.1 |
| — | 08.6.24 | 09.4.1 |
| 1/2、× | 08.6.27 | 08.7.1 |
| 1/2、○ | 09.2.26 | 09.6.1 |
| — | 09.3.26 | 09.7.1 |
| 1/2、○ | 09.3.27 | 09.10.1 |
| 4/10、× | 09.3.31 | 09.4.1 |
| 1/2、× | 09.9.14 | 09.10.1 |
| 1/2、× | 09.12.22 | 未施行 |
| — | 09.12.25 | 10.4.1 |
| 1/2、× | 10.3.19 | 10.10.1 |

ている有権者数のうちの数。なお、カッコ内の
必要とするもの。
の数。過は過半数。一は規定のないもの。
ことを示している。
ることを示す。また、○は成立しない場合でも

筆者が加筆・修正。

表1　常設型住民投票条例の設置状況(2010 年 10 月

| 自治体名 | 日本人 | 永住外国人 | 署名数 | 議会 | 首長 |
|---|---|---|---|---|---|
| 愛知県高浜市 | 18 | 18 | 1/3 | 1/12→過 | ○ |
| 埼玉県富士見市 | 公選法 | — | 1/5 | 1/3→過 | ○ |
| 埼玉県上里町 | 公選法 | — | 1/3 | 1/12→過 | ○ |
| 広島県広島市 | 18 | 18 | 1/10 | — | — |
| 埼玉県美里町 | 18 | 18 | 1/3 | 1/3→過 | ○ |
| 群馬県桐生市 | 公選法 | — | 1/6 | — | — |
| 広島県大竹市 | 18 | 18 | 1/3 | — | — |
| 埼玉県坂戸市 | 公選法 | — | 1/6 | — | — |
| 千葉県我孫子市 | 18 | 18 | 1/8 | 1/4→過 | △ |
| 静岡県南伊豆町 | 公選法 | — | 1/6 | 1/12→過 | ○ |
| 埼玉県鳩山町 | 18 | 18 | 1/3* | 1/3→過 | ○ |
| 北海道増毛町 | 18 | 18 | 1/8 | 1/4→過 | △ |
| 石川県宝達志水町 | 18 | 18 | 1/10 | 1/3→過 | ○ |
| 大阪府岸和田市* | 18 | 18 | 1/4 | — | — |
| 三重県名張市* | 18 | 18 | (1/50, 1/4) | (1/12→過) | (○) |
| 神奈川県逗子市* | 20 | 20 | 1/5 | 1/12→過 | △ |
| 山口県山陽小野田市 | 公選法 | 20 | 1/6 | 1/12→過 | ○ |
| 神奈川県大和市* | 16 | 16 | (1/3) | (1/12→過) | (○) |
| 山口県防府市 | 公選法 | — | 1/3 | 1/12→過 | ○ |
| 北海道遠軽町* | 18 | 18 | 1/3 | 1/12→過 | ○ |
| 愛知県一色町 | 18 | 18 | 1/6 | 1/12→過 | ○ |
| 滋賀県近江八幡市* | 18 | 18 | 1/50, 1/3 | 1/12→過 | ○ |
| 大分県臼杵市 | 公選法 | — | 1/3 | 1/3→過 | △ |
| 高知県東洋町 | 公選法 | — | 1/50 | 1/3→過 | ○ |
| 石川県輪島市* | 公選法 | — | (1/6) | (1/6→2/3) | (○) |
| 北海道稚内市* | 20 | 20 | (1/50) | (1/12→過) | (△) |
| 鳥取県北栄町* | 18 | 18 | (1/6) | (1/12→過) | (○) |
| 大阪府豊中市* | 18 | 18 | (1/6) | — | — |
| 北海道芦別市 | 18 | — | 1/6 | 1/3→過 | ○ |
| 神奈川県川崎市* | 18 | 18 | 1/10 | 1/12→過 | ○ |
| 岩手県宮古市* | 18 | 18 | (1/5) | (1/12→過) | (○) |
| 北海道北広島市* | 18 | 18 | 1/6 | 1/12→過 | ○ |
| 愛媛県四国中央市* | 18 | — | 1/5 | 1/12→過 | △ |
| 新潟県上越市* | 18 | 18 | (1/50, 1/4) | (1/12→過) | — |
| 長野県木曽町* | 公選法 | — | 1/5 | 1/3→過 | ○ |
| 岩手県奥州市* | 18 | 18 | (1/6) | (1/12→過) | (○) |
| 滋賀県野洲市* | 18 | 18 | 1/50, 1/4 | 1/12→過 | ○ |
| 岐阜県多治見市 | 18 | — | 1/4* | 1/12→過 | △ |
| 岩手県滝沢村* | 18 | 18 | 1/6 | 1/12→過 | ○ |

(注 1)自治体名の欄の＊は、自治基本条例等に基づく条例であることを示している。
(注 2)日本人、永住外国人の欄の数字は、投票資格の年齢。公選法は、公職選挙法に規定されている有権者をいう。
(注 3)署名数の欄の数字は、住民請求の際に必要な署名数で、投票資格者のうちの数。＊は、公選法で規定され
数字は、各自治体の自治基本条例で規定されているもの(議会、首長欄のカッコも同じ)。下線は議会の議決を
(注 4)議会の欄は、議会発議に必要な数で、→の前は提案に必要な議員数、後は議決に必要な出席議員数のうち
(注 5)首長の欄の○は首長発議が認められているもの、△は議会などの議決を必要とするもの。—は規定がない
(注 6)成立要件の数字は、投票者総数が投票資格者総数の一定以上であることが当該住民投票の成立に必要であ
開票作業を行うことを、×は開票作業を行わないことを示す。—は規定がないことを示している。
(出典)川崎市住民投票制度検討委員会『住民投票制度の創設に向けた検討報告書』(2006 年、56 ページ)をもとに

除けば、常設型住民投票条例に基づいた住民投票は、山口県岩国市（合併前）で二〇〇六年三月一二日に実施された「米空母艦載機移駐の賛否を問う住民投票」くらいしかない（ただし、〇六年三月二〇日に同市を含む市町村合併によって誕生した新・岩国市では、常設型住民投票条例を廃止した）。

ちなみに、旧市町村では常設型住民投票条例があったものの、市町村合併によって「消滅」してしまった自治体として、群馬県境町（現・伊勢崎市）、岡山県哲西町《てっせい》（現・新見市）、長野県木曽福島町（現・木曽町）(6)、鹿児島県金峰町《きんぽう》（現・南さつま市）などがある。一方、埼玉県美里町《みさと》は、常設型住民投票条例に基づいて合併の賛否を問う住民投票を二〇〇四年四月二五日に実施し、合併を否決している。同町には現在も常設型住民投票条例がある。

常設型住民投票条例を制定しても、住民投票がほとんど実施されてこなかったのは、請求要件が厳しく、使い勝手がよくないことに一因がある。もちろん、住民投票の濫用を避けるためには、ある程度、要件を厳格にする必要はあろう。だが、要件の厳しさのあまり、住民の政治的意思決定の可能性を排除してしまうのは望ましくない。そこで、次に常設型住民投票条例の課題について検討していきたい。

## 4　常設型住民投票条例の課題

自治体の「憲法」と位置づけられる自治基本条例や住民参加条例などで住民投票について規定し

ている自治体もある。そうした場合も、詳細については別の条例で定めるとしている自治体が多い。常設型住民投票条例は大別すると、自治基本条例や市民参加条例などに基づくものと、そうした条例とは関係なく単独で制定されているものに分けられる。前者には大阪府岸和田市や神奈川逗子市などがあり、最近ではこの形をとる条例が多い。後者には高浜市や群馬県桐生市などがある。

常設型住民投票条例はほとんどの自治体で類似した形式をとっており、「条例の目的」「住民投票の対象」「投票資格者」「住民投票の請求及び発議」「住民投票の形式」「住民投票の期日」「情報の提供」「投票運動」「投票の成立要件」「投票結果の尊重」などについて条文を置いている。「住民主権」の視点からすると、とくに①住民投票の対象、②住民投票の請求(誰が請求資格を有しているのか、また住民が請求する場合の要件、なかでも署名数)、③投票の成立要件(投票率が開票の可否の要件になっているか)がもっとも基本的な論点であろう。ここではこれらに焦点を当てて、常設型住民投票条例の課題について議論していきたい。

第一に、対象についてである。ほとんどの自治体が、「市(町村)政運営上の重要事項に係る意思決定について、市民(住民)による直接投票(住民投票)の制度を設ける」を目的としている。そのうえで、市(町村)政運営上の重要事項を「市(町村)が行う事務のうち、市民(住民)に直接その賛否を問う必要があると認められる事案で、市(町村)及び市民(住民)全体に直接の利害関係を有するもの」と定めている。したがって、捉え方によっては対象がかなり広範に及ぶことになる。

ただし、ほとんどの自治体では、①市(町村)の権限に属さない事項、②議会の解散その他法令の規定に基づき住民投票を行うことができる事項、③もっぱら特定の市民（住民）または地域にのみ関係する事項、④市（町村）の組織、人事および財務に関する事項、⑤そのほか住民投票に付することが適当でないと明らかに認められる事項などの五〜六項目を除外して、対象を制限している。これらについては、ある程度、具体的に内容がわかるものがある一方で、⑤のように判断がむずかしいものもある。場合によっては、住民請求の事案が住民投票の対象となるか否かが争点となることもある。[7] なお、千葉県我孫子市のように対象を限定的に列挙している自治体もあるが、対象内容は他の自治体とほとんど変わらない。

第二に、住民投票の請求者についてである。これは住民投票を請求しようとする住民にとって非常に重要である。請求できる住民、すなわち請求資格者（投票資格者）には、公職選挙法の定める有権者のほかに、未成年や永住外国人の住民を含んでいる自治体もある（表1参照）。

住民投票の請求には、一定数の投票資格者の署名を付すことが要件となっている。もっとも、必要署名数については、高浜市や埼玉県上里町のように有権者の三分の一から、高知県東洋町のように五〇分の一まで、かなりの開きがある。ただし、五〇分の一としている自治体では、東洋町以外は通常の条例の制定・改廃請求と同様に議会の同意を必要としている。議会の同意を必要としない場合は、四分の一ないし三分の一と要件が厳しい。広島市と神奈川県川崎市は一〇分の一である。

必要な署名数を議員や首長の解職請求と同じ投票者の三分の一とするのは、人口の多い自治体の住民にとってはかなり厳しい。解職請求の場合は、選挙で選んだ公職者が対象だから、慎重でなければならない。しかし、条例に基づく住民投票の場合は、諮問的住民投票であり、しかも投票成立の要件を定めている自治体も多いのだから、必要署名数については緩和してもよいのではないか。どの程度が適切なのかの判断はむずかしいが、住民数に応じて六分の一から一〇分の一程度で十分だと思われる。

議員による請求については、議員定数の一二分の一以上が提案して、議会において出席議員の過半数が賛成した場合に実施する自治体が多い。また、首長の発議はほとんどの自治体で認めている。だが、首長の発議については、慎重でなければならない。そもそも、首長は議会に議案を提出できる立場にある。そのうえ、首長の意思だけで住民投票を発議し、住民に賛否を求めることを可能にしている自治体も多い。すでにかなり強い権限を有する首長にさらに住民投票請求権を認めれば、首長の権力をより一層強める結果にならないか、十分に検討する必要があろう。

第三に、住民投票成立の要件についてである。投票成立の要件を定めている自治体は多く、三九自治体中二九自治体で当日の有権者数の二分の一以上(うち一つは「過半数」と表現)の投票によって成立するとしている。うち二四自治体は、成立しない場合には開票作業は行わない。三分の一以上、一〇分の四以上を成立要件とし、それを満たさない場合には開票しないとしている自治体も一つずつある。ちなみに、八自治体には成立要件がない。

法律に基づく住民投票の場合は、拘束的住民投票であるにもかかわらず、こうした規定がない。それに対して、諮問的住民投票である住民投票条例でこのように厳しくするのはなぜなのか。少数の投票資格者によって決定されることは問題であるというのかもしれないが、法律に基づく住民投票の場合にはそうした規定がないことを考えると、必ずしも合理的な根拠がないように思われる。あくまでも諮問的住民投票であり、また当該自治体の事務・事業のみを対象にするのであれば、わざわざ厳しい成立要件を設定する必要はないように思われる。

以上三点を中心に、常設型住民投票条例について検討してきた。住民の意思を尊重するという点からすれば、議会や首長の意向にかかわりなく、住民の請求によって住民投票を実施できる常設型住民投票条例は、個別型住民投票条例よりも優れている。その一方で、これまでの常設型住民投票条例は必ずしも使い勝手がよいとはいえないようで、これに基づく住民投票はきわめて少ない。もちろん、条例を制定しても、住民投票を必要とする事案や争点がないのかもしれない。だが、これまで実施された住民投票のほとんどが個別型住民投票条例によるものである。

住民投票は本来、特別にむずかしいテーマについて住民が判断するものではなく、住民生活に身近な、自治体が直接関係する事業やサービスに関してが望ましいのではないか。そこで次に、個別型住民投票条例に基づいて実施された、興味深い住民投票について検討したい。

## 5　公共事業への支出を問う住民投票

今日ではどの自治体でも行財政状況が厳しく、無駄な公共事業や公共施設の建設見直しが課題となっている。自治体の住民投票においても、公共事業や公共施設建設が対象となってよいのではないか。そうした「ハコモノ行政」について実際に住民投票を実施した自治体に、千葉県四街道市《よつかいどう》（人口八万七八一九人。二〇一〇年一二月一日現在）がある。

四街道市は、ＪＲ総武本線四街道駅北口再開発事業の一つとして「地域交流センター（仮称）」の建設を計画（二〇〇八年一月着工、〇九年三月完成、同年六月開館予定）していた。この計画は市議会で可決されている。だが、建設費二一億円、維持費に年間一億円がかかるとされることから、一部の住民から建設見直しの声が上がっていた。そして、建設に反対する議員と住民は二〇〇七年一〇月五日、九一四二人の署名を添えて建設の是非を問う住民投票条例（地域交流センターの建設の賛否を問う住民投票条例）の制定を求める（四街道市に常設型住民投票条例はない）。これに対して、当時の市長は二〇〇七年一〇月一九日の本会議でこう述べたという[8]。

「国からの交付金も受けている以上、ほかの都市再生整備計画にも重大な影響を及ぼしかねない。実施設計も終えた現段階で事業の賛否を問うことは適切さを欠く。住民投票条例の制定には反対する」

議会では、住民請求は否決されるという予想であった。ところが、二〇〇七年一〇月二五日の臨時市議会において、一二対九で住民投票条例は可決される[9]。条例に基づいて一二月九日に実施された住民投票の結果は、地域交流センターの建設に賛成七九六二票、反対二万五三八四票であった（投票率四七・五五％）。これを受けて翌一〇日の市議会本会議で、市長は建設中止を表明する[10]。

この住民投票が注目されるのは、自治体が建設する公共施設に関して住民の直接請求によって住民投票が実施された、という点である。これまで、公共施設(「ハコモノ」)に対する住民投票の請求はほとんどが議会で否決されてきた。だが、今回は可決され、住民投票が実施されたのである。[11]同様に、長野県佐久市(人口一〇万九九一人。二〇一〇年一一月一日現在)でも、二〇一〇年一一月一四日に「佐久市総合文化会館の建設の賛否を問う住民投票」が実施された。[12]

住民自治の観点からすれば、このような自治体の公共事業の支出を問う住民投票こそもっと容易に実施できるようにすべきであろう。その理由としては、次の三点が考えられる。第一に、住民が自治体の税金の使い道を自ら決定できるからである。第二に、当該自治体が建設する施設であれば、他の自治体などの意向を気にすることなく判断できるからである。第三に、身近なテーマに対する判断を繰り返し経験することで、重大なテーマを判断する際のトレーニングになるからである。

多額の支出を伴う自治体の事業について住民投票を実施する意義は大きい。住民投票は支出を抑制する傾向があるとも指摘されている。スイスには、一定の支出については住民投票を義務づけている自治体がある。[13]

たとえば、最大の都市チューリヒ市(人口約三六万人)では、特定の目的のために一回に二〇〇〇万スイスフラン(約一七億円。一スイスフランを約八五円で換算。以下同じ)以上を支出する場合、または特定の目的のために一年で数回にわたって一〇〇万スイスフラン(約八五〇〇万円)以上を支出する場合は、住民投票が義務づけられている(義務的住民投票)。[14]首都のベルン市(人口約一三万人)でも、七〇〇万スイスフラン(約五億九五〇〇万円)を超える新たな支出については義務的住民投票を、二〇〇万スイスフラン(約一億七〇〇〇万円)を超える新たな支出については住民投票の請求を表明した日から六〇日以内に一五〇〇人以上の署名を添えて請求があった場合に住民投票(任意的住民投票)[15]を、それぞれ実施することになっている。

自治体の財政が厳しいなかで、今後は自治体の支出についての住民投票が増える可能性がある。納税者である住民が、大規模な支出に関与するのは望ましい。ただし、そうした支出がどれほどのメリットとデメリットがあるのか、住民が判断するために必要な情報の提供が重要である。

四街道市の場合は議会の賛成があったために実施されたが、一定の支出については住民投票にかけて住民の意見を聞くこと(諮問)も検討に値するであろう。また、自治体の支出に関係する事案こそ、議会や首長の意思に左右されることなく、住民からの請求だけで住民投票を実施できるようにすべきであろう。

議員や首長のなかには、いまだに住民投票を否定する意見が少なくない。しかし、住民投票は議会や首長と対立するものではない。あくまでも政策の是非を問うのであって、議員や首長の是非を問うわけではない。住民も、議員も、そして首長も、地方自治を活性化させる手段の一つとして住民投票を捉えてみてはどうだろうか。[16]

(1)「旧軍港市転換法」については、関係する四市で住民投票が実施されている。また、「伊東国際観光温泉文化都市建設法」に関しては、同法制定時（一九五〇年）と改正時（一九五二年）の二度にわたって、実施されている。小林公夫「地方自治特別法の制定手続きについて――法令の規定及びその運用を中心に」『レファレンス』二〇〇九年一〇月号、五九～七八ページ。

（2）天川晃・小田中聰樹『地方自治・司法改革』（竹前栄治監修『日本国憲法・検証一九四五―二〇〇〇資料と論点』第六巻）小学館、二〇〇一年、七九ページ。

（3）辻山幸宣「住民投票の制度的概観」森田朗・村上順編『住民投票が拓く自治――諸外国の制度と日本の現状』公人社、二〇〇三年、一八九～二〇六ページ。

（4）「国民投票／住民投票情報室」ホームページ「住民投票の実施・拒否をめぐる動き」（http://www.ref-info.net/member/ju-ayumi_data01.html、会員用）を参照した（二〇一〇年一〇月二九日閲覧）。

（5）自治基本条例、市民参加条例などで住民投票について定めているものの、別に住民投票条例を制定していない自治体（規則のみの自治体）や、市町村合併など特定の事案を対象とした住民投票条例、市町村合併などによってすでに住民投票条例が失効している自治体は含まれていない。なお、一七五〇市町村のホームページにアクセスし、そこに掲載されている「例規集」を調べたが、ホームページに「例規集」がなく、調査できない自治体が少なからずあった。

（6）木曽町では、二〇〇九年三月三一日に常設型住民投票条例を制定した。

（7）広島市は、二〇一〇年九月に、市民団体が実施を求めていた旧広島市民球場の解体の賛否を問う住民投票と球場跡地利用計画の是非を問う住民投票の請求二件について、「市政運営上の重要事項に該当しない」という理由で署名を集める前に却下した。市民団体は市を相手取り、却下処分取り消しを求める訴訟を起こしている。

（8）二〇〇七年一〇月二〇日『朝日新聞（千葉版）』。

（9）二〇〇七年一〇月二六日『朝日新聞（千葉版）』。

(10) 二〇〇七年一二月一一日『朝日新聞(千葉版)』。
(11) その後、四街道市では、住民投票の結果をふまえて、都市核北周辺地区の整備計画を策定。さらに、住民主体の市政の推進を図ることを目的として、二〇〇八年二月五日に「住民投票を教訓とし住民主体の市政を推進する条例」を制定し、市民の意見の反映を図るための「都市核北周辺地区整備計画策定委員会」を設置している。
(12) 開票の結果、投票率は五四・八七%で、「建設に反対する」が三万一〇五一票、「建設に賛成する」が一万二六三八票であった(佐久市ホームページ「平成二二年一一月一四日 佐久市総合文化会館の建設の賛否を問う住民投票 投開票結果」のPDF「開票結果」(http://www.city.saku.nagano.jp/cms/html/entry/3591/file33.pdf)参照)。この結果を受けて同日、市長は建設中止を表明した。二〇一〇年一一月一四日『信濃毎日新聞』(号外)PDF(http://info.shinmai.co.jp/gogai/images/20101114 02.pdf)。
(13) 岡本三彦「ローカル・ガバナンスと意思決定への参加」山本啓編『ローカル・ガバメントとローカル・ガバナンス』法政大学出版局、二〇〇八年、五三〜七二ページ。
(14) チューリヒ市自治体基本条例第一〇条(Gemeindeordnung der Stadt Zürich, Art.10)。
(15) ベルン市自治体基本条例第三六条、第三七条(Gemeindeordnung der Stadt Bern, Art.36, 37)。
(16) 本稿では、自治体における住民投票について、たとえば条例で実施する場合に、当該自治体のみの事務・事業に限定すれば拘束的住民投票は可能か、国や他の自治体が関係するものも諮問的住民投票であれば可能なのか、さらに条例ではなく住民投票法を制定すべきなのか、といった論点については十分に議論できなかった。これらについては今後の課題としたい。

# 5 韓国の地方自治における住民参加の仕組みと課題

李　憲　模

## 1　紆余曲折を経た地方自治制度

韓国の地方自治制度は日本と同様に首長や議員をすべて公選制にしており、外形的にはほとんど違いがない。また、日本の地方自治制度が住民の直接請求制度を設けるなど直接民主主義の要素を取り入れて、間接（代議）民主主義を補完しているのと同じく、韓国でも間接民主主義を基本としながら、直接民主主義の要素を取り入れている。

だが、日本の地方自治制度が戦後改革によって民主化され、住民自治の充実・強化が図られたのとは対照的に、韓国では地方自治の実施、改正、停止、復活といった紆余曲折があり、今日ようやく定着しつつある。本稿では、韓国における地方自治制度を概観したうえで、とくに外国人参政権と直接民主主義の仕組みについて検討していきたい。

一九四五年八月一五日、日本の植民地支配から独立した韓国は、約三年間にわたるアメリカ軍政統治を経て、四八年八月一五日、大韓民国として船出する。その翌年、憲法第九六条と第九七条[(1)]に基づいて地方自治法が制定された。しかし、実際に地方自治体選挙が初めて実施されたのは、朝鮮戦争(一九五〇〜五三年)の最中である三年後の一九五二年だ。しかも当時、北朝鮮(朝鮮民主主義人民共和国)の支配下に置かれていたソウルをはじめ、京畿道《キョンギド》、江原道《カンウォンド》の一部地域は除かれていた(首都は釜山《プサン》に臨時移転)。

それでも、一九六〇年まで四年ごとに三回の地方選挙が行われ、曲がりなりにも地方自治制度が定着していくかに思われた。ところが、一九六一年五月一六日未明に軍事クーデターに成功した朴《パク》正熙《チョンヒ》は、政権を掌握するや否や地方自治に関する臨時措置法を発布。地方議会を解散し、すべての長を任命制とする。実質上、地方自治は停止を余儀なくされたのである。

その後、一九八〇年代に入り、軍事独裁政権の終焉と民主主義の実現を求める民主化運動の熱気に後押しされる形で、八七年に大統領の直接選挙制を中心とする憲法改正が行われ、地方自治も復活した。そして、一九九一年に基礎自治体・広域自治体の議員を住民の選挙によって選ぶ、いわば「半分の地方自治制度の復活」が実現する。さらに、一九九五年に基礎自治体・広域自治体の長と議員を同時に選ぶ第一回同時地方選挙が実施され、以後、九八年から四年ごとに五回の選挙が行われた。

## 2　地方自治制度の概要

地方自治団体（以下「地方自治体」という）は、基礎自治体と広域自治体に分かれる。基礎自治体には市・郡・自治区（以下「区」という）があり、広域自治体は特別市・広域市・道[2]がある。二〇一〇年現在の地方自治体の種類と数を表1に示した。

表1　韓国の地方自治体の種類と数

| 広域自治体（16） | 特別市（1） | 広域市（6） | | 道（8） | | 特別自治道（1） |
|---|---|---|---|---|---|---|
| 基礎自治体（228） | 自治区（25） | 自治区（44） | 郡（5） | 市（73） | 郡（81） | 0 |

韓国では日本と同じく「二元代表制」が採用され、それぞれが執行機関と議決機関として相互のチェックアンドバランスが期待される「機関対立主義」に基づいて構成されている。ただし、日本と違って議会に首長の不信任議決権は与えられておらず、首長にも議会解散権は認められていない。首長と議員の任期はそれぞれ四年である。首長に関しては、継続在任が三期までに制限されている。議員に対しては、こうした拘束は設けられていない。

首長は議会の議長に対して臨時会の招集を要求でき、議会の議決に対しては議案の発議権と再議要求権を有する。同時に、再議決された事案に対して最高裁判所に提訴し、必要に応じて議決の執行停止を申請できる。そのほか、議会事務局の職員を議長の推薦によって任命する権限を有する。なお、緊急を要する事項に対しては、議会の議決を経ない専決処分権（韓国では、首長が議会の同意を得ず、先に決めるという意味で、「先決処分」という）を有する。地方議会の議決を経ずに専決処分された事項に対しては、次の議会において報告し、承認を得なければならない。

議員は、地方自治の復活当初は無報酬の名誉職だったが、二〇〇三年の地方自治法改正によって、報酬あるいは金銭的補償を受けることが可能となった。議会の首長に対する権限としては、書類提出要求権、行政事務監査権および調査権、首長や公務員の出席要求権などが認められている。

## 3　自治体の選挙制度

### 選挙制度の詳細

基礎自治体・広域自治体の首長と議員は、すべて住民による直接選挙で選ばれる。また、教育行政を司る任期四年の独任制の教育監、議決機関の教育議員も公選制である。

韓国では長年、地方選挙における政党の関与をめぐる議論が続いてきた。地方自治が中央政治の支配下におかれ、地方自治本来の趣旨が損なわれてきた歴史の反省から、地方自治に政党の関与を認めるべきではないとする立場と、政党政治の活性化や定着のためには、政党の推薦を認めるべきとする意見が対立してきたのである。二〇〇六年の第四回同時地方選挙からは、当初から認められてきた広域自治体の議員選挙に加えて、基礎自治体の議員選挙にも政党の推薦が認められ、現在に至っている。なお、首長の選挙は当初から政党推薦が認められていた。一方、教育監と教育議員は教育行政の政治的中立性の確保から、政党活動および政党の推薦は認められていない。

　選挙権は二〇歳以上であったが、二〇〇五年の公職選挙法改正に伴い、一九歳以上に拡大された。地方自治体の首長と議員の被選挙権は、当該地域に六〇日以上住民登録している、二五歳以上の国民である。

　地方自治体議員の選挙区は、地域区と比例区に分かれる。広域自治体の場合、地域区議員は一選挙区で一名を選ぶ小選挙区制だ。選挙区は、基本的に基礎自治体の市・郡・区を二つに分割している。比例区は政党名簿式で、広域自治体を一つの選挙区とする。定数は地域区の一〇分の一である。各政党があらかじめ比例代表名簿を作成・公開し、有権者は各政党に投票を行い、各政党の獲得票数に基づいて当選者が決まる。基礎自治体も地域区と比例区に分かれる。地域区は、二人から四人を選ぶ中選挙区制である。比例区は、基礎自治体を一つの選挙区とする。やはり政党名簿式で、定数は地域区の一〇分の一だ。

　比例区の場合、二〇〇二年の第三回同時地方選挙から、基礎自治体・広域自治体を問わず、女性議員の当選者数を五〇％以上にするという内容の改正政党法が適用された。その結果、各政党が女性候補者を積極的に推薦するようになり、女性議員数は選挙ごとに増えていく。たとえば、一九九五年の第一回同時地方選挙では、女性の候補者比率は一・八％、当選者比率は二・二％にすぎなかった。これに対して、二〇一〇年の第五回同時地方選挙では、女性の候補者比率は一七・〇％（九六六五人中一六四三人）、当選者比率は一九・一％（三八九三人中七四四人）に増えている。(3)

### 外国人参政権の付与

単一民族神話が根強い韓国にとって、社会の構成員としての外国人の受け入れは容易ではなかった。しかし、一九九六年にＯＥＣＤに正式加盟し、国際化の推進を掲げた九〇年代なかば以降の政策にも影響されて、韓国社会は外国人との交流や共生を余儀なくされる。

なかでも、政治亡命時から日本と深いかかわりをもっていた金大中《キムデジュン》氏が一九九八年に大統領に就任すると、開放が禁じられていた日本文化(映画や歌など)の漸進的開放をはじめ、日本との未来志向的な関係づくりが表明される。その過程で、在日韓国人の法的地位向上についてたびたび言及され、地方参政権問題についてもふれられている(4)。

韓国に定住する外国人に対する地方参政権の付与については、国内に賛否両論があった。だが、在日韓国人をはじめとする外国に定住する在外国民の法的地位向上の実現のためには、相互主義に基づく、外国人住民への権利付与の必要性に迫られたといえよう。

こうした背景のもとで、二〇〇四年に制定された住民投票法において、永住権を取得した日から三年が経過した外国人住民に対して、条例の定めに基づき投票権が認められた。その後、他の法律との整合性を図るため、二〇〇五年に公職選挙法の改正が行われる。その結果、一九歳以上への選挙権拡大とともに、永住権を取得して三年が経過した外国人が地方選挙で参政権を行使できる法的根拠が整う。ただし、投票権のみであり、韓国国籍を取得しないかぎり被選挙権は得られない。

永住権をもつ外国人住民が初めて投票権を行使したのは、二〇〇五年に行われた後述する済州道《チェジュド》の行政区域再編をめぐる住民投票であった。地方選挙では、二〇〇六年の第四回同時地方選挙である。二〇一〇年の第五回同時地方選挙における外国人有権者数は一万二八七八人(男性四四%、女性五六%)で、投票率は三五・二%だった(5)。なお、条例の制定・改廃請求、首長および議会議員の解職請求、住民監査請求、住民訴訟なども認められている。

こうして、外国人住民の地域社会の住民としての基本的人権や政治的自由が参政権という形で認められ、行使できるようになった意義は大きい。同時に、今度は日本社会が決断を迫られているといえよう。

## 4　住民参加の仕組み

韓国の地方自治制度において、直接民主主義の仕組みとして制定・運用されているおもなものを表2にまとめた。以下、具体的に法律に根拠をもつ住民参加制度を検討していきたい。

法的拘束力が強い住民投票(レファレンダム)

直接民主主義を担保する代表的制度が住民投票(レファレンダム)である。住民投票は、特定の事柄についての可否を問うために行われる。

一九九四年三月の地方自治法の改正によって、「地方自治団体の首長は、地方自治団体の廃置・

表２　住民の直接請求制度の概要

| 制度 | 請求要件 | 根拠法 | 備考 |
|---|---|---|---|
| 住民投票 | 中央行政機関の長が必要に応じ、自治体の首長に要求<br>地方議会の議員の３分の２以上の賛成で実施要求<br>住民は条例の定めによる一定数以上の署名が必要 | 住民投票法の制定(2004年)<br>地方自治法第14条 | 有権者の３分の１以上の投票が必要 |
| 条例の制定・改廃請求 | 有権者の一定数の連署(請求に必要な住民の下限数は条例で定める。市・道・人口50万以上の都市は、70分の1～100分の1、基礎自治体は20分の1～50分の1 | 地方自治法の改正(第15条、1998年) | 首長に請求し、首長が60日以内に議会に付す |
| 首長および議会議員の解職請求 | 広域自治体の首長：有権者の10%以上の署名<br>基礎自治体の首長：有権者の15%以上の署名<br>議員：有権者の20%以上の署名 | 住民召還に関する法律の制定(2006年)<br>地方自治法第20条 | 就任１年以内、残余任期１年以内は請求できない<br>有権者の３分の１以上の投票が必要 |
| 住民監査請求 | 地方自治体の事務処理が法令に違反または公益を害すると判断するとき<br>市・道は500名、特定市は300名、その他の市・郡・区は200名を上限に、条例で定める | 地方自治法第16条 | 市・郡・区は市・道知事に市・道は主務部長官に請求 |

(注)韓国の法律では、市・道(広域自治体)、市・郡・区(基礎自治体)と表記する。市・道の場合の「市」は特別市・広域市を指し、市・郡・区の場合の「市」は、人口５万人以上の一般市、人口50万以上の特例が認められた市(特定市)を指す。

分合または住民に過度な負担を与えるか、重大な影響を及ぼす事項等」を住民投票に付すことができると定められた。これは、当時の行政区域再編をにらんだ改正とみられる。投票の対象・手続きなどに関する詳細な規定については、「別途法律をもって規定する」とされていたが、与野党の意見対立で難航し、ようやく二〇〇四年一月に住民投票法が制定された。

現行の住民投票法は、目的を「地方自治団体の主要決定事項に関する住民の直接参加を保障するため」（第一条）と規定している。住民投票権は一九歳以上の住民がもつ。外国人住民に対しては、「大韓民国に継続して居住できる資格（滞在資格変更許可または滞在期間延長許可を通じて続けて居住できる場合を含む）を有する外国人として地方自治団体の条例で定めた者」（第五条二）としており、投票権の要件を地方選挙の投票権（永住権を取得して三年以上の者）より緩和している。ただし、住民投票法に基づく住民投票条例を制定した各自治体では、永住権をもつ外国人に限っているのが一般的である（資格要件については条例に委任されている）。

住民投票の対象については、「住民に過度な負担を与えるか、重大な影響を及ぼす地方自治団体の主要決定事項」と定められている。実施要件は、大きく四つに分けられる。

第一は、国家政策に関する事項である。地方自治体の廃置・分合または区域変更、主要施設の設置などの場合、中央行政機関の長は、住民の意見を集約するために、当該地方自治体の首長に対し、住民投票の実施を求めることができる。第二に、地方自治体の首長の権限によって実施できる。第三に、一九歳以上の住民が、住民投票請求権者総数の二〇分の一～五〇分の一の範囲内で、地方自治体の条例で定めた一定数以上の署名を集めた場合、実施を首長に請求できる。第四に、地方議会の在籍議員の過半数の出席と出席議員の三分の二以上の賛成をもって、首長に実施を請求できる。

投票結果を有効とするためには、投票率が三分の一を超えなければならない。三分の一に満たない場合は、開票しない。投票の結果、確定された事項については、地方自治体の首長および議会は、確定された内容どおりに行政・財政上の必要な措置を取らなければならない。首長および議会は「確定された事項について、二年以内は、これを変更ないしは新しい決定をすることができない」（第二四条）と規定されており、結果についての法的拘束力を明確にしている。

しかし、昨今の地方選挙における投票率の低迷（二〇〇二年四八・八％、〇六年五一・六％、一〇年五四・五％）を考えると、投票率が三分の一を超えるのは簡単ではない。特別自治道への移行に備え、既存の基礎自治体を廃止するかどうかで争われた済州道の住民投票（二〇〇五年七月）においては、三分の一を辛うじてクリアし、基礎自治体の廃止が決定された。(6)

住民生活関連が多い条例制定・改廃請求（住民発議）

地方自治体の法律といえる条例は、通常は首長の提案か議員の発議に基づき、議会の議決によって制定される。現行の住民発議は、一九九八年の地方自治法の改正によって導入された。住民が直接議会に対して条例の請求を行うのではなく、一定数の署名に基づき、首長に対して請求を行う。これを受けた首長が受理から六〇日以内に条例案または改廃案を作成し、議会に付議する。

地方自治体の首長に請求するためには、選挙権を有する一九歳以上の住民の一定数以上の連署が必要となる。その下限は各地方自治体の条例に委ねられ、市・道・人口五〇万以上の市においては有権者の七〇分の一〜一〇〇分の一、人口五〇万以下の市・郡・区は有権者の二〇分の一〜五〇分の一となっている。一九歳以上の住民には、永住権をもつ外国人も含まれる。なお、法令に反する事項、地方税・使用料・手数料・負担金の賦課・徴収、行政機構の設置や変更および公共施設の設置への反対などについては、対象から除外されている。

第四期地方議会(二〇〇二年六月〜〇六年六月)における住民発議案の処理結果をみると、一二三件中六六件が可決・成立している。一二三件の内訳は、学校給食に関する条例がもっとも多く九四件を占め、幼児の保育関係が一〇件、共同住宅への行財政的支援(住宅管理諮問団や相談室の運営、保育施設の設置などに対する財政支援)が四件と続く。住民生活に直接影響を与える条例がほとんどであることがわかる。[7] たとえば、全羅南道木浦《モクポ》市では、小・中・高校の給食を無償とする条例が二〇一〇年三月に制定された。また、二〇〇四年に光州《クワンジュ》広域市北区で、住民が自治体の予算編成過程に参加する「住民参加予算制」条例が制定されて以来、九九自治体が同じ趣旨の条例を制定したという(二〇一〇年六月現在)[8]。

住民発議の場合、最終的に条例案を処理する権限は地方議会にある。議会が処理しなかったために、自動廃棄される案件も少なくない。たとえば、特定の政党が圧倒的多数を占めていたソウル市議会では、ソウル市民八万五〇〇〇人が発議した「ソウル広場使用管理に関する条例改正案」が本会議にかけられず、二〇一〇年六月に自動廃棄された。[9]

規定をなかなか満たさない首長と議員の解職請求（リコール）

地方自治体の首長と議員、教育行政を司る教育監と教育議員は、選挙によって選出されれば、四年間の任期が保障される。だが、一九九五年の第一回同時地方選挙以降、地方自治体の首長や議員による汚職事件や職権乱用事件が多発し、マスコミや市民社会からは、地方自治のあり方を危惧する声すら聞こえるほどであった。[10] そこで、当然ながら、任期中であっても住民による解職請求ができる仕組みが求められるようになる。

制度の導入をめぐっては賛否両論があったが、地方自治法における住民による解職請求の権利規定（第二〇条）に基づき、二〇〇六年五月に、住民召還に関する法律（韓国では、日本の解職請求に該当する用語を「召還」という。以下、解職請求と表記）が制定された。第一条に定められた目的は、「地方自治に関する住民の直接参加を拡大し、地方行政の民主性と責任性を高める」である。

解職請求のためには、広域自治体の首長は有権者の一〇％以上、基礎自治体の首長は有権者数の一五％以上の連署が必要となる。基礎自治体・広域自治体の議員（地域区に限る）の場合は、二〇％以上の連署が必要であり、議員のリコール要件のほうが厳しい。また、特定地域のみの署名によってリコールが請求されるのを防ぐために、広域自治体の首長の場合は、三分の一以上の市・郡・区の基礎自治体において一定数の署名を集めなければならない。基礎自治体の首長や議員に対しても、三分の一以上の邑・面・洞[11]において一定数の署名を集めなければならない。

　解職請求が確定するためには、住民投票と同じく、有権者の三分の一以上の投票と過半数の賛成が必要となる。この要件を満たした場合、解職請求対象者は投票結果の公表時点で解職される。ただし、就任一年以内、残余任期一年以内の場合は、解職請求の対象にはならない。また、一度解職請求の対象となった者に対する一年以内の再度の請求は認められていない。

　最初に解職請求投票が行われたのは、京畿道河南《ハナム》市である。京畿道の広域火葬場誘致計画を発表した市長と、それを支持した三名の市会議員に対して、「誘致過程で独善と拙速行政を展開するなど資質に欠ける」という理由で、二〇〇七年七月に請求され、同年一二月に実施された。市長に対するリコールは、投票率が三一・一％と規定にわずかに届かず、成立しなかったが、市会議員のうち二名は解任される結果となる。

　これを受けて市長は、「住民召還に関する法律が解職請求の事由を具体的に明示しておらず、解職請求投票の請求および発議を断る規定がないため、当選者に投票権を行使した多数の有権者の権利を少数の有権者が侵害しかねない」とし、憲法裁判所に不服申立ての訴願を行った。だが、憲法裁判所は以下のような理由で請求をすべて棄却したという[12]。

「解職請求は、その事由を問わないことが趣旨に適しており、非民主的・独善的政策の推進などを広範囲に統制するためならば、請求事由を制限する必要がない。投票権者の一五％の署名を集めれば、解職請求投票の発議が可能としていることについては、請求要件が低いがため乱用される恐れがあるとは判断しがたい」

言い換えれば、地方自治体の首長と議員の職権乱用や不当行為を牽制するために導入された解職請求制度に対し、憲法裁判所が合憲の決断を出したことになる。

解職請求制度が施行されて以降、地方自治体の首長と議員を対象に解職請求を行った事例は、二〇一〇年五月末までに二六件に及ぶという。[13] ただし、実際にリコールされたのは、河南市の市会議員二名のみである。

二〇〇九年八月には、済州特別自治道知事の解職請求投票が行われた。これは広域自治体では初めてであり、全国的な関心を集めたものの、投票率は一一％と規定を大幅に下回り、無効となった。この解職請求投票は、中央政府と済州特別自治道による海軍基地建設と関連する基本協約書の締結が導火線となったものである。海軍基地建設に反対する地域住民は、知事が独断的に事業を進めたとして、道民七万七〇〇〇余名の署名を集めた。しかし、投票者数は署名者数より少ない四万六〇七六名にとどまったという。[14]

住民監査請求と住民訴訟

地方自治体の事務処理が法令に違反しているか、公益を著しく害していると判断される場合、一定数の住民の署名に基づき、上級機関に監査を請求できる。住民の数は、各地方自治体の条例によって定められる（表2参照）。

監査請求は、特別市・広域市・道の場合は中央政府の主務部長官に、基礎自治体の市・郡の場合は道知事に、広域市・特定市の区・郡の場合は市長にそれぞれ行う。請求を受けた主務部長官や市長・道知事は六〇日以内に監査を行い、結果を請求代表者と当該地方自治体の首長に書面で知らせ、公表しなければならない。

住民訴訟制度は、公選の首長や議員による予算の編成や執行において生ずる無駄に対し、住民が直接統制できるようにする目的で、二〇〇六年一月に施行された。公金の支出に関する事項、財産の取得・管理・処分に関する事項など、地方自治体の財務会計について地域住民が是正を求め、首長を対象に訴訟を起こすことができる。訴訟は一人でも可能だが、住民監査請求が前提となっているため、監査請求の手続きを行い、その結果に不服がある場合のみ行える（前置主義）。

住民訴訟は施行以来、二〇一〇年六月末までに二六件が行われた。そのうち住民が勝訴したのは、ソウル特別市の道峰《ドボン》、衿川《グムチョン》、陽川《ヤンチョン》、城東《ソンドン》、江北《カンブク》、恩平《ウンピョン》、西大門《ソデムン》、銅雀《ドンジャク》の八自治区である。[15] いずれも、議員の活動費を含む報酬が法外に高いという理由で首長を相手に不当利益金返還請求を行い、司法部が請求を認めた。こうしたケースが呼び水となり、今後は各地で住民訴訟が広がる可能性が高い。

（1）第九六条①地方自治団体は、法令の範囲内で自治に関する行政事務と国が委任した行政事務を処理し、財産を管理する。②地方自治団体は、法令の範囲内で自治に関する規定を制定することができる。第九七条①地方自治団体の組織と運営に関する事項は、法律でこれを定める。②地方自治団体にはそれぞれ議会をおく。③地方議会の組織、権限と議員の選挙は、法律でこれを定める。なお、一九八七年の憲法改正によって、第九六条は第一一七条、第九七条は第一一八条となった。

（2）広域自治体の特別市は、ソウル特別市のみである。広域市は、釜山《プサン》、大邱《テグ》、仁川《インチョン》、光州《クワンジュ》、大田《テジョン》、蔚山《ウルサン》の六市である。いずれも人口一〇〇万程度か、それ以上で、各地域における拠点都市である点は、日本の政令指定都市と類似している。一方、道とは完全に分離・独立し、道と同等の位置づけにある点が異なる。八道は、京畿道、江原道、忠清南道《チュンチョンナムド》・北道《プクド》、慶尚南道《キョンサンナムド》・北道《プクド》、全羅南道《チョルラナムド》・北道《プクド》である。済州道《チェジュド》は、二〇〇六年七月から、他の市・道より自治権限が大幅に移譲された「特別自治道」とされた。

（3）いずれも、中央選挙管理委員会の資料による。

（4）それ以前も在日韓国人による指紋押捺拒否や地方参政権をめぐる訴訟が起こるたびに、韓国社会にニュースとして伝わり、話題になったことはある。しかし、韓国政府の公式的な見解として、大統領が在日韓国人の地方参政権付与について日本政府や有力政治家に直接言及したのは、この時期からといえる。国家記録院の資料によると、政府内で外国人参政権を検討するために、行政自治部（現・行政安全部）自治支援局自治制度課において、一九九八年三月～九九年五月に検討し、九九年に「外国人に対する地方参政権付与の検討」をまとめたという。http://www.archives.go.kr

（5）いずれも、中央選挙管理委員会の資料による。

（6）済州特別自治道の設置に備え、行政区域の再編をめぐって実施された。基礎自治体の市と郡を廃止し、単一の広域自治体にしようとする、政府と済州道のいわゆる「革新案」と、基礎自治体の廃止によって地方自治本来の意義が損なわれる恐れがあるとして反対する「現状維持案」が対立し、最終判断を住民に問うたのである。住民投票法制定以来、国家政策を地域住民が直接判断する初めての投票であっただけに、世間の耳目を集めた。投票率は三六・七三％で、「革新案」支持が五七％（八万一九一九票）、「現状維持案」支持が四三％（六万二四六九票）であった。その結果、二〇〇六年七月に、基礎自治体は廃止され、市長は道知事が任命し、済州道の住民は道知事と道議会議員だけを選ぶことになる。

(7)『京卿《キョンヒャン》新聞』二〇〇六年一一月二一日。

(8)『京卿新聞』二〇一〇年一〇月二五日。

(9)『京卿新聞』二〇一〇年七月六日。

(10)行政安全部の「地方自治団体の首長と地方議会議員の司法処理現況」(二〇〇六年一月)によると、第一回同時地方選挙以降、二〇〇五年七月までの一〇年間に収賄罪、選挙法違反、政治資金法違反で起訴された自治体の首長は、計一六一名に上るという。詳細に見ると、二期(一九九五～九八年)二三人、三期(九八～二〇〇二年)六〇人、四期(〇二～〇六年)七八人と、年々増加している。また、地方議員の起訴件数も、一期(一九九一～九五年)一六四人、二期八二人、三期二二四人、四期二九三人(全体の六・九%)と、増加している。このような首長や議員による汚職や選挙違反の増加が地方自治への不信感を深め、解職請求制度導入の呼び水となったことは、想像にかたくない。

(11)一九六一年の「地方自治に関する臨時措置法」により、基礎自治体が市・郡に改められ、邑・面は市・郡傘下の行政機関となった。二〇一〇年一月一日現在、邑は二一四、面は一二〇二ある。洞は都市部の行政機関で、二〇五八ある(『二〇一〇年行政安全部統計年報』)。いずれも住民の文化・余暇活動のための住民自治センター機能や、各種証明書の発行など事務所機能がある。

(12)『連合ニュース』二〇〇九年八月六日。

(13)『連合ニュース』二〇一〇年六月九日。

(14)『連合ニュース』二〇〇九年八月二六日。

(15)一審で勝訴し、二審が進行中。韓国行政安全部政策資料室提供の「住民投票・住民召還・住民訴訟推進現況(二〇一〇年六月現在)」の資料による。http://mopas.go.kr(最終アクセス二〇一〇年七月九日)。

# 6 市町村総合行政主体論と「平成の大合併」
## ――市町村自己完結主義の批判と「総合性」の擁護

市川喜崇

### 1 課題と視角

本稿の目的は、二〇〇〇年分権改革後にわかに出現したいわゆる市町村総合行政主体論と、その「批判」をめぐって考察することである。分権改革後に、「平成の大合併」の論拠として市町村総合行政主体論が唱えられるようになると、これへの反論として、総合行政主体論批判（以下「批判」という）が沸き起こった。その内容は、論者によって違いがあるが、概略は以下のようなものである。

市町村に総合行政主体であることを求めると、市町村は、とりわけ小規模な町村は合併に追い込まれることになってしまう。そこで、市町村を、とりわけ小規模な町村を総合行政主体から解放することが必要である。具体的方策としては、都道府県への事務の返上や特定目的自治体の容認などが求められる。また、「批判」においては、総合行政主体論は、融合型自治の擁護者である総務省の組織利害にかなうものとして捉えられている。

ここであらかじめ本稿の立場を明確にしておくと、総合行政主体論そのものは擁護されるべきであると考えている。問題は、総合行政主体論そのものではなく、それが筆者のいう市町村自己完結主義(1)と結びつき、市町村に過度の負担を求めていることである。批判されるべきは、総合行政主体論の分権改革後の「変質」であって、総合行政主体論そのものではない。したがって、本稿は、総合行政主体論そのものを問題視する「批判」に対して、批判的な立場をとる。

第一に、いま述べたように、最近の市町村総合行政主体論は、かつての自治省による総合行政論からの継続ではなく、逸脱（少なくとも変種）として捉えられるべきであるが、「批判」は、この点を見過ごしている。

第二に、総合行政主体論は旧自治省の機関哲学であったのみならず、自治体関係者に共有された哲学でもあったが、「批判」では、この点が十分に考慮されていないように思われる。

第三に、「批判」が選択肢の候補として提示するアメリカ型自治（特定目的自治体の積極的活用）は、日本の自治のモデルにはなりえない。特定目的自治体の積極的活用は、政府体系の複雑化と断片化という負の効果を招く可能性が大きいからである。

第四に、平成の大合併は、「批判」の考えるように「総合性」路線の帰結としてではなく、外在的な要因によって引き起こされたものとして理解されるべきである。

## 2　市町村総合行政主体論とは

はじめに、市町村総合行政主体論の内容を確認しておきたい。市町村総合行政主体論がもっとも直截に表現されているのは、第二七次地方制度調査会第一〇回専門小委員会（二〇〇二年一一月一日）におけるいわゆる西尾私案（以下「私案」という）である。

「私案」の書かれた二〇〇二年一一月は、いわゆる平成の大合併が一九九九年七月の合併特例法の改正によって開始されてから三年あまりが経過していた。同時に、当時の合併特例法（時限立法）が二〇〇五年三月末に期限切れを迎えることから、その後の対応策について検討が迫られていた時期でもある。「私案」は、期限後も一層の市町村合併を進めるべきことを提唱し、その拠るべき理念と、とるべき方策をめぐって書かれたものである。それでは、「私案」はどのような特徴をもっているのだろうか。

最大の特徴は、今後のあるべき基礎的自治体の姿を、「地域の総合的な行政主体」「地方分権の担い手となる基礎的自治体」「分権の担い手にふさわしい行財政基盤を有する……基礎的自治体」「分権の担い手にふさわしい規模の基礎的自治体」などと表現するとともに（その具体的な中身については後述）、しかるべき期限が過ぎてもそうした「分権の担い手」になりえなかった町村（合併を拒否あるいは合併に失敗した町村）については、「例外的な取り扱い」をするというものである。

例外的な取り扱いとは、具体的には、小規模町村には法令により現在市町村に義務付けられている事務の全部または一部を義務付けないようにすることであり、小規模町村は大幅に限定された事務のみを担う団体となる。残りの事務については、都道府県が担うか（事務配分特例方式）、他の基礎的自治体が担う（内部団体移行方式）。要するに、分権社会にふさわしい基礎的自治体という像を措定し、それに満たない小規模町村を「解消」する――いわゆる「特例町村」などの制度を講じて例外的な取り扱いをする――という二分法的発想が、「私案」の根幹をなしている。

それでは、「私案」の求める「地域の総合的な行政主体」、あるいは「地方分権の担い手となる基礎的自治体」とは、いかなるものであろうか。「私案」は、今後の基礎的自治体は「自己決定・自己責任」を現実のものとし、都道府県に極力依存することのない地域の総合的な行政主体として福祉や教育、まちづくりなど住民の身近な事務を自立的に担っていかなければならないとしている。その場合、すべての基礎的自治体は、これらの事務に関して、少なくとも市が現在処理している程度の事務を処理できるような体制を構築すべきであるとする。

「私案」は同時に、今後の市町村は、ますます高度化するさまざまな行政事務を的確に処理していくために、専門的な職種を含むある程度の規模の職員集団を有することが必要だとも述べる。そして、そのような教育・福祉・まちづくりを一定の専門職を擁しつつ都道府県に極力依存せずに実施できる基礎的自治体、すなわち「地方分権の担い手となる基礎的自治体」を創出するためには一層の合併の推進が必要であるとの立場をとり、合併によって「解消」すべき具体的な人口規模を法律上明示して、都道府県や国が合併を推進する方策をとるべきであるとしている。

このように、「私案」の特色は、基礎的自治体の①都道府県からの自立の強調（都道府県の補完機能の極小化）、②専門職を含む一定規模の職員集団の必要性、③法律による最低人口規模明示の必要性、の三点にまとめられる。

このうち、①について簡単に補足しておきたい。①を別の観点から表現すれば、都道府県と市町村の役割分担の大胆な変更を求めているということである。(2)「私案」は、都道府県による市町村の補完機能の極小化をめざしている。そして、現在都道府県が担っている補完機能を市町村が大幅に引き受けることを可能とするために、一層の合併の推進が必要だという立場をとる。「私案」は言う。「このような（合併後の――引用者註）基礎的自治体の存在を前提として、都道府県は、広域の自治体として広域にわたる事務に重点を置いて責任を果たしていくこととし、基礎的自治体に関しては連絡調整事務を主に行い、いわゆる補完行政的な事務については必要最小限のものとしていくことが理想である」（二節(1)項）

しかし、「私案」は大きな矛盾をかかえている。合併のために動員した理念（市町村自己完結主義）と合併の目標（小規模町村の解消）が合致していないのである。筆者が別稿で指摘しているように、(3)「私案」のめざす、都道府県の補完機能に頼らない、市町村による自己完結的な事務処理体制を構築するためには、小規模町村を解消するだけでは不十分で、中核市なみの規模・能力を必要とするからである。この点について、行政法学者の成田頼明も、あるインタヴューで次のように指摘している。

「……基礎的自治体の最低規模の議論が特に小規模自治体をめぐってあるようですが、『西尾私案』でいうように、基礎的自治体がまちづくりと教育と福祉を自己完結的に担うのであれば、少なくとも二〇万か三〇万の人口が必要でしょう。仮に財源の移譲が行われたとしても人口五万内外の市では受け皿として小さすぎると思います[4]」

「矛盾」の指摘はひとまず措くとして、ここで確認しておくべきは、市町村総合行政主体論の本質は、実は都道府県と市町村の役割分担の見直しであり、都道府県の補完機能の極小化だということである。市町村総合行政主体論を旧内務・旧自治・総務省の機関哲学である「総合性」信仰の延長線上に捉える見解があるが[5]、本稿はこれとは別の見方をとる。

後に述べるように、総合性や総合行政の信奉が旧内務省地方局の流れを汲む官庁の機関哲学であることは間違いない。だが、最近の市町村総合行政主体論はこれとは別物、少なくとも変種として捉えられるべきである。従来の自治省は、むしろ都道府県に軸足を置いていたのであり、市町村の都道府県からの自立を極度に求める態度はごく最近のものである。市町村総合行政主体論は、二〇〇〇年分権改革後にわかに起こった市町村自己完結主義の産物なのであり、市町村中心主義の原理主義的な表現であると理解できる。それは、筆者が別稿で論じているように、都道府県の補完機能を正当に位置づけない態度から生じたものである[6]。

「私案」は、平成の大合併にかかわるさまざまな答申や報告書、あるいは通知などと比べても、かなり異質である。

たとえば、平成の大合併の論拠を提供した市町村合併研究会（会長：森田朗東京大学教授、自治省行政局長の私的研究会、以下「森田研究会」という）の「報告書」（一九九九年五月）は、「私案」と大きく異なるアプローチをとっている。(7)「報告書」は、「市町村合併推進の潮流」として、①日常社会生活圏の拡大等による広域的対応等の必要性、②地方分権の推進、③人口の少子・高齢化の進展、④国・地方における財政状況を並列的に指摘するとともに、こうした状況をふまえて、小規模町村のみならず、すべての地域が合併を検討すべきであるという立場をとっている。分権の担い手たる基礎的自治体（地域総合行政主体）という像を打ち出し、それに満たない小規模町村を解消するという「私案」に見られる二分法的な発想は、そこには見られない。(8)

小規模町村ほど上記「潮流」の課題が深刻であるという趣旨の指摘はあるものの、「私案」のように、小規模町村が名宛人とされているわけではない。「報告書」の内容は、基本的に、「『市町村の合併の推進についての要綱』を踏まえた今後の取組（指針）」（総務事務次官通知、二〇〇一年三月一九日）にも受け継がれ、平成の大合併の論拠となっていった。

他の答申を見ると、第二五次地方制度調査会「市町村の合併に関する答申」（一九九八年四月）の場合、「前文」に「地域の総合的な行政主体」という表現が登場するものの、「私案」のような濃密な意味付与はなされておらず、いわば枕詞のような用いられ方がされているにすぎない。

### 3　機能的集権化への防御原理であった「総合性」

さて、実をいうと、この「意味内容が付与されていない枕詞」というところに、問題を解く重要な手がかりが潜んでいる。かつては枕詞にすぎなかった「総合的な行政主体」に、「私案」は濃密な意味内容を付与しようとしているのである。

この点に注目するかどうかが、総合行政主義の一般的な批判者である金井利之や佐藤克廣らの議論と本稿との違いである。(9)冒頭で述べたように、本稿は、市町村総合行政主体論を従来の自治省路線の「継続」ではなく「逸脱(少なくとも変種)」として捉えている。これに対して、彼らは、「私案」を旧自治省の「総合性」路線の延長線上に捉える。(10)

金井は、二〇〇〇年分権改革の「本性」を「総合性」に求めている。にもかかわらず、金井によれば、総合性に関する総務官僚の解説は少ないという。総務官僚にとって、総合性は、『自明』のことだったかもしれないし、あるいは、言語化されていない暗黙の傾向性だったのかもしれない」。(11)しかし、その後になってようやく、「総合」の中身が言語化され始めたと指摘し、その例として山崎重孝の論文をあげている。(12)このような認識を示しつつも、金井の関心は、最近の言語化の事例である山崎論文や「私案」ではなく、従来の「言語化されていない暗黙の傾向性」の分析に向けられる。そして、「私案」を自らが分析した従来の総合性路線の延長線上に位置づけている。(13)

しかし、先に示唆したように、「自明」の「言語化されていない暗黙の傾向性」だったものが—

──本稿の表現で言えば「枕詞」であったものが──、にわかに具体的な意味内容を付与され、言語化され始めたということは、関係者にとって自明でない何かが新たに付け加えられようとしていることを意味していると考えるべきである。「総合性」は、旧内務・旧自治・総務省にとっての機関哲学であったのみならず、自治体関係者（少なくとも地方六団体と自治体事務職員）に共有された自明の前提であった。

「総合性」は、もともと、筆者のいう機能的集権化の進展に対抗するため、旧内務・自治省と自治体関係者がとった自己防衛のための概念であった。機能的集権化とは、具体的には、国の各省出先機関の新設・拡充による都道府県行政の侵食と、各省が自治体に対して及ぼす個別機能別の統制手段の増大のことである。(14)

機能的集権化の第一波は戦時期であり、第二波は占領期であり、第三波は高度成長期である。「総合性」は、分立化を図ろうとする各省を牽制・批判するための概念であった。(15) 戦時期においては、機能的集権化を牽制するのは基本的に内務省であったが、戦後になると、全国知事会などもこれに加わる。高度成長期が終わり、機能的集権化の動きが一段落しても、この概念は使われ続けた。それは、この概念が、機能的集権化との対抗を通じて、旧自治省と自治体関係者に共有された価値観となっていたからであろう。

いずれにしても、「総合性」は、旧自治省と自治体関係者らが自らの領域を他省から保護するための防衛概念であった。したがって、この概念がおもに使われたのは、市町村よりもむしろ都道府県であった。総定員法（一九六九年）により国の出先機関の新設・拡充が事実上困難になるまでは、都道府県は出先機関による侵食の動きに対抗し、これを牽制する必要性を感じていたからである。

たとえば、全国知事会は一九六三年七月、「地域総合行政と府県」という文書を発表し、国の出先機関新設・拡充の動きを批判・牽制している[16]。この文書は、「事務の中央引き上げや、国の地方出先機関強化等の中央集権化の傾向」に対抗し、「地域総合行政」の主体である都道府県の意義を再確認しようとするものであった（「はしがき」）。

ここで言う「地域総合行政」とは、要するに各省に分化した行政を執行段階において総合することであり、都道府県は、そのことによって「各省の分立割拠主義に由来する国の縦割行政の弊害を、最小限にとどめている」（「第三」）。したがって、各省出先機関による直接実施方式よりも、都道府県による実施のほうがすぐれているという認識が示されている。

「総合性」は、機能的集権化への対抗イデオロギーだったのであり、主として都道府県レベルを対象に用いられた概念であった。「私案」に見られる、市町村自己完結主義と結合した市町村総合行政主体論は、きわめて新規の議論であるといえる。

## 4　「政策過程の総合性」は合併をもたらすか

問題は、「私案」に見られる市町村自己完結主義と結合した市町村総合行政主体論が新規の議論であるとして、これが分権改革の理論的な帰結なのかどうかである。

二〇〇〇年分権改革の結果、地方自治法第一条の二が新設され、「地方公共団体は、……地域における行政を自主的かつ総合的に実施する役割を広く担うものとする」（傍点は市川）の規定が追加された。総務官僚による地方自治法の解説書は、これについて次のように述べる。[17]

「『総合的』とは、関連する行政の間の調和と調整を確保するという総合性と、特定の行政における企画・立案、選択、調整、執行などを一貫して行うという総合性との両面の総合性を意味するものと解する」

このうち、前者の「関連する行政の間の調和と調整を確保するという総合性」というのは、前節で述べた従来どおりの「タテワリ行政を地域において総合化する」という意味の延長線上に理解できるが、後者は少なくとも従来は「総合性」という言葉では表現されてこなかった。その意味で、新規に付与された内容である。とはいえ、二〇〇〇年分権改革の趣旨として、「企画は国、実施は自治体」という役割分担図式からの脱却という意義が唱えられていたことを重視すれば、このような「政策過程の総合性」が新規に付与されたとしても、それに異議を唱えるべきではなく、むしろ是認すべきであろう。

その場合、問題となるのは、政策過程の総合性を求めることは、市町村に規模の拡大を要求することにつながるかどうかである。「私案」は、そのように考えているものと思われる。分権社会における基礎的自治体たるもの、一定の専門職員を擁し、都道府県に極力依存することなく、自立的に事務を担っていくべきだと「私案」が唱えるとき、その根底にあるのは、おそらく、企画・立案・実施の政策過程を可能なかぎり自己のリソースで単独で担いうる基礎的自治体というイメージであろう。

ここで政策過程の総合性という場合、問題となるのは企画と立案である。実施はすでに、二〇〇〇年分権改革以前から自治体が担っていた。もっとも、企画や立案についても、皮相に、また図式的に語られるような「企画は国、実施は自治体」という単純な役割分担関係のみが支配していたわけではなく、地方自治についてある程度の知識がある者なら知っているように、自治体は多くの独自政策を立案・実施していたし、また、自治体の政策が国を先導してきた例も少なくない。したがって、分権改革において新たに付与された「政策過程の総合性」は、それ自体は決して新規のものではない。むしろ、高度成長期以来徐々に力をつけてきた自治体による実践の確認と、それが将来にわたって展開していくことへの期待という意味で、理解されるべきであろう。

そこで問題となるのは、市町村による政策開発をどのように捉えるかである。すべての市町村がすべての事務につき、国や都道府県に情報を依存することなく、ゼロベースで新規に政策を企画・立案するということであれば、膨大なリソースを必要とする。けれども、現実にはそのようなことは起こらないし、想定する必要もない。政策情報を国や都道府県に依存してもかまわないし、しばしば横並びと批判されるが、他の自治体を参考にしてもかまわないだろう。重要なのは、市町村に最終判断の余地が可能なかぎり多く残されていることであって、情報を依存すること自体を問題視する必要はない。

市町村の景観条例に関する政策革新と政策波及を実証的に研究した伊藤修一郎によれば、市町村は決して単独で政策を開発しているのではなく、他の自治体に情報を依存しながら、政策開発をしているという。(18) そして、そこにおける自治体間の相互参照の実態は、一般にイメージされているような金太郎飴的なものではないという。自治体間で活発な相互参照が行われており、また、そのことは条例内容の一定の類似化を惹き起こしてはいるものの、決して条例を画一化させてはおらず、むしろ、相互参照のなかから新たな工夫が生み出されることによって、条例内容の多様化をもたらしているという。さらに、群馬県内の事例研究によると、小規模町村に対して県は積極的に情報提供を行い、自ら情報交換の場としての機能を果たすとともに、立法技術などのノウハウの提供によって、リソースに乏しいこれらの団体の景観政策を積極的に後押ししたという。

そう論じたうえで、伊藤は単純な規模拡大論を戒めている。単独の市町村による個別処理を前提とすると規模拡大が要請されるかもしれないが、現実には、自治体は互いにリソースを融通し合いながら政策の開発と革新にあたっているからである。

リソース自己調達主義をとれば、合併は必要かもしれない。しかし、伊藤のいうように、自治体はゼロから企画立案するわけではなく、縦横に張り巡らされたネットワークを利用できるのである。また、そのような意味での政策開発にしても、すべての分野で行う必要は現実問題として起こりえない。たいていの事務については、個別分野ごとに国‐都道府県‐市町村間に成立している濃密なコミュニケーション回路に基本的な情報を依存できる。

このようなコミュニケーション回路の存在自体を「集権」と捉えて問題視する見解もあろうが、問題はその内実なのであり、先に述べたとおり、重要なことは市町村に最終判断の余地が可能なかぎり多く残されているかどうかである。そのためには、今後とも、分権化を推し進めていくことが重要であるが、いずれにしても、情報を他に依存すること自体を問題視する必要はない。そのように考えれば、「政策過程の総合性」は必ずしも市町村の規模拡大を要請することにはならないというのが本稿の立場である。

## 5　「一般目的自治体主義」を擁護する

以上に論じてきたように、「総合性」は、いわゆる「タテワリ行政の総合化」という従来の意味においても、また「政策過程の総合性」という最近の意味においても、ともに擁護されるべきである[19]。総合性そのものが問題を生じさせているのではない。それが市町村自己完結主義——都道府県のいわゆる補完機能を正当に位置づけないこと——や政策リソース自己調達主義などと結びつき、市町村に過度の負担をかけようとしていること、そうした過度の負担に耐えられない市町村を「解消」しようとしていることこそが問題なのである。また、そうした自治のあり方を「分権」の名で理論武装しようとする態度こそが問われているのである。

したがって、問題となるのは、「官治性の残存」でも、「総務官僚の総合行政主義の発露」でもなく、分権の名のもとに過剰な規範性を付与された市町村自己完結主義である。この点を見誤ってはならない。

ところで、総合行政主義「批判」は、「一般目的自治体主義」を総務省の「総合行政主義」の構成要素のひとつとして捉え、批判している。自治体には、一般目的自治体と特定目的自治体（アドホック自治体）がある。これに関して、先に引用した金井は新藤宗幸や塩野宏らの議論[20]に依拠しつつ、次のように言う。自治体が「『一般目的の総合的地方政府たらねばならない』という共通了解は、『官治の蔭を残す自治』の制度論理[21]」である。また、別の箇所で、「『自主的』な決断の結果として、あえて、当該自治体は『総合的』な行政ではなく、限定的、分離的、孤立的あるいは分立的な行政を選択することも、充分に〝分権〟的なはずである」とも述べている[22]。

ここに示されているのは、おそらく、住民と自治体が政府体系――国や都道府県との役割分担や一般目的自治体・特定目的自治体の設立や組み合わせ方――を自由に決められることこそが自治であるという理念であろう。金井の依拠する塩野論文が参照基準としているのはアメリカ型の自治であろう。また、この点に関連して、前掲の新藤論文には次のような記述がある。

「自治・分権型の自治体制度は、市民の政治的信託にもとづく一般目的の総合的自治体を根幹におきつつも、それらを重層的に積み上げるだけではなく、一方において近隣自治体を制度化し、他方において特定目的の自治体を縦横に張り巡らした複線型の制度として構想されるべきである[23]」

それでは、そのような「特定目的の自治体を縦横に張り巡らした複線型の制度」をとっているアメリカにおいて、特定目的自治体はどのように見られているのだろうか。たとえば、次のような評価があることが注目されるべきであろう。

これら一般行政組織と特別行政組織は、長い間にわたって計画もなしに発展してきたものである。地方自治を専攻している学生は、合衆国の行政体は迷路のように入り組んでいて、あまり地方の要求を満たしてはいないと信じている。この見方は、最近出版されたテキストに反映されていて、次のように述べている。「アメリカの地方制度の複雑さ、その場しのぎ、それに実に多様ともいえる構造は、住民の要求を満たそうとしている行政に水を差している。多くの州および地方の行政組織の人為的ともいえる不自然さ、それに数え切れないほどの相互の不一致は、個別政策や共同政策の策定を複雑なものにしているとともに、地方の行政組織および州政府の内部かつ相互の連携を難しいものにし、中央政府との折衝を妨げているのである。そしていくつもの管轄権が重複して、行政における市民参加を阻んでいるといってもいい[24]」

新藤論文は、特定目的自治体は課税権をもつべきであるとする[25]。課税権をもつことで、受益と負担の関係が明確になり、アカウンタビリティが高まると考えている。個別機能に限定して見れば、そのとおりであろう。しかし、その場合、個々の機能間の調整は、自治体内調整ではなく自治体間の調整になってしまう。また、限られた税源を「縦横に張り巡らした」特定自治体間に分割・配分することは必ずしも容易ではないし、いったん分割・配分してしまうと、容易に変更することは困難であろう。その結果、社会環境の変化によって諸機能間の比重の変化が起きた場合、配分されたリソースと生起する行政需要のミスマッチが生じ、しかも、その調整が困難となる。

筆者の認識では、アメリカは、先進諸国のなかで「特定目的の自治体を縦横に張り巡らした複線型の制度」をとっている例外的存在である。英国の場合、よく知られているように、一九世紀にアドホック自治体の濫設による混乱が見られたが、それが徐々に克服され、一九二九年の法改正によってほぼ最終的に一般目的自治体主義が確立している。[26] 筆者も「多様性」は容認されるべきだと思う。だが、それは、多様な規模の市町村の容認や、自治体による政策展開の多様性の許容という文脈で考慮されるべきである。

磯崎初仁は、「そもそも地方自治の意義や地方分権の根拠として、地域の課題については自治体が総合的に対応できる体制が望ましい[27]」と述べているが、本稿もこれと同じ見解に立つ。自治体は、主要な政策領域を包括的に担当していることによって、分野間の相互の連携をとることができ、課題解決の有効性も高まる。特定分野だけ切り離されてしまっては、それが困難になるし、住民からしてもわかりにくい。筆者には、特定目的自治体の積極的な容認は政府体系の複雑化・断片化という負の結果を招くだけのように思われる。

できるとしている。

## 6　平成の大合併は「総合性」路線の帰結か

「総合性」批判論者は、平成の大合併を総合行政主体論の帰結として捉えている[28]。佐藤は、合併の要因として財政問題があるとしながらも、むしろ、そうした財政状況を引き起こす構造や理論、すなわち市町村総合行政主体論が合併の牽引力になっていると指摘する。金井も、国の財政改革路線の影響を指摘しながら、むしろ総務省の「総合性」路線の内在的帰結として平成の大合併を理解できるとしている。

ここでいう「総合性」路線とは、おそらく「融合」型自治にかかわることなのだろう。金井は、総合性を、融合性と統合性の結合されたものとして理解している。そこでいう融合性とは、「国と自治体を相互に連関させて自治制度を構築する」ことである[29]。金井は、融合性に対してきわめて批判的である。総務省は「総合性」の方向へ自治制度改革を「簒奪」したと述べ、具体的には、法定受託事務に事務返上権が認められなかったことを問題視する。そして、前掲の塩野論文を引用しつつ、国による事務権限の義務付けに関して、個別市町村の拒否権を与えるべきであり、府県や国が執行するというルートを整備すべきであると論じる。金井はまた、二〇〇〇年分権改革で事務の分類原則が変更され、かつての固有事務・委任事務の区分がなくなったことを問題視する[30]。

事務返上論は、最近になって少なからぬ論者が主張ないし言及している。だが、はたしてどこまでリアリティのある議論なのだろうか。市町村が事務を返上したところで、現実に事務は残るわけであるから、住民からみれば実施主体が市町村から都道府県や国へ変わることを意味する。財政的に見ても、返上した事務に相当する交付税額は減額されるので、一部のいわゆる不交付団体を別とすれば、「返上」は当の市町村にとって財政的な余裕を生み出すことにならない。

おそらく、明治期であれば返上論は大きな意味をもっていたであろう。明治期の為政者にとって、地方自治とは、地域共同体（いわゆる自然村）を再編して創設した自治体（いわゆる行政村）に、地域の「公共事務（固有事務）」とともに国からの「委任事務」を、地域の負担において処理させることであった（ここでは、おもに市町村自治を念頭において論じている）。固有事務と委任事務という区分は、現実的に意味をもっていた。委任事務は地域の重圧になっていたし、それが固有事務を圧迫するという事態もしばしば起こりえた。

しかし、このような地方自治は、一九四〇年の地方財政調整制度と定率補助金（国庫負担金）制度の創設を期に大きく転換している。現代の地方自治は、「標準」を想定し、それに見合う財源を「保障」するというものである。「標準」のなかには、かつての固有事務もあれば委任事務もある。そうしたなかで事務を「返上」しても、それに見合う「保障」が受けられなくなるだけである。

ここでいう「保障」は、地方財政調整制度（地方交付税）だけの話ではない。マクロ経済的な視点から、国民経済全体に占める公共支出とそのなかでの地方財政部門の割合が決められ（総額保障）、個別の自治体に対して、地方税、補助金、財政調整制度等の組み合わせによって保障がなされている（個別保障）。

「総合性」は、たしかに旧内務省系官庁の機関哲学である。けれども、彼らにとってより重要な哲学は、「総額保障」である。地方財政の総額確保は、総務省のレーゾン・デートルである。平成の大合併は総務省の「総合性」路線の内在的帰結というよりも、むしろ、「総額保障」路線の「ゆらぎ」と「もがき」として理解できるように思われる。地方交付税をめぐる環境が悪化し、「保障」の先細りが見込まれるなかで、市町村の再編が試みられたのである。

西尾自身も述べているように、「私案」は、必ずしもその後の答申などに十分に活かされていない。[31] 2節で述べたように、「私案」ではなく、森田研究会の「報告書」が平成の大合併の論拠を提供し、それが基本的にその後の事務次官通知などに受け継がれていった。このことの意味がもっと重視されるべきである。平成の大合併の分析にとって重要なのは、「私案」ではなく、森田研究会「報告書」である。

西尾の言葉を借りれば、平成の大合併は、「どのようなパターンでもよいから、とにもかくにも、合併できるところはこの機会にできるだけ合併してしまってくださいという、無原則な合併の促進」であった。[32] この路線は、森田研究会「報告書」が提供したものである。平成の大合併は、外から強いられたものであり、そこに内在的要素を見出すことは困難である。総務省は、交付税をめぐる環境が悪化するなかで、より具体的には自民党政権から強いられて、「総額保障」路線を守ろうと「無原則」な合併を推進した。

二〇〇〇年一二月一日に閣議決定された行政改革大綱には、「与党行財政改革推進協議会におけ

図1　自治庁の組織環境をめぐる田辺国昭モデル

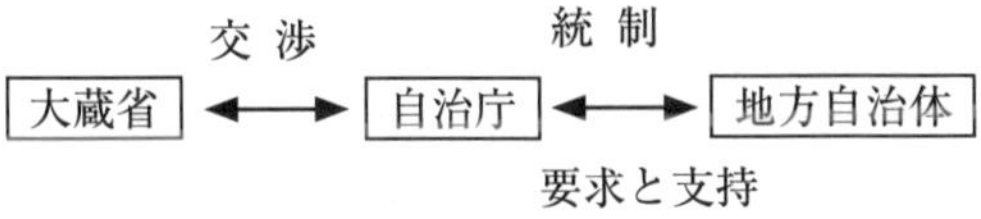


る『市町村合併後の自治体数を一〇〇〇を目標とする』という方針を踏まえて、自主的な市町村合併を積極的に推進し、行財政基盤を強化する」という記述が盛り込まれた[33]。政府の行革大綱に合併推進が盛り込まれ、そこに曲がりなりにも数値目標が明記されたことは、すでに開始されていた平成の大合併を本格化させるひとつの重要な契機となったが、「……という方針を踏まえて」という間接話法のような言い回しがとられたことが、合併に関して総務省（当時は自治省）が置かれていた位置づけを何よりも如実に物語っているように思われる。

筆者には、今回の平成の大合併をめぐる総務省の態度は、田辺国昭がかつて一九五〇年代の地方財政調整制度をめぐる当時の自治庁と大蔵省の関係について提示したモデル[34]（図1）を援用することで理解できるように思われる。

地方財政調整制度（地方交付税）の所管官庁である総務省は、「総額確保」をめぐって財政当局である財務省と交渉をする。自治体からの要求と支持は、総務省が交渉を進めるうえでの重要なリソースである。だが、他方で、総額確保を国庫に依存し、財政当局と交渉している関係上、総務省は自治体に効率性と財政規律の維持に努めさせ、またそのことを対外的に示していかなければならない。このため、財政状況の悪化は自治体への統制の強化をもたらす要因となる。とりわけ、政権自身が交付税総額の抑制に強い関心を示すようになると、総務省は、財務省のみでなく、政権に対しても自らの努力を積極的に示していかなければならなくなる。

今回の平成の大合併をめぐる総務省の態度は、以上のような総務省の置かれた組織環境によって説明できるように思われる。

## 7　福祉国家と合併の関係

「総合性」批判論者の最大の問題は、「総合性」の意味内容を広くとりすぎていることである。①「タテワリ行政の克服」という当初あったものに、②「政策過程の総合性」という最近のものを加えるのはよいとして、さらに③一般目的自治体主義、④国と自治体の融合性を含めたものとしてこの概念を使用している。多くのものが盛り込まれすぎているため、概念の規定性・特定性が著しく損なわれているように思われる。

もうひとつの問題は、このこととも関連して、はたして「総合性」が総務省路線なのかということである。たとえば前記③と④について言えば、筆者の知るかぎり、アメリカなどの一部の例外を除いて、先進諸国の多くは一般目的自治体主義をとっている。そして、一般目的自治体にいわゆる固有事務にあたるもののみでなく国からの委任事務にあたるものも担わせるという方式の自治を採用しており、その意味で融合型自治であるといえる(ここでは、基礎的自治体を念頭において論じることにする)。

もしこの理解が正しければ、多くの欧州諸国も金井のいう「総合性」路線を採用していることとなり、たとえば英国やスウェーデンなどで過去数十年間に断行された市町村合併も、「総合性」路線の内在的帰結ということになってしまう。そうだとすると、これは必ずしも日本に特殊な現象ではなく、先進諸国に普遍的な現象になる。

筆者には、「総合性」よりも、むしろ西尾のいう大市町村主義と小市町村主義[35]という区分のほうが有効性が高いように思われる。前者は市町村に広範囲の事務の負担が期待されている国で、英国や北欧諸国などである。後者は市町村に広範囲の事務の負担が期待されていない国で、西尾はその例としてフランスやイタリアをあげている。前者の場合、中央政府は合併を推し進めることになり、後者の場合は、市町村の事務の共同処理などの代替的な手段で対応されることになる。

欧州の地方自治論でよく引用されるペイジとゴールドスミスの二分類[36]も、西尾と類似の認識に基づいている。彼らは、自治体の権限、裁量、中央政府へのアクセスの三点に注目して、欧州の単一国家を北欧型と南欧型に分類する。ここで彼らが重視するのは、福祉国家におけるサービス供給と市町村の規模である。

福祉国家の出現後、中央政府は自治体をそのサービス供給の手段とみなし、多くの権限を委任してきたが、南欧型では、自治体の中央政府へのアクセスが強力で、強い影響力を行使できることもあり、市町村は合併を拒絶してきた。市町村は小規模にとどまり、そのため北欧型と比べて権限が少ない。北欧型はその逆であり、市町村がサービス供給主体として期待され、合併が断行された。

ペイジとゴールドスミスは、日本を分類していない。日本の分類は必ずしも容易ではない。市町村規模、権限、福祉国家におけるサービス供給の三点に注目すれば、日本は明らかに北欧型であるが、裁量とアクセスまで含めると必ずしも明瞭ではなくなる。しかし、西尾の分類に照らせば、日本は間違いなく大市町村主義であろう。

いずれにせよ、市町村を福祉国家におけるサービス供給主体として位置づけることと、国による合併の推進との間に一定の連関があることは、間違いないところである[37]。それでは、日本が今後とも福祉国家として発展することを期待し、なおかつ市町村にサービス供給主体の役割を期待するならば、国による合併促進策は不可避なのだろうか。そのような見解も見受けられる[38]。だが、これについては次の二点が考慮されるべきであろう。

第一に、これまでもしばしば指摘されてきたことであるが、すでに平成の大合併前の段階で、日本の市町村の平均人口規模は先進諸国の中で韓国と英国に次いで大きい（表1）。つまり、平成の大合併をやるまでもなく、日本の市町村規模はすでに福祉国家のサービス供給主体として十分な規模を備えていたのである。

第二に、ではなぜ、旧自治省・総務省と自治体は合併を強いられることになったのであろうか。端的に言えば、財政規模についての国民的合意が十分に形成されてこなかった、あるいは、形成のための努力を政治が怠ったことのツケを引き受けさせられたのである。

先に引用した山崎論文は、介護保険の導入をもって日本は福祉国家への道を自覚的かつ明確に選

表１　EU 諸国と日本・韓国の自治体規模

| | 州域自治単位 | 広域自治単位 | 基礎自治単位 | 総人口（100 万人） | 基礎自治単位の平均人口（1000 人） |
|---|---|---|---|---|---|
| フランス | 26 | 100 | 36,679 | 60.2 | 1.6 |
| ギリシャ | | 54 | 5,921 | 10.5 | 1.8 |
| ルクセンブルク | | | 118 | 0.4 | 3.4 |
| オーストリア | 9* | | 2,301 | 8.1 | 3.5 |
| スペイン | 17 | 50 | 8,101 | 39.9 | 4.9 |
| ドイツ | 16* | 426 | 16,068 | 82.0 | 5.1 |
| イタリア | 20 | 95 | 8,074 | 57.0 | 7.1 |
| フィンランド | 1 | | 460 | 5.1 | 11.1 |
| ベルギー | 3* | 10 | 589 | 10.2 | 17.3 |
| デンマーク | | 16 | 273 | 5.3 | 19.4 |
| アイルランド | 8 | 34 | 151 | 3.7 | 24.5 |
| オランダ | | 12 | 640 | 15.7 | 24.5 |
| スウェーデン | | 24 | 286 | 8.8 | 30.8 |
| ポルトガル | 2 | 18 | 305 | 10.0 | 32.8 |
| 日本（1999年3月末） | | 47 | 3,255 | 126.7 | 38.9 |
| 日本（2010年3月末） | | 47 | 1,750 | 127.2 | 72.7 |
| イギリス | | 56 | 481 | 59.2 | 123.1 |
| 韓国 | | 16 | 234 | 48.5 | 207.3 |

（注）＊は連邦制の邦。日本の基礎自治単位数は特別区を含む。

（出典）ＥＵ諸国：『スペインの地方自治』（㈶自治体国際化協会編集・発行、2002年）99ページ掲載の Les Collectivités locales en chiffres 2000, Ministere de l'Interieur, Paris のデータ。日本：『全国市町村要覧』（平成22年度版）538ページ、人口は総務省統計局の人口統計データによる。韓国：『韓国の地方自治』（㈶自治体国際化協会編集・発行、2008年）、人口（2007年末現在）は在東京韓国大使館ウェブサイトによる。

択したと述べているが[39]、筆者も同感である。介護保険のスローガンは「介護の社会化」であったが、導入に際して、これに正面から異を唱える勢力は現れなかった。導入前も導入後も、オバマ政権の医療保険制度改革の場合と異なり、市場主義者からの反発はほとんど見られない。導入直前に、伝統的家族主義の立場から当時の亀井静香自民党政調会長が反発したものの、政治的にも社会的にも大きな賛同を得ることなく、反発はほどなく終息した。

また、新聞社や政府の世論調査を見ても、「消えた年金」問題がクローズアップされた一時期を除けば、社会保障水準の維持ないし充実のために負担増を受け入れてもよいと考える層は、一九九〇年代末期の段階ですでに相対的多数派である。二〇〇〇年代に入ると、負担抑制派を顕著に上回っている（『朝日新聞』二〇〇三年六月二一日、〇五年一〇月二五日、〇八年七月二四日）。

いまここで、福祉国家を便宜上、低位（米豪型）、中位（西欧型）、高位（北欧型）に三分類すると、日本は、国民意識の面ではすでに市場主義的な低位福祉国家を脱却しており、負担のうえでも、少なくとも中位福祉国家なみの水準を覚悟する用意ができているように思われる。にもかかわらず、日本の国民負担率は相変わらず低位福祉国家なみに低い(40)。国民意識の変化に政治が追いついていないのである。市町村はすでに福祉国家のサービス供給主体として十分な規模を備えているにもかかわらず、それを支える財政は福祉国家の水準に達していない。

一九九〇年代の前半にプライマリーバランスが崩れ始め、それが長らく放置されてきた。支出と負担の乖離をいかに埋めるかについての合意を形成できず、借金が累積し、財政に関する将来像が見通せないなかで自治体が無理を強いられたというのが、平成の大合併に関する筆者の理解である。平成の大合併については、一方で政治過程を微視的に解明していく必要もあるが、巨視的に捉えれば以上のような見方ができるように思われる。

## 8　二分法的発想を超えて

自治体は、市町村も都道府県も、ともに総合行政主体でなければならない(41)。「私案」の問題は、総合行政主体論をとったことそのものではなく、それが市町村自己完結主義と結びつき、都道府県による補完機能を正当に位置づけず、市町村に過剰な負担を求めようとしていることである。

詳しくは別稿(42)に譲るが、歴史的にみても、日本の地方自治における総合性は、二層制を構成する都道府県と市町村が適度に役割分担をしつつ、その時々の事情に応じて役割分担を変更しつつ、果たされてきた。また、市町村の規模・能力に応じた総合性も認められてきた。たとえば町村の場合、生活保護や建築確認や保健所機能を有していないが、教育・福祉・土木・産業振興などの行政分野を総合的に担当していることに変わりなく、一定の限度つきの総合行政主体であるといえる。そして、その「一定の限度」が、一般市、特例市、中核市、政令市と段階を上がるにしたがって変わっていくという制度である。

問題は、いわゆる特例町村制度を認めるかどうかである。考えようによっては、特例町村も、そのような段階を構成するもののひとつとして位置づけることが可能だからである。西尾も、後の著作では特例町村をそのようなものとして位置づけている(43)。

しかし、「私案」そのものを読んだとき、そこから浮かび上がる地方自治観はそのようなものではない。そこでは、「地方分権の担い手となる基礎的自治体」の名のもとに、従来よりも格段に大きなリソースと能力をもった新たな市町村像が措定され、それに満たない小規模町村を「解消」するという路線がとられている。そして、そのような小規模町村は、他方で、法令による義務付けから解放され、「小さな自治」[44]の享受が許されることになる。「私案」の特徴は、先に述べたような段階論的発想ではなく、二分法的発想なのである。

西尾は、「私案」発表直後のシンポジウムで、その執筆意図を率直に語っている。[45]その要旨は、概略、次のようなものである。

明治期に、それまであった自然村を合併させて行政村をつくり出し、国からの事務を義務付け、戦後も国主導の自治体再編を繰り返してきた歴史の流れを、この辺でそろそろ逆転させるべきである。今後も引き続き市町村に事務を下ろすというのであれば、それなりの規模と職員機構をもった基礎的自治体をつくり出す必要があるが、そのような行政村的な世界とは別に、「自然村としての自分たちの純粋自治体をここらできちんとつくり直すことが重要なのではないか」。全部一挙にというわけにはいかないが、今から種を播き、芽を育てていくべきである。「私案」は、「片方では合併の流れに乗った基礎的自治体論を出しているとともに、その一方では、小さな自治を新しくつくり出すという構想」なのである。

ここに見られるのは、行政村と自然村の二分法であり、（かつての事務分類でいうところの）委任事務と固有事務の二分法である。このそれぞれにつき、ともに前者から後者を解放することが、西尾の理想とする自治の姿である。西尾の主眼は「小さな自治」の復活にあるようだが、それは、従来よりも格段に大きなリソースと能力をもった新たな基礎的自治体像の定立と一体のものとして打ち出されている。従来よりも敷居を格段に高くしておいて、それに満たない自治体に別の形の自治を保障するというのが、「私案」の骨子である。

このシンポジウムで、西尾はまた、「戦後に限りましても、シャウプ勧告で市町村優先主義の原則を立てまして、できる限り仕事は市町村に、身近な自治体に下ろすということをやってきた。今回の、政党が分権改革をやるのなら、仕事を極力市町村に下ろせと言っているのも、同じ流れです」と発言している。

だが、この点に関して、筆者は別の認識をもっている。シャウプ勧告が市町村優先主義の原則をとったことはそのとおりであるにしても、戦後の地方自治史は、必ずしも市町村優先主義一色に彩られていたわけではない。戦後の地方自治史は、都道府県が積極的に補完機能を果たしてきた歴史でもあった。先に述べたように、二層制を構成する都道府県と市町村が適度に役割分担をしつつ、またその時々の事情に応じて柔軟に役割分担を変更しつつ、諸課題に対応してきたというのが戦後の地方自治史であった。補完機能は、そこにおいて調整弁的な役割を果たしてきたのである(46)。

もしすべての市町村が中核市程度の規模に再編されることになれば、都道府県による補完機能の必要性はなくなる。その意味で、補完機能は、多様な規模の市町村の許容と表裏一体の関係にある。

総合行政主体という言葉に過剰な規範性が付与されようとしている。都道府県から極力自立し、その補完機能に頼ることなく、一定の専門職員を擁しつつ、企画・立案・実施を担っていくべきであるという「地方分権の担い手となる基礎的自治体」像である。他方で、こうした基礎的自治体像に対する反発から、「批判」が起きている。

しかし、排除されるべきは、過剰な規範性であって、総合行政主体そのものではない。一般目的自治体主義は擁護されるべきであるし、融合型自治もやはり擁護されるべきである。市町村が地域の問題解決能力のある「政府」を志向しようとすれば、（かつての事務分類でいうところの）委任事務を除外した固有事務のみの世界に閉じこもることは許されない。「融合」であることを前提としつつ、「協議の場」を通じて実質的な国政参加を図っていくことが重要であろう。

筆者には、事務返上論は、結局のところ、自治を掘り崩してしまう議論のように思われてならない。問題は、総合行政主体論に過剰な規範性を付与している市町村自己完結主義なのであって、総合行政主体論そのものではない。

筆者には、町村を総合行政主体から解放することを求める立場は、結果的に、ある陥穽に陥らざるをえないにように思われる。総合行政の重圧から町村を解放しようと熱心に説けば説くほど、その行き着く先は町村の半人前化とでもいうべき特例町村制度になるという陥穽である。「批判」の多くがこの陥穽に陥るのは、「批判」が、実は市町村自己完結主義と同じ前提に立っているからである。つまり、総合行政主体の維持か否定か、適用か免除かという二分法的発想をとるかぎり、結局のところ、小規模町村に残される道は総合行政主体からの離脱ということになってしまう。そして、この二分法的発想こそ、今世紀の「新規」の議論である市町村自己完結主義の特徴なのである。

都道府県による補完と支援、市町村同士の水平的な相互参照、行政分野ごとに発達した国－都道府県－市町村間の濃密なコミュニケーション回路など、日本の地方自治は、小規模町村が単独では十分なリソースをもたなくても、総合行政主体として一定の能力を発揮できる仕組みを発達させてきた。これらの仕組みについて、現状のすべてが肯定できる状態にあるわけでないことは筆者も承知しているつもりであるが、それはそれとして改善していけばよい話である。こうした仕組みを維持しながら、市町村が最終的に自己決定できる余地を可能なかぎり増大させていくことが、めざすべき分権の姿であるように思われる。

（1）市川喜崇「都道府県と道州制——都道府県の諸機能と規模」『月刊 自治研』五三七号、二〇〇四年。
（2）前掲（1）、および市川喜崇「都道府県の性格と機能」新川達郎編『公的ガヴァナンスの動態』ミネルヴァ書房、二〇一一年。
（3）前掲（1）四四ページ。
（4）成田頼明＋鎌田司「インタヴュー・自治体連合の可能性」『月刊 自治研』五二三号、二〇〇三年、三七ページ。
（5）金井利之『自治制度』東京大学出版会、二〇〇七年、四六ページ。
（6）前掲（2）。
（7）平成の大合併にかかわる「報告書」や「通知」等の主要なものは、市町村自治研究会編『逐条解説市町村合併特例法《改訂版》』（ぎょうせい、二〇〇三年）の「第三編 参考資料」に収録されている。
（8）「報告書」にも一カ所だけ「総合的な行政主体」という表現が登場するが、広域連合などによる事務の共同処理方式に対比する意味で使われており、単独処理を正当化する趣旨で用いられている。また、「報告書」に先立つ「地方分権推進計画」（一九九八年五月二九日閣議決定）の「第六-二 市町村の合併等の推進」にも「総合的な行政主体」という表現が登場するが、同様の趣旨である。

（9）前掲（5）。佐藤克廣「市町村合併の論理――〈総合行政主体〉論をめぐって」北海学園大学法学部編『変容する世界と法律・政治・文化 下巻』ぎょうせい、二〇〇七年。

（10）前掲（5）四六ページ、前掲（9）二二五ページ。

（11）前掲（5）一三ページ。

（12）山崎重孝「新しい『基礎自治体』像について（上）（下）」『自治研究』八〇巻一二号・八一巻一号、二〇〇四・二〇〇五年。

（13）前掲（5）四六ページ、前掲（9）二二五ページ。

（14）市川喜崇「昭和前期の府県行政と府県制度――内務省-府県体制の終焉と機能的集権化の進展（一）～（四）」『早稲田政治公法研究』三七・三九・四〇・四一号、一九九一～九三年。市川喜崇「中央-地方関係史のなかの分権改革――福祉国家における集権と分権」『季刊 行政管理研究』一一二号、二〇〇五年。

（15）斎藤誠「地方自治基礎概念の考証――総合行政と全権限性」『自治研究』八一巻一号、二〇〇五年。

（16）『自治研究』三九巻九号、一九六三年、所収。

（17）松本英昭『新版 逐条地方自治法』学陽書房、二〇〇一年、一〇ページ。

（18）伊藤修一郎『自治体発の政策革新――景観条例から景観法へ』木鐸社、二〇〇六年。

（19）ただし、筆者は、道州制を正当化するためにこの概念を用いることに関しては慎重であるべきだと考えている。筆者の道州制に対する態度は前掲（1）参照。

（20）新藤宗幸「自治体の制度構想」松下圭一・西尾勝・新藤宗幸編『岩波講座 自治体の構想2 制度』岩波書店、二〇〇二年、三～四ページ。塩野宏「地方自治の本旨に関する一考察」『自治研究』八〇巻一一号、二〇〇四年、四二～四三ページ。
(21) 前掲(5)四二ページ。
(22) 前掲(5)一二ページ。
(23) 新藤前掲(20)一二ページ。
(24) A・B・Gunlicks「アメリカの地方自治：多様性と不均一な発展」ヨアヒム・J・ヘッセ編、北海道比較地方自治研究会訳、木佐茂男監修『地方自治の世界的潮流(上)――二〇カ国からの報告』信山社、一九九七年、八四ページ。なお、引用文中で再引用されているのは、R. H. Leach & T. G. O'Rourke, *State and Local Government,* (Englewood Cliffs : Prentice Hall, 1988) p.18.
(25) 新藤前掲(20)一〇ページ。
(26) 辻隆夫「イギリス地方自治と中央統制」片岡寛光編『国と地方――政府間関係の国際比較』早稲田大学出版部、一九八五年。
(27) 磯崎初仁「都道府県制度の改革と道州制――府県のアイデンティティとは何か」磯崎初仁編著『変革の中の地方政府――自治・分権の制度設計』中央大学出版部、二〇一〇年、五一ページ。
(28) 前掲(9)二〇九～二一〇ページ、前掲(5)四五～四六ページ。
(29) 前掲(5)七ページ。
(30) 前掲(5)四二～四三ページ。
(31) 西尾勝『地方分権改革』東京大学出版会、二〇〇七年、一三七ページ。
(32) 前掲(31)一二七ページ。
(33) この経緯は、高島茂樹『市町村合併のそこが知りたかった』(ぎょうせい、二〇〇二年)五三ページに詳しい。
(34) 田辺国昭「一九五〇年代における地方財政調整制度の構造と変容」日本政治学会編『戦後国家の形成

と経済発展——占領以後』岩波書店、一九九二年。

(35) 前掲(31)一四一ページ。

(36) E. Page & M. Goldsmith, 'Center and Locality: Functions, Access and Discretion', in E. Page & M. Goldsmith (eds.), *Central and Local Government Relations: A Comparative Analysis of Western European Unitary States*, (London: Sage, 1987). 彼らの比較地方自治論は、その後、前掲(24)のヘッセ編や、B. Denters & L. E. Rose (eds.), *Comparing Local Governance: Trends and Developments*, (New York: Palgrave Macmillan, 2005) などに受け継がれていった。

(37) T. Hansen & J. E. Klausen, 'Between the Welfare State and Local government Autonomy', *Local Government Studies* Vol.28, No.4, 2002, pp.47-66.

(38) 前掲(12)。

(39) 前掲(12)(上) 四〇ページ。

(40) 国民負担率の国際比較については、財務省ウェブサイト参照(二〇一〇年一一月二〇日最終確認)。http://www.mof.go.jp/jouhou/syukei/futan.htm このデータによると、日本の二〇〇八年度の国民負担率(対国民所得比)は四〇・六%である。OECD加盟三〇カ国中メキシコとトルコを除く二八カ国の数値が掲載されているが、日本は二五位にあたり、日本より下位は韓国、米国、スイスである。おもな国の数値をあげておくと、デンマーク七一・七%、スウェーデン六四・八%、フランス六一・二%、ドイツ五二・四%、英国四八・三%、オーストラリア四四・三%、米国三四・九%となっている(いずれも二〇〇七年度)。

(41) 佐藤前掲(9)は、本稿と異なり、総合行政主体に関して、市町村と都道府県を二者択一的に捉えている。

(42) 前掲(2)。

(43) 前掲(31)一三九ページ。
(44) 西尾勝「西尾私案と市町村合併」日本自治学会事務局編集・発行『二〇〇二年度活動報告集』二〇〇三年、六〇ページ。
(45) 前掲(44)六二ページ。
(46) 前掲(2)。

**【参考文献】**


市川喜崇「戦時・占領期における集権体制の変容——現代日本の中央‐地方関係史の再検討」日本地方自治学会編『現代の分権化〈地方自治叢書八〉』敬文堂、一九九五年。

市川喜崇「道州制・都道府県論の系譜」日本地方自治学会編『道州制と地方自治〈地方自治叢書一八〉』敬文堂、二〇〇五年。

今井照「『総合行政主体』論の軛からの脱却」『ガバナンス』八八号、二〇〇八年。

姜光洙「日本の政府間関係論と区域問題」『自治研究』八一巻一〇号、二〇〇五年。

# あとがき

はしがきでもふれたとおり、本書は『公共を支える民——市民主権の地方自治』（寄本勝美編著、コモンズ、二〇〇一年）の第二弾にあたる論集である。同時に、ちょうど発刊が寄本先生の早稲田大学政治経済学術院ご退職の時期と重なることから、それを記念し、かつて教えを受けた者が先生に感謝の気持ちを捧げる意味合いもあわせもっている。

本書の執筆者は前作同様、学部・大学院時代に寄本ゼミに在籍し、そこで薫陶を受けた者に限っている。通常、大学教員の退職を記念する本の場合、退職者の大学同僚や懇意にしてきた研究者にも広く呼びかけ、原稿執筆のお願いをするところだが、今回はそれをしなかった。また、そうしたなか「ぜひ」にと執筆のお申し出をしてくださった同僚研究者もいたが、そのご厚意に添うことができなかった。

これらの点、関係各方面には本書のもともとの性格に照らして、ご理解とご海容をお願いしたい。編集・出版にあたっては、今回も前作同様、コモンズの大江正章さんにひとかたならぬ苦労をおかけした。編者の一人として深くお礼を申し上げる。

二〇一一年一月

小原　隆治

## 【執筆者紹介】

**寄本勝美**（よりもと・かつみ）一九四〇年、和歌山県生まれ。早稲田大学大学院政治学研究科博士課程単位取得退学、博士（法学・京都大学）。早稲田大学政治経済学術院教授。〈主著〉『ごみとリサイクル』（岩波新書、一九九〇年）、『政策の形成と市民――容器包装リサイクル法の制定過程』（有斐閣、一九九八年）。

**小原隆治**（こはら・たかはる）一九五九年、長野県生まれ。早稲田大学大学院政治学研究科博士課程単位取得退学。早稲田大学政治経済学術院教授。〈主著〉『これでいいのか平成の大合併』（編著、コモンズ、二〇〇三年）、『平成大合併と広域連合』（共編、公人社、二〇〇七年）。

**鎌田靖**（かまだ・やすし）一九五七年、福岡県生まれ。早稲田大学政治経済学部卒業。ＮＨＫ解説主幹。〈主著〉『週刊こどもニュースの2代目お父さんが教えるニュースのことば』（角川学芸出版、二〇一〇年）、『ワーキングプア――日本を蝕む病』（共著、ポプラ社、二〇〇七年）。

**清川卓史**（きよかわ・たかし）一九六九年、東京都生まれ。早稲田大学政治経済学部卒業。朝日新聞大阪本社生活文化グループ記者。〈主著〉『ロストジェネレーション――さまよう二〇〇〇万人』（共著、朝日新聞社、二〇〇七年）、『分裂にっぽん――中流層はどこへ』（共著、朝日新聞社、二〇〇七年）。

**瀧井宏臣**（たきい・ひろおみ）一九五八年、東京都生まれ。早稲田大学政治経済学部卒業。ルポライター。〈主著〉『こどもたちのライフハザード』（岩波書店、二〇〇四年）、『農のある人生――ベランダ農園から定年帰農まで』（中公新書、二〇〇七年）。

**大江正章**（おおえ・ただあき）一九五七年、神奈川県生まれ。早稲田大学政治経済学部卒業。コモンズ代表・ジャーナリスト。〈主著〉『農業という仕事――食と環境を守る』（岩波ジュニア新書、二〇〇一年）、『地域の力――食・農・まちづくり』（岩波新書、二〇〇八年）。

**田村元彦**（たむら・もとひこ）一九六九年、和歌山県生まれ。早稲田大学大学院政治学研究科博士課程単位取得退学。西南学院大学法学部准教授、ＫＢＣシネマ1・2企画ディレクター。〈主著〉「行為と弁明――プライバシーと公共性（一）〜（三）」（『西南学院大学法学論集』第三五巻一・二号、第三六巻三・四号、二〇〇二～二〇〇四年）、「〈分断社会〉日本？——日本における少年犯罪に関する政治的・社会的分析」（『慶星法學』第一七輯第一号、二〇〇八年）。

**佐藤学**（さとう・まなぶ）一九五八年、東京都生まれ。ピッツバーグ大学大学院政治学研究科博士課程単位取得退学、博士（政治学・中央大学）。沖縄国際大学法学部教授。〈主著〉『米国議会の対日立法活動——一九八〇～九〇年代対日政策の検証』（コモンズ、二〇〇四年）、『沖縄論——平和・環境・自治の島へ』（共著、岩波書店、二〇一〇年）。

**山本耕平**（やまもと・こうへい）一九五五年、兵庫県生まれ。早稲田大学政治経済学部卒業。ダイナックス都市環境研究所代表取締役。〈主著〉『公共を支える民——市民主権の地方自治』（共著、コモンズ、二〇〇一年）、『循環型社会キーワード事典』（編集代表、中央法規出版、二〇〇七年）。

**麦倉哲**（むぎくら・てつ）一九五五年、群馬県生まれ。早稲田大学大学院文学研究科博士課程単位取得退学、博士（人間科学）。岩手大学教育学部教授。〈主著〉『ホームレス自立支援システムの研究』（第一書林、二〇〇六年）、『自立と共生の社会学——それでも生きる理由』（共著、学文社、二〇〇九年）。

**増原直樹**（ますはら・なおき）一九七四年、千葉県生まれ。早稲田大学大学院政治学研究科博士課程単位取得退学。ＮＰＯ法人環境自治体会議環境政策研究所研究員。〈主著〉『環境共同体としての日中韓』（共著、集英社新書、二〇〇六年）、「温暖化対策の実現可能性評価に関する試案——環境モデル都市アクションプランを例として」（『環境科学会誌』第二三巻第四号、二〇一〇年）。

**鄭智允**（ジョン・ジユン）一九七三年、韓国釜山生まれ。早稲田大学大学院政治学研究科博士課程単位取得退学。地方自治総合研究所特別研究員。〈主著〉『討議で学ぶ自治原論』（共著、公人社、二〇一〇年）、「韓国の第五回全国同時地方選挙をめぐって」（『自治総研』二〇一〇年七月号）。

**萩野寛雄**（はぎの・ひろお）一九七〇年、宮城県生まれ。早稲田大学大学院政治学研究科博士課程修了、博士（政治学）。東北福祉大学総合福祉マネジメント学部准教授。〈主著〉*Higher Education Institutions and Innovation in the Knowledge Society*, ARENA, 2008. *Refurbishing Elderly Care 3—The New Streams and Organisational Transformation in Finland and Japan*, Laurea Publication, 2009.（共著）

**早川淳**（はやかわ・じゅん）一九六四年、東京都生まれ。早稲田大学大学院政治学研究科修士課程修了。渋谷区役所職員。〈主著〉『成熟都市のクリエイティブなまちづくり』（共著、宣伝会議、二〇〇七年）、『変革の中の地方政府』（共著、中央大学出版部、二〇一〇年）。

**長野基**（ながの・もとき）一九七五年、東京都生まれ。早稲田大学大学院政治学研究科博士課程単位取得退学。跡見学園女子大学マネジメント学部専任講師。〈主著〉『地域協働の科学――まちの連携をマネジメントする』（共著、成文堂、二〇〇五年）、『議会改革白書二〇〇九年版』（共著、生活社、二〇〇九年）。

**一條義治**（いちじょう・よしはる）一九六五年、神奈川県生まれ。早稲田大学大学院政治学研究科修士課程修了。三鷹市企画部企画経営課長補佐。〈主著〉『政策研究のメソドロジー――戦略と実践』（共著、法律文化社、二〇〇五年）、『市場化テスト』（共著、学陽書房、二〇〇七年）。

**中村祐司**（なかむら・ゆうじ）一九六一年、神奈川県生まれ。早稲田大学大学院政治学研究科博士課程単位取得退学、博士（政治学）。宇都宮大学国際学部・大学院国際学研究科教授。〈主著〉『スポーツの行政学』（成文堂、二〇〇六年）、『〝とちぎ発〟地域社会を見るポイント100』（下野新聞社、二〇〇七年）。

**岡本三彦**（おかもと・みつひこ）一九六二年、東京都生まれ。早稲田大学大学院政治学研究科博士課程単位取得退学、博士（政治学）。東海大学政治経済学部准教授。〈主著〉『現代スイスの都市と自治』（早稲田大学出版部、二〇〇五年）、『ローカル・ガバメントとローカル・ガバナンス』（共著、法政大学出版局、二〇〇八年）。

**李憲模**（イ・ホンモ）一九六三年、韓国京畿道生まれ。早稲田大学大学院政治学研究科博士課程単位取得退学、博士（政治学）。中央学院大学法学部教授。〈主著〉『比較地方自治論』（敬文堂、二〇〇四年）、『現代日本の行政と地方自治』（共著、法律文化社、二〇〇六年）。

**市川喜崇**（いちかわ・よしたか）一九六三年、長野県生まれ。早稲田大学大学院政治学研究科博士課程修了、博士（政治学）。同志社大学法学部・法学研究科博士後期課程教授。〈主著〉『政府間ガバナンスの変容』（共著、木鐸社、二〇〇八年）、『公的ガヴァナンスの変容』（共著、ミネルヴァ書房、二〇一一年）。

新しい公共と自治の現場

二〇一一年二月一日　初版発行

編　者　寄本勝美・小原隆治



発行者　大江正章

発行所　コモンズ

東京都新宿区下落合一―五―一〇―一〇〇二

TEL〇三(五三八六)六九七二

FAX〇三(五三八六)六九四五

振替　〇〇一一〇―五―四〇〇一二〇

info@commonsonline.co.jp

http://www.commonsonline.co.jp/

印刷・東京創文社／製本・東京美術紙工

乱丁・落丁はお取り替えいたします。

ISBN 978-4-86187-077-4 C 1031